GOLDMANN
ARKANA

Buch

Der bekannte Lebenslehrer Kurt Tepperwein empfiehlt, auch in schwierigen Situationen das Leben als Spiel zu betrachten. Wer seine verborgenen Spielregeln kennt, kann Probleme mit leichter Hand lösen, seinem Leben eine neue Richtung geben und seine Träume verwirklichen. Dieses Buch enthält die Quintessenz aus Tepperweins 40-jähriger Berufserfahrung als Mentaltrainer und Meister der bewussten Lebensführung. Es vermittelt außerdem auf praktische und leicht nachvollziehbare Weise sein Konzept der »schöpferischen Manifestation«, und es zeigt uns den Weg zu tiefem Selbstbewusstsein und zur Umsetzung unseres Lebenstraums. Eine inspirierende Quelle für Kraft und Mut in jeder Situation, denn es ist nie zu spät, das Steuer herumzureißen.

Autor

Kurt Tepperwein, geboren 1932 in Lobenstein, war erfolgreicher Unternehmer, ehe er sich 1973 aus dem Wirtschaftsleben zurückzog. Er wurde Heilpraktiker und Forscher auf dem Gebiet der wahren Ursachen von Krankheit und Leid. Er lehrte als Dozent an verschiedenen internationalen Institutionen, unter anderem an der Friedensuniversität in Berlin. Seit 1997 ist er Dozent an der Internationalen Akademie der Wissenschaften. Im selben Jahr wurde er für sein Lebenswerk mit dem »Ersten deutschen Esoterikpreis« ausgezeichnet.

Von Kurt Tepperwein sind bei Goldmann außerdem erschienen:

Die geistigen Gesetze (21610)
Geistheilung durch sich selbst (11738)
Kraftquelle Mentaltraining (12141)
Jungbrunnen Entsäuerung (14207)
Der Weg zum Millionär (21551)
Bewusstseinstraining (21549)
Wunder vollbringen durch schöpferische Imagination (21642)
Gesund für immer (21703)
Von Angst zur Lebensfreude (21734)
Verwirklichen (21735)
Gelassenheit (21738)
Die Kunst des mühelosen Lernens (10459)
Das Geldgeheimnis (16380)

KURT TEPPERWEIN

Erfinde dich neu

12 Chancen zum privaten
und beruflichen Neubeginn

FSC
Mix
Produktgruppe aus vorbildlich
bewirtschafteten Wäldern und
anderen kontrollierten Herkünften

Zert.-Nr. SGS-COC-1940
www.fsc.org
© 1996 Forest Stewardship Council

Verlagsgruppe Random House FSC-Deu-0100
Das FSC-zertifizierte Papier *München Super* für Taschenbücher aus dem
Goldmann Verlag liefert Mochenwangen Papier.

1. Auflage
Vollständige Taschenbuchausgabe Februar 2006
Wilhelm Goldmann Verlag, München
in der Verlagsgruppe Random House GmbH
© 2002 F.A. Herbig Verlagsbuchhandlung GmbH, München
Umschlaggestaltung: Design Team München
Umschlagfoto: zefa/masterfile/J.A.Kraulis
Satz: Uhl + Massopust, Aalen
Druck und Bindung: GGP Media GmbH, Pößneck
WL · Herstellung: CZ
Printed in Germany
ISBN-10: 3-442-21752-0
ISBN-13: 978-3442-21752-6

www.goldmann-verlag.de

INHALT

EINLEITUNG 11
Verzaubern Sie Ihr Leben wieder! 11
Das Zauberritual und die Zauberformel 14
Bittet um was ihr wollt... 22
Können alle Wünsche in Erfüllung gehen? 25
Wie geht es weiter? 27

1. KAPITEL
Gehe den königlichen Weg und mache es dir leicht! 30
Alle Weisheit der Welt 31
Es sich einfach machen ist nicht immer leicht 32
Wir meistern das Leben spielerisch leicht
   oder gar nicht 33
Was uns das Leben schwer macht 34
Wie Sie sich von belastenden Gedanken befreien 36
Machen Sie es sich auch in der Schule
   des Lebens leicht! 40
Alles ist so in Ordnung 45
Ziehen Sie feste Grenzen um Ihr Lebensreich! 47
Lernen Sie Ihr Leben königlich zu regieren! 50
Leisten Sie sich einen königlichen Lebensberater –
   völlig kostenlos! 53
Die neue Art des Lernens 56
Meine Empfehlung zum Umgang mit diesem Buch 58
Zur Erinnerung 59

Inhalt

2. KAPITEL
Finde deine Sicherheit im Selbstvertrauen! 62
Zwei Spuren 63
Auf äußere Sicherheit ist kein Verlass 64
Lässt sich Sicherheit versichern? 66
Selbstsicherheit ist der Generalschlüssel zur
   Sicherheit im Leben 68
Das »Nein« zu anderen bedeutet meistens, »Ja«
   zu sich selbst zu sagen 74
Äußere Unsicherheit als Abenteuer 76
Neun Selbst-Erkenntnisse zum unerschütterlichen
   Selbstvertrauen 77
Zur Erinnerung 80

3. KAPITEL
Träume herbei statt weg! 84
Die Geschichte von Ali, dem Diamantensucher 85
Das Geheimnis des Träumens 86
Was Sie sich sehnlichst wünschen, können Sie
   nicht erreichen 88
»Erfüllung« kommt von »Fülle« – Erfüllung kann
   nur aus der Fülle kommen 92
Sie bekommen vom Leben nur das, was Sie innerlich
   bereits besitzen 93
Ihr Lebenstraum ist Ihr wahres Wesen 95
Schöpferische Imagination: vom Lebentraum
   zum Traumleben 97
Zur Erinnerung 98

Inhalt

4. KAPITEL
Entdecke die Kraft und den Reichtum in dir! 100
Das Märchen von der größten Kraft des Universums 101
Träume finanzieren 101
Das eigene Potenzial leben 103
Wahrer Reichtum 104
Zur Erinnerung 108

5. KAPITEL
Verwirkliche jetzt deinen Lebenstraum! 110
Das große Los 111
Aufwachen aus dem Traum 112
Die Frage lautet: War das schon alles? 113
Wirklichkeit verändernde Träume 114
Von der Einbildungskraft zur Imagination 115
Das Gesetz der Imagination 117
Rückversetzung in die Kindheit 118
Stellen Sie sich Ihr Traumhaus vor! 120
Die sofortige Wirkung der Imagination 120
Setzen Sie jetzt Ihre schöpferischen Ideen und
   Träume frei! 122
Das Erträumte »herbeirufen« und »herbeiglauben« 123
Zur Erinnerung 125

6. KAPITEL
Befreie dich vom Ballast der Vergangenheit! 128
Gutes tun und loslassen 129
Der Dreiklang der Veränderung 129
Die Bilanz meines Lebens 130
Loslassen: den Rucksack der Vergangenheit ablegen ... 133
Loslassen, was das Leben schwer macht 134

Inhalt

Loslassen als gedanklicher Frühjahrsputz 136
Die Macht der Gedanken 137
Schöpferisches Denken oder Wunschdenken? 140
Nie mehr ärgern! 141
Die Kunst des mentalen Umerlebens 145
Tagesrückschau 147
Morgenvorschau 148
Anwendungsbereiche des »mentalen Voraus-
   und Umerlebens« 149
Zur Erinnerung 152

7. KAPITEL
Nutze die Kraft deiner inneren Bilder! 156
Das Hemd eines Glücklichen 157
Innere Bilder gestalten die Zukunft 158
Erinnere deine Schöpferkraft! 160
Einbildung und Vorstellung 162
Manifestation durch schöpferische Imagination 166
Manifestieren durch Umwandeln von Energie 167
Die Kunst, etwas »in Erscheinung zu rufen« 169
Einen Traum als Wirklichkeit vorstellen 172
Die Zukunft als Schöpfer gestalten 174
Zur Erinnerung 176

8. KAPITEL
Lerne die Kunst der erfolgreichen Manifestation! 180
Ein pfiffiger Junge 181
Mit Erfolg manifestieren 181
Was ist Erfolg? 183
Entspricht das Resultat der Absicht? 185
Erfolg ist tatsächlich erlernbar 186

Inhalt

Erfolg und Erfüllung 187
Stärken Sie Ihr Erfolgsbewusstsein! 189
Machen Sie Ihren Alltag erfolgstauglich! 190
Erfolg macht andere erfolgreich 192
Zur Erinnerung 194

9. KAPITEL
Lebe deine Wunschbiografie! 196
Das Zündholz und die Kerze 197
Die Geburt zu »sich selbst« vollenden 197
Die Bereiche der Wunschbiografie 200
Schritte zur Realisierung der Wunschbiografie 205
Es ist *IHRE* Entscheidung! 208
Ihre Vergangenheit neu interpretieren 209
Zur Erinnerung 210

10. KAPITEL
Mache dein neues Selbstbild zum Vorbild! 214
Der Bauer und der liebe Gott 215
Das Selbstbild bestimmt das Leben 217
Das aktuelle Selbstbild 218
Das Selbstbild als Vorbild der Wunschbiografie
   anpassen 220
Sieben Dimensionen des idealen, positiven Selbstbildes ... 222
Zur Erinnerung 226

11. KAPITEL
Gehe den Weg der Freude! 228
Im Spiegelsaal 229
Leben in innerer Freude 229
Freude und Dankbarkeit 233

Inhalt

Das Leben ist ein Spiel 234
Zur Erinnerung 237

12. KAPITEL
Lebe im Einklang mit dir selbst! 240
Das Wasser 242
Eins-Sein mit sich selbst 243
Die Erfüllung meines Lebens 244
Charisma ist Eins-Sein mit sich selbst 248
Zur Erinnerung 249

SCHLUSS
Abheben und fliegen 253
Die Metamorphose der Raupe zum Schmetterling 253
Drei goldene Regeln, das Leben wieder zu verzaubern 255

ANHANG
Die Spielanleitung 257
Tipps zum Spielen 257
Das Verzeichnis der 36 Methoden 258
Das Verzeichnis der 62 Übungen 260

REGISTER 263

EINLEITUNG

Verzaubern Sie Ihr Leben wieder!

Zu den schönsten Märchen aus unserer Kindheit gehören Geschichten, in denen uns Träume und Wünsche erfüllt werden. Da taucht in unserer Fantasie eine Fee auf, ein Kobold, ein Engel oder ein anderes Wesen, das uns wohlgesinnt ist. Es fragt nach unseren Wünschen, und wir sind mit einem wundervollen Zauber alle Sorgen ein für alle Mal los, leben wie in einem Traumland »glücklich bis ans Ende aller Tage«!

Wir brauchen nur an solche Märchen und Geschichten unserer Kinderzeit zu denken und es wird uns wieder warm ums Herz: Es sind nicht nur Erinnerungen an unsere Kindheit, als unser Leben noch in einen Zauber eingehüllt war. Auch die Sehnsüchte und unsere geheimen Wünsche melden sich wieder: Wie schön wäre es, wenn es diese Wunder der Wunscherfüllung nicht nur im Märchen gäbe, sondern auch im realen Leben!

Der Verstand jedoch wehrt sich vehement gegen solche seiner Meinung nach »irrationalen Fantasien«: Das seien doch nur Kinderkram, Hokuspokus, Träumereien, Luftschlösser. Ihm kann man doch nichts vormachen! »Man bekommt im Leben eben nichts geschenkt!« – »Ohne Fleiß keinen Preis.« (Und was seine Überzeugungen sonst noch sind.)

Doch was wäre, wenn wir genau durch diese allzu tatsachenorientierte Einstellung des Verstandes unsere Fantasie begrenzten, sodass wir genau mit einer solchen einseitig rationellen Einstellung unser Leben entzauberten? Es ist doch *auch* eine Tatsa-

Einleitung

che: Wir können das Leben nicht mehr mit den bewundernden Augen eines Magiers oder eines Kindes sehen, sondern nur noch mit den kühl kalkulierenden Blicken eines Technikers: Funktioniert es oder funktioniert es nicht? Wie ist es zu optimieren?

Doch das Leben ist mehr als nur ein Funktionieren, und häufig ist es nicht einmal das. Wäre es gar möglich, dass es genau aus dem Grund nicht oder nur mäßig funktioniert, weil ihm die Magie, der Zauber, das Herz, das nicht kalkulierbare Abenteuer, die täglichen Wunder fehlen?

Spätestens am Ende des Buches werden Sie diese Frage ganz zweifelsfrei für sich beantworten können. Jetzt wollen wir uns dem Geheimnis eines wirklich gelebten und im wahrsten Sinne des Wortes »wundervollen« Lebens langsam annähern.

Wenn wir ehrlich mit uns selbst sind: Jeder spürt diese Sehnsucht in sich, dem eigenen Leben mehr Magie zu verleihen, wie im Märchen selbst zaubern und Wunder vollbringen zu können oder von Märchenwesen Wünsche erfüllt zu bekommen. Oft sind es wirklich kindliche Fantasien, Kinderträume. Aber sollten wir das Kind gleich mit dem Bad ausschütten? Sind Fantasien, die wirklich den Rahmen des Möglichen zu sprengen scheinen, nur unerfüllbare Träumerei?

Gibt es nicht doch Menschen, die ein solches traumhaftes Leben für sich schon verwirklicht haben? Das sollte doch unbestritten sein. Und auch *das* sind Tatsachen.

Lassen Sie uns einfach nur wie Kinder in Gedanken spielen: Was wäre, wenn wir unseren Verstand einmal kurzfristig in Urlaub schickten (er ist sowieso ständig überfordert und hat eine Auszeit wohlverdient) und dann auf diese Weise unzensiert einfach unserer Fantasie freien Lauf ließen?

Denn eines ist doch sicher: Wenn wir unser Leben neu gestalten wollen, dann steht am Anfang die Fantasie, das Träumen, das

Ihr Leben verzaubern

Wünschen: Wohin soll die Reise eigentlich gehen? Der Verstand mag später bei der Verwirklichung der Träume behilflich sein. Jetzt kann er erst einmal freimachen!

Was wäre, wenn wir so unser Leben durch unsere befreite Fantasie Schritt für Schritt immer mehr verzaubern könnten? Was wäre, wenn nicht nur unser Verstand das Leben diktierte, sondern wir das Zepter unseren Wünschen und Fantasien überließen? Wir werden erkennen: Der Verstand ist ein miserabler Herr, aber ein großartiger Diener, wenn er sich vom Herzen leiten lässt, der Quelle unserer Sehnsüchte und Fantasien, unserer Wünsche und Träume.

Ich lade Sie ein, das Tor Ihrer Lebensträume zu öffnen und das Land Ihrer Fantasie wieder zu betreten. Wir werden uns dabei auch wieder an Kinderträume erinnern. Haben Sie den Mut, sich schon einmal in Ihrer Fantasie ein neues Leben zu erschaffen, sich selbst neu zu erfinden, so wie Sie sich gerne hätten und so wie Sie sich auch mögen und lieben können.

Lassen wir uns von einer solchen Geschichte der Wunscherfüllung verzaubern und unsere Fantasie wieder anregen:

»Es war einmal ein Bauer, der war sehr arm, obwohl er von morgens bis abends fleißig arbeitete. Ja, manchmal arbeitete er sogar noch in der Dunkelheit, um sein Tagewerk zu vollenden.

Als er eines Tages wieder auf dem Feld arbeitete und so richtig schwitzte, denn die Sonne brannte heiß vom Himmel, da dachte er so vor sich hin: ›Das Leben sollte nicht eine solche Plage sein.‹

Da stand plötzlich ein kleines Männlein vor ihm und sprach: ›Du hast Recht, das Leben ist den Menschen zur Freude geschenkt worden. Und weil du einen Wunsch in deinem Herzen bewegt hast, will ich dir einen Weg zeigen, wie du dir von nun an alle Wünsche erfüllen kannst.

Einleitung

Wenn du wieder einmal von Herzen einen Wunsch hast, schreibe ihn auf ein Stück Holz, mache damit ein Feuer und während du um das Feuer tanzt und an deinen Wunsch denkst, singe die Worte: Schön, dass ich es hab – schön, dass ich es hab.

Es wird nicht lange dauern und schneller als du denkst, ist dein Wunsch erfüllt.‹ Das Männlein sprach's und war verschwunden.

Der Bauer konnte nicht so recht glauben, was er da erlebt hatte. Aber als ein paar Tage später der Steuereintreiber kommen sollte, um die fällige Steuer zu kassieren, und sein Beutel fast leer war, da probierte er es einfach aus.

Er schrieb auf den Stock: ›Ein Beutel voll Geld‹, machte damit ein Feuer, tanzte herum und sang: ›Schön, dass ich es hab, schön, dass ich es hab.‹

Und siehe, als der Steuereintreiber kam, war sein Beutel voll, sodass noch reichlich übrig blieb, nachdem er die Steuern bezahlt hatte.

So kaufte er sich einen größeren Bauernhof, stellte Knechte und Mägde ein, und immer wenn der Beutel leer wurde, füllte er ihn wieder so, wie das Männlein es gesagt hatte, und lebte reich und glücklich bis an sein Ende.«

Das Zauberritual und die Zauberformel

Lassen Sie uns diese kleine Geschichte einmal näher betrachten, denn sie enthält eine tiefere Weisheit und letztlich auch *den Schlüssel zu dem Geheimnis dieses Buches!*

Der Bauer ist arm, obwohl er viel arbeitet, fleißig ist. Fleiß und harte Arbeit scheinen also keine Garantie für Wohlstand zu sein. Die Befreiung aus der Armut kann auch nicht sein, *mehr* zu ar-

Zauberritual und Zauberformel

beiten. Der Bauer hat bereits seine Grenze überschritten, arbeitet »sogar noch in der Dunkelheit«.

Am Anfang des Zaubers steht ein Wunsch: »Das Leben sollte nicht so eine Plage sein!« Er möchte das Leben mehr genießen, mehr Freude am Leben haben. Das Männlein gibt ihm Recht: »Das Leben ist den Menschen zur Freude geschenkt worden.« Mit anderen Worten: Wenn das Leben Mühe ist und keine Freude, dann machen wir etwas falsch! Sich quälen ist nicht der Sinn des Lebens. Und wenn wir keine Freude am Leben haben, dann können wir auch nicht wirklich im Wohlstand leben. Denn wenn alles »wohl steht«, dann sollte es auch eine Freude sein. *Lassen Sie mich die erste Lehre aus dem Märchen so zusammenfassen: Zaubern beginnt da, wo wir den Weg der Freude gehen.* Die tägliche Freude verzaubert das Leben.

Doch weiter in der Geschichte: Das Männlein hilft dem Bauern, »weil du deinen Wunsch im Herzen bewegt hast«. Nicht Gier nach Wohlstand oder Besitzsucht motivierten den Wunsch des Bauern, sondern das Herz: das Leben so zu leben, wie es wirklich gemeint ist. Diese aus dem Herzen kommende Sehnsucht ist dem Männlein so wichtig, dass er es später wiederholt: »Wenn du wieder einmal von Herzen einen Wunsch hast...« Was mag das heißen? Es gibt offensichtlich Wünsche, die »aus dem Bauch« oder »aus dem Kopf« kommen und Wünsche, die »dem Herzen« entspringen (wir werden den Unterschied in diesem Buch noch näher kennen lernen). *Lassen Sie mich die zweite Lehre aus dem Märchen so zusammenfassen: Der Zauber funktioniert nur mit Wünschen, die aus dem Herzen kommen.* Sucht und Gier vermögen keine Wunder zu vollbringen, nur das Herz.

Kommen wir nun direkt zum *Zauberritual* des Männleins, um einen Herzenswunsch Wirklichkeit werden zu lassen. Das Ritual schreibt vor,

Einleitung

- den Wunsch als ersten Schritt der Materialisierung, der Verwirklichung *aufzuschreiben* (»schreibe ihn auf ein Stück Holz«),
- ihn dann zu *verbrennen* (»mache damit ein Feuer«),
- sich dabei zu *bewegen und zu tanzen* (»während du um das Feuer tanzt«),
- an den Wunsch zu denken und ihn *nicht aus dem Sinn zu verlieren* (»und an deinen Wunsch denkst«),
- in Dankbarkeit und Freude zu *singen* (»singe die Worte«) und
- sich *die Wunscherfüllung schon vorzustellen* (»Schön, dass ich es hab – schön dass ich es hab!«).

Lassen Sie uns dieses Zauberritual deuten; seine Deutung ist *die dritte Lehre aus dem Märchen:*

Es reicht nicht, unsere Wünsche nur zu denken, wir sollten sie aufschreiben. In der Bibel heißt es nicht, am Anfang sei der Gedanke, sondern: »Am Anfang war das Wort.« Das Wort – ob gesprochen oder geschrieben – ist bereits ein geäußerter Gedanke, ein Gedanke, der nicht nur im Kopf bleibt, sondern bereits den Weg zur Verwirklichung gefunden hat.

Oder nehmen wir die gewichtigen Worte Yul Brynners als Pharao Ramses II. im Historienfilm »Die Zehn Gebote«: *»So steht es geschrieben – so soll es geschehen!«*

Der erste Schritt zur Verwirklichung ist das Wort, hier *das geschriebene Wort*, der zu Papier gebrachte Wunsch, der »Wunschzettel« aus unserer Kindheit . Heute sprechen viele eher von einer »Bestellkarte«: Wenn uns das Leben Wünsche erfüllen soll, dann sollten wir auch eine klare und eindeutige Bestellung aufgeben! Schriftliche Wunschformulierungen sind gegenüber wagen Gedanken klar und eindeutig.

Da dieser erste Schritt so wichtig ist und viele bereits hierbei versagen (sich so die Wunscherfüllung versagen), möchte ich die

Zauberritual und Zauberformel

Bedeutung des Aufschreibens noch etwas vertiefen. Es ist auch für den sinnvollen Umgang mit diesem Buch wichtig. Stellen Sie sich vor, Sie blättern in dem Katalog eines Versandhauses. Sie können noch so häufig entzückt rufen: »Das hätte ich gerne!«, solange Sie keine in der Regel schriftliche Bestellung tätigen, *kommt nichts!* Erst eine klare und eindeutige Bestellung veranlasst den Versand, Ihnen etwas zu schicken. Gut, das mag trivial klingen: »Das weiß doch jeder!« Doch gegenüber unseren Wünschen verhalten wir uns so, als ob wir sie nicht klar und eindeutig bestellen müssten, als ob ein entzücktes »Hätte ich gerne« ausreichen würde. *Ein Aufschreiben unserer Wünsche ist wie eine schriftliche Bestellung.* Es manifestiert sich dahinter eine ganz andere Energie. Aus einem noch verschwommenen Gedanken wird ein eindeutiges Wort, ein Schöpfungsakt. Nicht »Das hätte ich gerne«, sondern: »Das will ich jetzt haben! So steht es geschrieben – so soll es geschehen!«

Führen wir diesen Gedanken noch tiefer: Wir wissen eher, was wir *nicht* wollen, als was wir uns wirklich wünschen (unsere Wünsche lauten, zum Beispiel keine Ehe wie die Eltern führen, keine Kopfschmerzen mehr haben, nicht mehr rauchen...). Um im Bild zu bleiben: Auch wenn wir dem Versandgeschäft mitteilen, was wir alles *nicht* haben wollen, erhalten wir keine Zusendung.

Machen Sie doch jetzt einmal die Probe: Nehmen Sie einen vielleicht schon lange gehegten Wunsch und schreiben Sie ihn jetzt auf! Wahrscheinlich werden Sie feststellen, dass dieses Aufschreiben gar nicht so einfach ist. Stellen Sie sich vor, »das Leben« sei ein Versandhaus, und Sie müssten Ihre schriftliche Wunschäußerung so formulieren, dass der Wunsch unmissverständlich ist und wirklich eindeutig verstanden werden kann. Formulieren Sie den Wunsch jetzt so lange um, bis Sie das Gefühl haben: So stimmt es

Einleitung

jetzt. Sie werden mit dieser kleinen Übung feststellen, dass es einen großen Unterschied ausmacht, ob ein Wunsch nur vage in Gedanken gehegt wird oder durch Aufschreiben präzisiert und konkretisiert wird. Nehmen Sie jetzt einfach nur diesen Unterschied wahr. Es ist der erste Schritt zur Wunscherfüllung, aber noch keinesfalls der letzte.

Was wir aus diesem Vergleich mit der Bestellung beim Versandhaus lernen können: Damit sich unsere Wünsche erfüllen können, bedarf es einer klaren, eindeutigen und positiven schriftlichen Bestellung bei der Wunschäußerung.

Der zweite Schritt im Zauberritual lautete: den aufgeschriebenen Wunsch dann verbrennen! Was sollte das bedeutet? Wir verbrennen die Bestellkarte an ein Versandhaus doch auch nicht, sondern werfen sie (im wörtlichen oder übertragenen Sinne) in einen Briefkasten!

Wir sollten jetzt *materielle Wünsche von ideellen unterscheiden*. Definieren wir den Unterschied so: Materielle Wünsche können erfüllt werden, wenn man das Geld dafür hat. Ideelle Wünsche dagegen kann man sich nicht mit Geld erfüllen. Vitale Gesundheit, den idealen Lebenspartner, einen erfüllenden Traumberuf kann man nicht in einem Versandhaus kaufen, sich wohl aber wünschen. Es sind keine materiellen, sondern ideelle Wünsche.

In diesem Sinne ist sogar *der Wunsch, »mehr Geld« zu haben*, nur vordergründig ein materieller Wunsch, in Wirklichkeit aber ein ideeller! Denn »mehr Geld« kann ich mir ja nicht kaufen, das würde keinen Sinn machen. Das Ideelle ist hinter dem scheinbar so materiellen Wunsch verborgen. Beispiel: Zwar kann ich mir einen Lottoschein kaufen (das kostet etwas), aber keinen Lottogewinn. Ich kann mir auch keine Gehaltserhöhung kaufen, sondern muss auf ideellem Gebiet etwas tun (z.B. wertvollere Leistung er-

Zauberritual und Zauberformel

bringen oder mich besser »verkaufen«), um »mehr Geld« auf dem Konto zu haben.

Der Unterschied besteht also darin, dass wir jetzt die Erfüllung ideeller Wünsche bestellen, zum Beispiel »Ich möchte meinem idealen Partner begegnen.« Wer ist für die Erfüllung dieses ideellen Wunsches »zuständig«? Sagen wir einfach: *das Leben!* Jeder weiß, was »Leben« ist, keiner weiß, wie es funktioniert, nicht einmal die Biologie (die Wissenschaft vom Leben) kann »Leben« eindeutig definieren.

Wir wollen also eine Bestellung an das Leben aufgeben. Das Leben, das den Wunsch erfüllen soll, hat ja keinen Briefkasten neben der Post mit der Aufschrift: »Ideelle Bestellungen an das Leben.«

Wir können das »Verbrennen« also als ein Ritual deuten, den Wunschzettel, die Bestellkarte gleichsam »einzuwerfen«, es an »das Leben« abzugeben.

Auch einen Wunsch an das Leben müssen wir (wie beim Briefkasten) aufgeben, ihn loslassen. Bleiben wir wieder bei unserem Bild der Bestellkarte an das Versandhaus: Wir können die Bestellkarte längst ausgefüllt, sie irgendwo herumliegen haben oder mit uns herumtragen. *Erst wenn wir sie in den Briefkasten einwerfen, sie loslassen, »wird es ernst«.* Dann ist es geschehen. Dann ist nichts mehr zu tun. Dann brauche ich nur noch zu warten und die Bestellung auch in Empfang nehmen. Wir können das Verbrennen in unserem Zauberritual also so deuten, dass »es jetzt ernst wird«, wir unseren aufgeschriebenen ideellen Wunsch »einwerfen«, ihn loslassen, ihn dem Leben anvertrauen. Dann ist es geschehen.

Noch ein anderer Hinweis, den uns das Ritual des Verbrennens gibt: Wenn etwas brennt, dann geht das Verbrannte in eine andere Energieform über: Asche und Wärme. Verbrennen ist Energieumwandlung. Wir wissen: Energie kann nicht verloren gehen,

Einleitung

sondern sich nur wandeln. Und wir haben mit unserer kleinen Übung erfahren, dass *ein schriftlich fixierter Wunsch »mehr Energie« hat als ein vager Gedanke.* Mit dem Verbrennen der Bestellkarte geht der Wunsch in eine andere, eine rein energetische Sphäre über.

Weiter empfiehlt das Männlein, während dieses Rituals Dinge zu tun, die Freude bereiten: tanzen und singen. Unser ganzer Körper engagiert sich in der Zeremonie, die Erfüllung des Wunsches »herbeizubeschwören«. Das empfohlene Ritual gleicht einem indianischen Regentanz. Halten wir also fest: Freude empfinden durch Singen und Tanzen ist auch innerhalb des Zauberrituals ein wesentlicher Bestandteil.

Jedoch ist das, was in diesem Ritual zu singen ist, das alles Entscheidende, die eigentliche Zauberformel: »Schön, dass ich es hab – schön, dass ich es hab!« Ich besinge voller Freude, *dass sich der Wunsch bereits erfüllt hat!* Es besteht gar kein Zweifel mehr, dass er sich erfüllen wird. Die Erfüllung des Wunsches wird bereits als vollendet besungen. Dieser Gedanke, diese Zauberformel, ist so wichtig, dass ich ihn im nächsten Abschnitt noch vertiefen möchte.

Kommen wir zuerst noch zur *vierten Lehre* aus dem Märchen: Der Bauer kommt in eine Notsituation und – »auch wenn er es kaum glauben konnte« – *probiert das Zauberritual einfach aus!* Und es funktioniert!

Es ist doch klar: Ein Wunsch kann nicht in Erfüllung gehen, wenn ich nicht wenigstens daran glaube.

Aber mit dem Glauben ist das so eine Sache! Auch hier können wir in der Geschichte einen tiefsinnigen Hinweis erkennen: Der Bauer führt das Ritual aus, »auch wenn er kaum glauben konnte«, dass es funktioniert. Die Instanz, die die Wirkung dieses Zaubers »kaum glauben kann«, ist selbstverständlich der Verstand.

Zauberritual und Zauberformel

Wunder sind für den einfachen Verstand nicht zu verstehen. *Das macht ja gerade ein Wunder aus!* Es geschieht etwas, was über den Horizont des Verstandes hinausgeht. Mit anderen Worten: Dieses »Kaum-zu-glauben« des Verstandes ist eher ein Gütesiegel des Zaubers. Wenn wir »bei Verstand« sind, sind Bedenken kein Wunder, sondern Ausdruck des skeptischen Verstandes.

Trotz seiner Zweifel probiert der Bauer das Zauberritual also einfach aus. Neben dem zweifelnden Verstand gibt es bei ihm offensichtlich eine Instanz, die stärker ist, die sein Handeln letztlich bestimmt. Für mich ist diese Instanz *eine intuitive »innere Gewissheit«*. Das ist eine andere Art von Glaube, ein Glaube, der aus dem Herzen kommt: Ich glaube an das Leben, ich glaube, dass Wunder möglich sind. Ich bin mir innerlich gewiss, dass mein Zauber funktionieren wird. Die vierte Lehre des Märchens lautet in meinen Augen: *Glaube und sei dir innerlich gewiss, dass der Wunsch in Erfüllung geht, auch wenn dein Verstand zweifeln mag.* Das ist seine Art. Bleib im Herzen und vertraue dem Leben.

Stellen Sie sich vor, Sie müssten sich bei jedem Atemzug Gedanken darüber machen, was jetzt im Körper geschieht, den Vorgang der Sauerstoffversorgung des Körpers gar gedanklich steuern.

Atem ist Leben, und es ist »kaum zu glauben«, was da in unserem Körper in 80 Billionen Körperzellen bei jedem Atemzug vor sich geht. Und doch leben wir, ohne zu wissen, wie es funktioniert. Wir machen es einfach, atmen gedankenlos und können es sogar im Schlaf. Das Leben ist ein Wunder, das nicht begriffen werden muss, um es leben zu können.

Einleitung

Bittet um was ihr wollt...

Kommen wir noch einmal auf die Zauberformel zurück: »Schön, dass ich es hab – schön, dass ich es hab!«

Das Entscheidende an dieser Zauberformel ist *die Freude im Moment der Wunschäußerung,* im Moment der Bestellung. Denn diese Freude bringt meine unerschütterliche Sicherheit, meine innere Gewissheit, meinen Glauben zum Ausdruck, dass mein Wunsch sich erfüllen wird, ja in gewissem Sinne bereits erfüllt *ist*.

Dieses Gefühl der Freude kennen wir doch auch, wenn wir eine Bestellkarte in den Postkasten werfen. Wir brauchen uns nicht die geringsten Gedanken zu machen, was mit dieser Karte jetzt passiert. Wir müssen die Transportwege der Post nicht kennen, die Logistik des Versandhauses nicht. Wir brauchen erst recht nichts mehr zu tun. Wir brauchen keine Stelle anzurufen, ob die Karte auch angekommen ist und was mit der Bestellung jetzt zu geschehen hat – oder was auch immer. *Wir brauchen nur noch zu warten.* Alles, was von unserer Seite zu tun ist, ist geschehen, nur noch eine Frage der Zeit, wann wir das Bestellte in den Händen halten. Deshalb die Freude beim Einwerfen der Karte, als ob wir das Bestellte schon in den Händen hätten.

Genau diese *Freude* brauchen wir auch bei ideellen Bestellungen »an das Leben«. Sie ist *Ausdruck* dafür, dass wir dem Leben vertrauen, wir nichts mehr zu tun haben, uns nicht mehr einmischen müssen: Wie es genau funktioniert, weiß ich nicht, brauche ich auch nicht zu wissen, nur zu glauben: Das Leben macht das schon. Es ist nur noch eine Frage der Zeit, wann ich das Bestellte (meinen idealen Partner oder meine ideale Partnerin zum Beispiel) als »Geschenk des Lebens« auch in Empfang nehmen darf.

Bei einer materiellen Bestellung *habe ich den Gegenwert* bereits, das Geld zum Bezahlen der Rechnung. *Bei einer ideellen Be-*

stellung brauche ich auch einen Gegenwert, damit diese Bestellung funktionieren kann: Es ist der Glaube an das Leben und die Freude, »dass ich es schon hab«. Hier tauschen wir Geld gegen Ware, dort tauschen wir Glaube/Freude gegen Wunscherfüllung.

Es mag seltsam und ungewohnt klingen, aber im Grunde ist es ganz einfach. Wenn man kein Geld für eine bestellte Ware hat (sozusagen mit ungedecktem Scheck bezahlt), dann muss man die Ware irgendwann wieder mit Strafgebühren zurückgeben. Wenn man an seine Wünsche nicht glaubt, können sie sich nicht erfüllen oder sie entschwinden uns wieder.

Wir werden in diesem Buch auf den *fundamentalen Unterschied im erfolgreichen und erfolglosen Umgang mit Wünschen* noch ausführlich zu sprechen kommen und noch mehr ins Detail gehen. Wir werden den Unterschied zwischen »Herbeiträumen« und »Wegträumen« kennen lernen. Wir werden erkennen, dass Wünsche aus einem Mangelbewusstsein (»Ich hätte gerne...«) heraus nicht in Erfüllung gehen können. Erfüllung dagegen bringt nur ein Bewusstsein der Fülle (»Ich habe...!«). Alle diese unterschiedlichen Energien und Bewusstseinsinhalte kommen in unserer Zauberformel klar zum Ausdruck: Im Moment der Wunschäußerung bereits innerlich gewiss zu sein: »Schön, dass ich es hab.«

Wenn wir dieses Bewusstsein nicht haben, dann haben wir sozusagen den Gegenwert nicht, um etwas erfolgreich wünschen und bestellen zu können.

Worauf ich Sie in diesem Zusammenhang aufmerksam machen möchte, ist ein Bibelzitat, das Sie vielleicht auch kennen. Möglicherweise sind Sie über diese Worte auch so gestolpert wie ich früher. Im Markus-Evangelium (11/24) heißt es: »*Bittet, um was ihr wollt, glaubt nur, dass ihr es erhalten habt, und es wird euch werden.*«

Einleitung

Dieser Satz klingt doch sehr seltsam! Ich soll um etwas bitten, was ich schon erhalten habe? Es heißt genauer: Ich soll um etwas bitten, was ich *glaube*, schon erhalten zu haben. Eigentlich ist das doch eher die Quadratur des Kreises! Habe ich es? Glaube ich es nur? Warum denn noch darum bitten?

Erst nachdem ich mich aus der einfachen, eindimensionalen Logik befreie, bekommt dieser Satz aus der Bibel einen Sinn. Mehr noch, gleicht er in verblüffender Weise der Zauberformel aus unserem scheinbar kindlichen Märchen. *Die gleiche Botschaft!*

»Es wird euch werden« heißt, es geht in Erfüllung. Jedoch nur unter einer Bedingung: Wenn du bereits bei der Wunscherfüllung *glaubst,* dass du es schon hast. Dann darfst du auch bitten, um was du willst, bestellen, was immer du möchtest.

Unser Verstand denkt zu eindimensional, zu rational, zu tatsachenorientiert. Er hat immer etwas zu bedenken, zu kritisieren, zu bezweifeln. – Damit wir uns nicht falsch verstehen: Genau das ist sein Job! Doch wenn wir *nur* aus dem zweifelnden Verstand heraus leben würden, dann könnten wir am Leben leicht ver-zweifeln.

Das Bibelzitat weist – hier stärker als das Märchen – uns darauf hin, dass auch *der Glaube* ein Teil unseres *erweiterten, ganzheitlichen Bewusstseins* ist. Und nur ein solch erweitertes Denken, das auch den tieferen Glauben als »innere Gewissheit«, die Intuition als »höhere Weisheit« integriert, ist in der Lage, Wünsche so auf den Weg zu bringen, dass sie in Erfüllung gehen *müssen.* Das Leben hat übrigens gar keine andere Wahl, als »das richtig Bestellte« auch auszuliefern.

Wenn wir diesen Mechanismus der Wunscherfüllung einmal mit Kopf und Herz »verstanden« haben, dann wird uns bewusst, was für eine grenzenlose Macht uns vom Leben eigentlich zur Verfügung gestellt wurde. Wir müssen diese Macht aber auch erkennen und sollten sie im positiven Sinne nutzen.

Können alle Wünsche in Erfüllung gehen?

Wenn wir Radio Eriwan fragen würden, wäre die Antwort sicher: »Im Prinzip ja, aber ...«

Das »Aber« erklärt dabei ein spanisches Sprichwort auf tiefsinnige Weise: »Gott sprach, tue was du willst, aber bezahle dafür.« Mit anderen Worten: Wir haben den freien Willen uns zu wünschen, was immer wir wollen. Doch häufig ist die Erfüllung des Wunsches eher eine Strafe als ein Glück, und es kommt alles »anders, als man denkt«!

Zunächst: Es gibt niemanden, der uns vorschreibt, was wir uns wünschen dürfen und was nicht! Doch wir müssen dann auch die Konsequenzen der Wunscherfüllung selbst tragen. Welche Wünsche letztlich in Erfüllung gehen können, hat sicher auch etwas mit Ethik, mit Herzensangelegenheiten zu tun. Ich möchte dabei jetzt nur auf die Worte der Bibel hinweisen: Nicht mein Wille, sondern »dein Wille geschehe«!

Es ist ein sehr weiser Mechanismus, der da am Werk ist: Wir *brauchen* dieses gegenüber dem logischen, eindimensionalen Verstand erweiterte, multidimensionale, ganzheitliche Bewusstsein, um die Gesetzmäßigkeiten der Wunscherfüllung überhaupt erkennen zu können. Bevor wir dieses Bewusstsein erreicht haben, noch im rein logischen Verstand verharren, sind wir für diese Magie der Erfüllung ideeller Wünsche taub und blind, erscheinen uns solche Worte wie nebulöse Zaubersprüche, gar demagogische Tricks, Bauernfängerei. Wem dies so erscheint, ist einfach noch nicht reif, mit diesem machtvollen Instrument verantwortlich umgehen zu können! Ein Schutzmechanismus sozusagen. Es ist doch auch für den Verstand wirklich logisch: Wie soll jemand Wunder vollbringen können, wenn er selbst nicht aus tiefstem Herzen an Wunder glaubt? Das funktioniert einfach nicht!

Einleitung

Darin verbirgt sich übrigens auch das Geheimnis der Märchen: Für einen Menschen, der Märchen nur mit dem rein logischen Verstand aufnimmt, sind sie »irrationale Geschichten«, reiner Kinderkram. Im erweiterten, ganzheitlichen Bewusstsein, in dem wir jedes Wort, jedes Bild des Märchens zu deuten in der Lage sind, erschließt sich uns in den Märchen eine wahre Schatzkammer von Weisheiten. Es ist praktische Lebensphilosophie pur und alles andere als Kinderkram. Es ist eine Weisheit der Seele, zu der Kinder, Alte, Künstler, Magier oder Liebende Zugang haben, aber kein nur rational ausgerichteter Erwachsener, kein reiner Kopfmensch.

Es ist das gleiche Geheimnis jeder Magie: Erst wer durch ein erweitertes, ganzheitliches Bewusstsein dafür reif ist, begreift sie und kann mit ihr ethisch verantwortlich umgehen.

In diesem Bewusstsein, das den Sinn der Magie erfasst, sind wir kein Egozentriker mehr, dem es nur noch um das Wohl des eigenen Ichs geht. So werden wir uns nichts wünschen, was anderen schadet. Wir werden uns auch nichts Effektheischendes wünschen, was außerhalb jeder Realität liegt (dass uns z.B. Flügel wachsen und wir fliegen könnten). Wir werden uns nichts wünschen, was uns fremd ist und einfach nicht zu uns passt. Es sind keine Wünsche mehr, die einem verletzten, omnipotenten oder narzisstischen Ich entspringen.

Es sind vielmehr reife, »erhabene« Wünsche, die zwar eine persönliche Herausforderung darstellen, doch rundherum stimmig sind – für mich wie für meine Mitmenschen.

Sagen wir es so: Alle unsere *Herzenswünsche* können in Erfüllung gehen, denn unser Herz wünscht sich nur das, was wirklich für mich selbst und für alle stimmt, zum Wohl für alle ist.

Die Frage »Können alle Wünsche in Erfüllung gehen?«, stellt sich also nur der Verstand. Sie ist akademisch, philosophisch, intellektuell, für das wirkliche Leben unbedeutend. Das Herz stellt sich eine solche Frage gar nicht. Es wünscht sich einfach nur das, was wirklich für alle stimmt und macht sich so die Erfüllung ganz leicht.

Doch damit sind wir längst mitten im Thema des Buches: »Erfinde dich neu!« Es geht jetzt um mehr, als *einzelne* Wünsche zu erfüllen.

Wie geht es weiter?

Wer sich neu erfinden will, legt Vergangenheit ab, gestaltet sich selbst und sein Leben für einen längeren Zeitabschnitt neu.

Vielleicht erleben Sie gerade eine große, private Enttäuschung, steht eine Trennung von einem langjährigen Lebenspartner an, vielleicht erleben Sie eine berufliche Krise, bereiten sich auf einen beruflichen Neubeginn vor. Möglicherweise hat sich ein längerer Lebensabschnitt einfach erfüllt.

Die Frage lautet in jedem Falle: Wie geht es weiter? Ich möchte Sie einladen, diese Frage nicht mit dem Verstand zu beantworten, sondern aus dem Herzen.

Sie haben in der Vergangenheit nach einem Drehbuch bestimmte Rollen gespielt. Jetzt gilt es für den nächsten Lebensabschnitt ein neues Drehbuch zu schreiben, die Rollen neu zu verteilen und neu zu bestimmen. *Sie haben die Wahl!* Sie können entscheiden, welchen Weg Sie jetzt einschlagen wollen.

Ich möchte Sie einladen, Ihr neues Drehbuch richtig märchenhaft zu gestalten, Ihr Leben zu verzaubern! Wünschen Sie sich doch einen Märchenprinzen oder eine Prinzessin! Bestellen Sie sich jetzt Ihren Traumberuf! Oder genießen Sie Ihren Ruhestand auf königliche Weise! Sie entscheiden jetzt selbst, ob Ihr Dreh-

Einleitung

buch eine Tragödie, eine Komödie oder ein zauberhaftes Märchen wird!

Dabei stellt sich natürlich die Frage: Wie frei sind wir bei der Gestaltung des Drehbuches und der Rollen? Können wir uns so neu erfinden, wie wir wollen? (Sie erinnern sich an den letzten Abschnitt dieser Einleitung.)

Machen wir ruhig ein Gedankenspiel als Nagelprobe: Könnte ich mich zum Beispiel jetzt als »Superman« oder »Batman« erfinden, mit wallenden Gewändern in den Lüften schweben, das Gute beschützend und das Böse vernichtend? Könnte ich mich zu einer solchen Figur »neu erfinden«? Klar, es wäre sicher sensationeller und finanziell noch lukrativer als die Illusionszauberei von David Copperfield! Aber würden Sie so eine Figur *wirklich leben wollen?* Wäre es wirklich Ihr Herzenswunsch oder nur eine Kopfgeburt, eine Spinnerei?

Der Schlüssel liegt – wie so oft! – in der Sprache selbst: »Erfinde dich neu!« ist die Aufforderung, *sich endlich selbst zu finden!* (Wo und wie Sie sich finden können, behandeln wir gleich im ersten Kapitel.) Mit anderen Worten: Sei du selbst! Gehe deinen Weg! Lebe aus deiner Mitte, aus deinem Herzen. Tue nur noch das, was dir wirklich gut tut, lass dich nur noch von Freude und Glück leiten.

Sie werden – nach einer gewissen Übergangs- und Gewöhnungszeit – feststellen, dass ein so gestaltetes Leben wirklich märchenhaft ist. Ich lade Sie dazu ein! Machen Sie es wie der Bauer: Probieren Sie es einfach aus! Das Buch möge Ihnen Anleitung sein, ein neues Drehbuch Ihres Lebens als zauberhaftes Märchen zu schreiben und danach auch zu leben. Das Herz ist in der Lage, Wunder zu vollbringen. Seien Sie darauf vorbereitet.

1. KAPITEL

Dieses Kapitel gibt Antwort auf die Fragen:

- Warum mache ich es mir immer so schwer?

- Warum werde ich mit den immer gleichen Problemen konfrontiert? Wie kann ich mich aus diesem Teufelskreis lösen?

- Wie kann ich mich selbst und mein Leben so akzeptieren, wie es nun einmal ist?

- Wie kann ich die Chancen und Geschenke, die das Leben mir bietet, auch erkennen?

- Wie lerne ich es, mein Herz zu fragen und »aus ganzem Herzen« zu leben?

- Wie mache ich es mir beim Lesen dieses Buches möglichst leicht?

Gehe den königlichen Weg und mache es dir leicht!

Wir bekommen vom Leben keinen Orden dafür, dass wir es uns besonders schwer machen.

Wenn wir vor einem privaten oder beruflichen Neubeginn stehen, haben wir immer die Wahl, den leichten oder den schweren Weg zu gehen, eine Aufgabe meisterhaft oder nur akzeptabel zu lösen. Doch erkennen wir diese Wahlmöglichkeit in den meisten Fällen gar nicht. Viele Menschen glauben, man müsse es sich schwer machen, um es im Leben zu etwas zu bringen. Auch im Volksmund heißt es: »Ohne Fleiß keinen Preis.«

Damit sind wir Gefangene unserer eigenen Vorstellungen. Wir gehen den schweren Weg, weil wir uns gar nicht vorstellen können, dass es auch einen leichten gibt, einen »Königsweg«. Oder wir glauben, dieser leichte Weg sei nur ganz privilegierten Menschen vorbehalten.

Ich empfehle Ihnen, den leichten Weg zu gehen, den Königsweg. Es ist ein besonderer Weg, doch ist der für jeden gangbar. Es ist der Weg, der unser Leben zu einem Meisterwerk macht.

»Erfinden Sie sich neu«, indem Sie es sich in Zukunft leicht machen, sich von Belastungen befreien, Ihrem Leben eine erfrischende Leichtigkeit und Souveränität geben, das Leben wirklich meistern.

Dieser leichte, der königliche Weg, ist *der Weg der Freude und der Weg des Herzens.* Wir müssen nicht nachdenken und analysieren, um diesen Weg zu finden. Der Verstand ist es, der es sich eher schwer macht und keine rechte Freude aufkommen lässt.

Denn Freude kann man nicht denken, sondern nur fühlen. Wir lernen, unser Herz wieder zu befragen und ihm zu folgen. Dann wird unser Weg zu einem Weg der Freude, dann kann unser Leben auch märchenhaft werden.

Ich werde jedem Kapitel ein Märchen, eine kleine Geschichte voranstellen, um an diesen Königsweg zu erinnern und aus der Weisheit der Geschichten für diesen Weg zu schöpfen. Märchen sprechen unser Herz an und rufen uns ins Herz zurück, wenn wir uns wieder zu sehr im Verstand verloren haben. Beginnen wir doch gleich damit!

Alle Weisheit der Welt

»Es war einmal ein mächtiger König, der beherrschte die ganze Welt. Eines Tages ließ er alle Weisen der Welt zusammenkommen und gab ihnen den Auftrag, das gesamte Wissen des Universums niederzuschreiben, und zwar so kurz wie möglich.

Die Weisen machten sich an die Arbeit, und nach vielen Jahren hatten sie es geschafft. Alles Wissen des gesamten Universums hatten sie in 100 Büchern niedergeschrieben.

Doch der König war noch nicht zufrieden und beauftragte sie, alles Unwesentliche wegzulassen und das gesamte Wissen in einem einzigen Buch aufzuschreiben. Die Weisen hielten dies zwar für unmöglich, da sie aber wussten, dass der König sie vorher nicht in ihre Heimat zurücklassen würde, machten sie sich an die Arbeit. Nach vielen, vielen Jahren mühevoller Arbeit hatten sie es doch geschafft, und stolz gaben sie dem König das Buch, in dem nun das gesamte Wissen des Universums niedergeschrieben war.

Der König dankte ihnen und sagte, dass er nun noch eine letzte Aufgabe für sie habe. Sie sollten alles Wissen in einem einzigen Satz zusammenfassen. Die Weisen berieten viele Jahre, und dann hatten sie es geschafft, die ganze Lebensweisheit des Universums in einen einzigen einfachen Satz zu bringen: ›Auch *du* bist ein Schöpfer und *alles* ist möglich!‹«

Es sich einfach machen ist nicht immer leicht

Unsere Geschichte bringt »die ganze Lebensweisheit des Universums« in einen genial einfachen Satz: »Auch *du* bist ein Schöpfer und *alles* ist möglich.«

Doch wie viele Jahre haben »die Weisen der Welt« gebraucht, um auf eine so einfache Formel zu kommen! Aber *dann* ist es einfach und *damit wird es leicht*.

Auf dem Weg zur Leichtigkeit haben die Weisen »alles Unwesentliche weggelassen« und haben den wesentlichen Kern entdeckt. Die Kunst ist es also, das Unwesentliche, den Ballast, zu erkennen, sich davon zu lösen, um das Wesentliche aufzudecken und zu bewahren.

Wir können den leichten Weg nicht gehen, wenn wir noch einen erdrückend schweren Rucksack mit uns herumschleppen. Der erste Schritt, es sich im Leben leicht zu machen, ist, sich vom Ballast zu lösen: sich von Belastungen, von Druck zu befreien, den »Rucksack der Vergangenheit« abzulegen, um nur noch mit leichtem Handgepäck zu reisen.

Diese Belastungen aus der Vergangenheit abzulegen, »braucht seine Zeit«, so wie die Weisen Zeit brauchten, um den Weisheitskern zu entdecken.

Wir können nicht am selben Tag säen und ernten. Es braucht eine den Dingen innewohnende Reifezeit, damit das neu Gesäte auch geerntet werden kann.

Es mag eine gewisse Mühe machen zu säen, doch wenn wir genug Geduld haben, wir nicht vorzeitig ernten wollen, dann fallen uns die reifen Früchte, ohne sie pflücken zu müssen, in den Schoß.

Jeder große Meister hat Lehrjahre der geduldigen Übungen und des unermüdlichen Fleißes gebraucht, bis er es in seinem Fach zur Meisterschaft gebracht hat. Aber wenn die Meisterschaft erreicht ist, dann fällt auch das Zulernen immer leichter. Der Lohn der Mühe ist Mühelosigkeit. Der Lohn der Lehrjahre ist die Meisterschaft. Der Lohn der Disziplin ist die Leichtigkeit des Seins.

Sie können es sich auch dadurch schwer machen, dass Sie zu wenig Geduld mit sich haben. Gehen Sie sanft mit sich um. Sie sind schon auf dem richtigen Weg! Es ist nur eine Frage der Zeit, bis Ihr Leben eine reine Freude ist. Machen Sie sich den Weg selbst leicht und genießen Sie ihn. *Leichtigkeit ist nicht das Ziel, sondern der Weg selbst.*

Wir meistern das Leben spielerisch leicht oder gar nicht

Wenn wir Menschen beobachten, die ihr Fach meistern, dann fasziniert uns vor allem ihre Leichtigkeit, die scheinbare Mühelosigkeit, das Spielerische, das Lächeln in ihrem Gesicht, während sie ihre Leistungen darbieten. Denken Sie an Virtuosen, Künstler, Artisten. Wer sich anstrengen muss, ist noch kein Meister, der ist erst auf dem Weg zur Meisterschaft. Sogar im Sport bewundern wir »Weltmeister«, die ihren Sieg mit einem Lächeln erringen.

Wir können solche Erfahrung leicht auf das Leben selbst übertragen: Wer von seinem Leben mehr erwartet, als dass es nur »funktioniert«, wer es wirklich meistern will, der wird es spielerisch, mühelos und leicht führen. Alles, was wir meistern, das geht uns mühelos einfach von den Händen. Deshalb sollten wir es lernen, *das ganze Leben* spielerisch leicht zu meistern.

Ich möchte Ihnen an den verschiedensten Stellen des Buches die Gelegenheit geben, schriftlich nachzudenken und den Teil zu tun, für den der Verstand zuständig ist. Hierbei ist nicht das Büffeln von Aufgaben gefordert. Gehen Sie auch mit diesen gedanklichen Anregungen spielerisch leicht um!

Bitte überprüfen Sie Ihr Denken! Welcher Widerstand regt sich in Ihnen, wenn Sie den Satz hören: *»Wir meistern das Leben spielerisch leicht oder gar nicht.«* Notieren Sie sich Ihre möglichen Einwände. Und beobachten Sie einmal – während Sie das Buch lesen – wie sich diese Einwände mit der Zeit in Luft auflösen!

Was uns das Leben schwer macht

Wir machen es uns im Leben zum Beispiel schwer,
- indem wir einen Beruf ausüben, der uns keine Freude bereitet,
- indem wir es in einer Partnerschaft nur noch aushalten, die unser Leben nicht mehr bereichert, unser persönliches Wachstum nicht mehr fördert, sondern sich offensichtlich ausgelebt hat,
- indem wir in einem Lebensumfeld wohnen, das uns durch Lärm, verbrauchte Luft, Enge und andere Widrigkeiten belastet.

All das und vieles andere scheinen feste, »schwer wiegende« Tatsachen zu sein, die wir einfach hinnehmen müssen. Dabei vergessen wir leicht, dass auch »Tatsachen« einmal getan wurden. Sie sind Entscheidungen, die sich scheinbar unverrückbar verfestigt haben. Doch Sie haben sich irgendwann einmal für diesen Beruf,

Was das Leben schwer macht

für diesen Partner, für dieses Zuhause entschieden. Damals hatte diese Entscheidung wahrscheinlich gestimmt. Und wenn es für Sie nicht mehr stimmt, dann können Sie eine neue Entscheidung treffen, neue Tatsachen schaffen. Vielleicht haben Sie sich innerlich schon längst entschieden, fehlt Ihnen nur noch der Mut, die Zeit, das Geld (was auch immer), die Entscheidung in die Tat umzusetzen.

Diese äußeren Umstände, die uns das Leben schwer machen, sind über Jahre gewachsen und brauchen in der Regel viel Energie und Zeit, um verändert zu werden. Sie sind Resultate von Entscheidungen, die wir irgendwann einmal getroffen haben. Ich möchte jetzt diese äußeren *bedrückenden Umstände* im Leben erst einmal beiseite stellen, weil wir sie ohne die Änderung einer inneren Einstellung gar nicht verändern können. Wir machen es uns leicht, indem wir den Hebel da ansetzen, wo es leicht geht.

Normalerweise erscheinen äußere Umstände wie unverrückbare, hartnäckige Tatsachen. Doch wenn wir unser Denken und unsere Entscheidungen überprüfen, dann sind wir in der Kommandozentrale. Hier gilt es Hebel in Bewegung zu setzen, und dann ist es nur noch eine Frage der Zeit, wann die äußeren Umstände sich entsprechend und viel leichter ändern.

Schon Albert Einstein erkannte, dass Probleme nicht auf der Ebene zu lösen sind, wo sie in Erscheinung treten, sondern auf einer anderen, tieferen Ebene. Außen treten Probleme in Erscheinung, innen werden sie gelöst. Wer es anders versucht, macht es sich nur unnötig schwer.

Es sind vor allem *geistige Einstellungen,* die bedrückende Umstände verursachen. Eine solche geistige Einstellung ist: »Wir bekommen im Leben nichts geschenkt.« Wir könnten aber auch sofort eine andere Einstellung wählen, zum Beispiel: »Das ganze Leben ist ein Geschenk!«

Prüfen Sie jetzt einmal *eine scheinbar schwierige Situation in Ihrem Leben* unter dem Licht beider Einstellungen.
Beispiel: Sie fühlen sich von einem Partner im Stich gelassen. Die sich schwer machende Einstellung kann solche Gedanken zur Folge haben: »So sind Männer / Frauen! Habe ich mir doch gleich gedacht, dass ich dem / der nicht trauen kann! Warum erwischt es immer mich?!« Das Problem ist nicht gelöst, Sie ärgern sich über den unzuverlässigen Partner und gehen darüber hinaus noch schwer mit sich selbst ins Gericht, weil Sie sich irgendwie ausgenutzt und als Opfer fühlen.
In der Situation des Verlassenwerdens kann man aber auch ein Geschenk sehen: »Danke, dass ich hier etwas lernen darf! Ich mache mich von keinem mehr abhängig und packe meine Probleme selbst an!« Sie lösen das Problem selbstständig und fühlen sich bestimmt verdammt gut dabei.
Können Sie die unterschiedlichen Konsequenzen so unterschiedlicher Einstellungen in *Ihrer* schwierigen Situation erkennen?

Unsere geistigen Einstellungen können wir also sofort ändern – und sie können *alles* ändern. Hier können wir den Ballast *sofort* loslassen, hier können wir es uns *sehr schnell* leichter machen. Das ist letztlich der Weg, langfristig auch unsere äußeren Lebensumstände zu verbessern und neu zu gestalten. Denn indem wir es in unserem Innenleben, unseren Gedanken und Gefühlen leichter machen, wird auch das äußere Leben immer leichter.

Wie Sie sich von belastenden Gedanken befreien

Wodurch machen wir es uns gedanklich schwer?

Wir machen es uns schwer, indem wir uns viel zu viele *Gedanken und Sorgen um die Zukunft* machen. Die allermeisten Prob-

Von belastenden Gedanken befreien

leme, die wir sorgenvoll erwarten, treten gar nicht erst ein. Machen Sie sich nur noch Gedanken über Probleme, die wirklich existieren und nicht über solche, die möglicherweise eintreten könnten.

Denken Sie an die Zukunft so wenig wie möglich, gerade das Nötigste. Fragen Sie sich immer: Ist es mit Sicherheit zu erwarten oder ist es nur eine Befürchtung? Liegt es überhaupt in Ihrer Macht, diese Entwicklung zu beeinflussen? Dann machen Sie es jetzt oder lassen Sie die Gedanken an die Zukunft einfach los. Lassen Sie sich doch einfach überraschen, was das Leben Ihnen anbieten möchte. Vertrauen Sie dem Leben, das es gut mit Ihnen meint.

Aber nicht nur die Gedanken an die Zukunft, sondern auch die an *die Vergangenheit* können sehr belastend sein. Doch seien Sie gewiss: Die Vergangenheit ist ja so etwas von vergangen! Da ändern Sie nichts mehr. Jedes »Hätte-ich-doch« macht überhaupt keinen Sinn. Es ist vorbei. Ziehen Sie Lehren daraus für das nächste Mal, aber dann lassen Sie los!

Lassen Sie *Schuldgefühle* anderen Menschen gegenüber los. Sie haben sicher Ihr Bestes getan! Verurteilen Sie nicht, was Sie in der Vergangenheit getan haben. Weil Sie es nicht anders konnten, ist es auch in Ordnung so. Gehen Sie nicht so hart mit sich selbst ins Gericht und verzeihen Sie sich. Wenn Ihnen die Sinnlosigkeit von Schuldgefühlen bewusst ist, Sie Ihre Vergangenheit liebevoll loslassen können, dann kann Ihnen schon ein ganzer Felsbrocken vom Herzen fallen.

Legen Sie auch jede *Kritik an sich selbst* ab. Nehmen Sie sich so an, wie Sie sind. Wenn Sie es nicht können, wer sollte dann dazu in der Lage sein? Verwöhnen Sie sich, wie Sie verwöhnt werden möchten. Seien Sie gut zu sich selbst, wie Sie geliebt werden möchten. Schenken Sie Ihrem Körper und Ihrer Gesundheit liebevolle Aufmerksamkeit, behandeln Sie ihn wie einen Geliebten. Fühlen Sie sich mit sich selbst einfach rundherum wohl.

Den königlichen Weg gehen

Geben Sie aber auch *anderen keine Schuld* für Schwierigkeiten in *Ihrem* Leben. Auch sie haben ihr Bestes getan. Urteilen und verurteilen Sie andere nicht. Nehmen Sie auch die anderen Menschen, wie sie sind. Wenn Sie gelernt haben, sich selbst für Fehler zu verzeihen, dann können Sie auch anderen leicht vergeben. Schenken Sie jedem Menschen in Ihrem Leben von Herzen einen Segen. Einen Menschen, den Sie segnen, können Sie nicht gleichzeitig verurteilen.

Bringen Sie immer mehr *Ehrlichkeit und Wahrheit* in Ihr Leben. Jede Form von Unaufrichtigkeit macht das Leben schwer, bringt Misstrauen, Manipulation und Intrigen in Ihr Leben. Ein ehrliches Gespräch und wahrhaftiger Umgang mit anderen ist die Grundlage für vertrauensvolle Beziehungen. Sagen Sie auch immer »nein«, wenn Sie »nein« meinen und nicht »ja«. Seien Sie immer echt und authentisch, auch wenn Sie manchmal anecken, weil manche Menschen mit Ihrer direkten Art so einfach nicht klarkommen.

Leben Sie *Ihr eigenes Leben* und tragen Sie nur dafür die Verantwortung. Lassen Sie andere ihr Leben leben und ihre Probleme selbst lösen. Jeder hat ein Recht auf eigene Fehler und ein Recht, daraus auch zu lernen. Machen Sie nicht die Hausaufgaben für andere. Sie müssen sich nicht für alles und alle verantwortlich fühlen. Nur für Ihr eigenes Leben, das aber richtig!

Mir liegt jetzt gar nicht sosehr daran, Ihnen eine vollständige Liste von inneren Einstellungen vorzulegen, mit denen wir uns das Leben schwer machen. Wir werden dieses Thema auch noch vertiefen. Mir kommt es hier vor allen Dingen darauf an, dass Sie erkennen: *Nicht das Leben macht es Ihnen schwer, sondern Sie machen es sich mit solchen belastenden Einstellungen selbst schwer.*

Stellen Sie sich doch nur einmal vor: Sie machen sich keine Sorgen mehr um Ihre Zukunft, Sie hängen nicht gedankenschwer in

Von belastenden Gedanken befreien

der Vergangenheit, Sie sind frei von jedem Schuldgefühl, sind zufrieden mit sich selbst, freundlich und ehrlich zu Ihren Mitmenschen, leben ganz und gar Ihr eigenes Leben, belasten sich nicht mehr mit den Problemen anderer – Ihr Leben würde sicherlich viel leichter sein! Machen wir doch jetzt einen Schritt in diese Richtung: Erleichterung ist oft nur *einen anderen Gedanken weit weg!*

Schreiben Sie sich einmal Umstände, Ereignisse, Menschen, Gedanken auf, die Ihnen unter der Überschrift einfallen: »Was macht es mir im Leben noch schwer?« Und sortieren Sie die Notizen dann unter die Fragen:
- Was sind äußere Umstände?
- Was sind Befürchtungen?
- Was ist Vergangenheitsbewältigung?
- Wo hege ich noch Schuldgefühle?
- Womit bin ich mir selbst gegenüber unzufrieden?
- Was sind Schuldzuweisungen anderen gegenüber, womit bewerte und verurteile ich andere?
- Wo bin ich anderen oder mir selbst gegenüber unehrlich?
- Wo sage ich noch »ja« und meine doch »nein«?
- Wo lebe ich nicht mein Leben, sondern bin von anderen abhängig?
- Wo spiele ich noch eine Rolle und bin nicht echt und authentisch?
- Wo mische ich mich in das Leben anderer ein und laste mir ihre Probleme auf?
- Welche Notiz lässt sich unter diesen Fragen noch nicht unterbringen?

Und dann werfen Sie aus Ihrem Rucksack, was Sie jetzt schon loslassen können. Lesen Sie die letzten Seiten noch einmal und streichen Sie die Gedanken aus der Liste aus, die Sie nicht mehr belasten.

Und wissen Sie, wie Sie es sich noch leichter machen können? Nehmen Sie sich die Liste morgen noch einmal vor. Einiges wird sich heute Nacht wahrscheinlich von selbst lösen, weil Ihr Unterbewusstsein im Schlaf die Aufgabe für Sie erledigt: Streichen Sie, streichen Sie, streichen Sie, bis Sie sich so von schwer wiegenden Gedanken erleichtert haben, dass Sie keinen Druck und keine Belastung mehr empfinden, weder von anderen noch durch sich selbst.

Schauen Sie in den nächsten Wochen auch auf diese Liste immer wieder einmal. Ist eine Belastung dazugekommen? Können Sie noch mehr beschwerliche Einstellungen streichen?

Wenn Sie durch diese eigenen Erfahrungen glauben können, dass alles – zumindest vieles – durch eine andere Einstellung ganz leicht geht, dann werden Sie sehr schnell genau diese Erfahrungen verstärken. Dann werden Sie erkennen: Wenn Sie es sich schwer machen, sich noch anstrengen müssen, es Mühe erfordert, ist das als eine Botschaft zu verstehen: Sie haben noch nicht den optimalen Weg gefunden, es geht auch leichter und besser.

Machen Sie es sich auch in der Schule des Lebens leicht!

Das Leben ist wie eine Schule. Wir entwickeln uns weiter, indem wir Lektionen lernen, uns für höhere Aufgaben qualifizieren.

Wir haben gar keine andere Wahl: In der »Schule des Lebens« kann sich keiner drücken. Es ist Schulpflicht für alle und jeden – ein Leben lang.

Wir haben allerdings *die Wahl, auf welche Weise wir die Lektionen bewältigen*. Entweder nehmen wir die Lektionen des Lebens freudig an, machen unsere Hausaufgaben und lernen alles

Schule des Lebens

leichten Herzens. Dann kommen wir schnell voran. Oder wir drücken uns vor den Lektionen, drehen uns im Kreis und eine »Ehrenrunde« nach der anderen – bis wir unsere Lektion endlich mit vielen Verlusten gelernt haben.

Am Anfang steht noch eine Aufgabe, die leicht ist, und wir schieben sie vor uns her: eine Aussprache mit dem Partner zum Beispiel. Aus der an sich einfachen Aufgabe wird mehr und mehr ein Problem. Missverständnisse häufen sich, der Streit wird heftiger, die Auseinandersetzungen unversöhnlicher. Doch die wirkliche Aussprache hat immer noch nicht stattgefunden. Das Problem wird immer noch umgangen in der Hoffnung, es löse sich irgendwie von selbst. Doch Probleme, die man vor sich herschiebt, haben die Neigung, wie ein den Hang hinunterrollender Schneeball immer größer zu werden – bis wir dem Problem nicht mehr aus dem Weg gehen können und wir zum Handeln gezwungen sind. Die nicht geführte Aussprache endet dann auf unangenehmste Weise vielleicht vor dem Scheidungsrichter.

Mit anderen Worten: Wir können Aufgaben und Probleme lösen, solange sie noch klein sind. Das ist der einfache Weg in der Schule des Lebens. Wir können die Probleme aber auch anwachsen lassen, bis wir von anderen *gezwungen werden,* sie zu lösen.

Probleme machen vielen deswegen zu schaffen, weil sie erst als dicke Brocken wahrgenommen werden und andere uns unnachgiebig drängen, sie endlich anzupacken. Dabei hätten wir sie bereits mit viel weniger Aufwand aus der Welt schaffen können, als es noch kleine, niedliche »Problemchen« waren.

Machen Sie sich jetzt einmal eine Liste aller Ihrer Probleme, die noch der Lösung harren, die Sie ständig vor sich herschieben.
Es sind sozusagen alles Hausaufgaben, die Sie noch nicht erledigt haben!

Den königlichen Weg gehen

Stellen Sie sich vor, alle diese Probleme wären gelöst und keine weiteren mehr dazugekommen! Spüren Sie die Erleichterung bei der Vorstellung. Und dann ran! Nehmen Sie ruhig eine Auszeit und konzentrieren Sie sich voll und ganz darauf, sich von dieser Liste zu lösen.
Machen Sie es sich zur Regel: Alle Probleme sofort vom Tisch, solange sie noch klein sind.

Die Lektionen des Lebens gehen leicht von der Hand, wenn Sie sie umgehend lernen.

Ein anderer, größerer Themenbereich in der Schule des Lebens ist es, sich *ständig im Kreis zu drehen:* Sie ziehen zum Beispiel immer den gleichen Typ von Partner in Ihr Leben. Sie leben ständig über Ihre Verhältnisse, gleichgültig, wie viel Sie verdienen. Sie sind dauernd krank, obwohl Sie einen Arzt nach dem anderen konsultieren. Sie werden unentwegt von anderen ausgenutzt.

Sie wiederholen sozusagen ständig die Klasse und kommen überhaupt nicht weiter! In der Schule des Lebens kann man Zeit seines Lebens auf einem Klassen-Niveau stehen bleiben und in seiner Entwicklung stagnieren. Hier gilt es, *größere Lebensthemen zu lösen*, um aus diesem Teufelskreis herauszukommen und ein neues persönliches Wachstum zu initiieren. Dieses »Sich-im-Kreise-Drehen« macht sich an Symptomen bemerkbar, meistens einer Sucht: Alkoholmissbrauch oder Arbeitssucht, um die wichtigsten zu nennen.

Wo erkennen Sie in Ihrem Leben solche wiederkehrenden Muster? Wo fordert das Leben von Ihnen, sich ständig mit den gleichen Themen auseinander zu setzen? In welchem Lebensbereich haben Sie den Eindruck, seit Jahren nicht weiterzukommen?

Schule des Lebens

Können Sie dahinter ein Hauptthema erkennen? Umgang mit Geld, Umgang mit Partnern, Umgang mit dem eigenen Körper und der Gesundheit? Umgang mit Eltern oder Kindern? Umgang mit bestimmten Gefühlen?

Versuchen Sie einmal, Ihr *aktuelles Lebensthema* zu erkennen: Was ist die Aufgabe, vor die das Leben Sie jetzt gestellt hat? Was ist Ihre aktuelle Hauptaufgabe? Was gilt es jetzt zu lösen?

Wenn man diese Aufgabe nicht löst (es ist wie der Stoffplan einer ganzen Klassenstufe), wird es immer schwerer, es kommt immer mehr Unmut und Frustration auf – genau wie in der Schule: Man bleibt wieder und wieder sitzen.

Wenn Sie diese Aufgabe erkannt haben, dann formulieren Sie sie *in eine Frage*, zum Beispiel
- Was kann ich tun, um weniger auszugeben als ich einnehme?
- Wie kann ich meiner Partnerin meine Liebe tagtäglich besser zeigen? Wie kann ich sie überraschen? Wie kann ich unsere Partnerschaft in Liebe erneuern?
- Wie lerne ich, mein erwachsen werdendes Kind freizugeben, es loszulassen und seiner Wege gehen zu lassen?
- Wie werde ich gesünder, vitaler und fitter?
- Wie lerne ich, meine Gefühle ehrlich zu zeigen, ohne verletzend zu sein?
- Wie lerne ich, offen meine Bedürfnisse zu zeigen?

Wenn Sie sich Ihre aktuelle Hauptlektion im Leben als Frage formulieren und aufschreiben, dann passiert *ein Wunder: Das Leben gibt Ihnen die Antwort!* Sie müssen jetzt nur noch Augen und Ohren offen halten: Hier fällt Ihnen eine Zeitung mit einem interessanten Artikel in die Hand, dort begegnen Sie einem Menschen,

Den königlichen Weg gehen

der Sie der Lösung näher bringt. Oder Sie haben über Nacht einen Traum, eine Eingebung und alles ist klar!

Wir sind hier auf der Erde, um zu leben, zu lieben, zu lernen, zu lachen und loszulassen. Viele vergessen das Lernen. Das Leben ist geduldig mit uns, doch wenn wir unsere Lektionen im Alltag nicht lernen, erhalten wir Nachsitzen oder bleiben gar für ein Jahr oder mehrere sitzen, weil das Klassenziel nicht erreicht wurde. Wir drehen uns mit unseren Problemen immer wieder im Kreis, die Lektion wird immer unsanfter, bedarf immer mehr Energie, bis wir endlich gelernt haben, uns aus dem Teufelskreis zu befreien. Dann aber geht es im Leben wieder steil bergauf.

Das Leben selbst ist der beste Nachhilfelehrer und Therapeut, denn es heilt jeden, häufig über die Lektionen des Schmerzes, des Leidens und der Krankheit. *Wir haben nur die Wahl, wie wir lernen, ob wir den schweren Weg des Leidens wählen oder den leichten, den königlichen Weg der Freude.* Drücken kann sich in der »Schule des Lebens« jedoch keiner.

Beenden Sie noch heute den beschwerlichen Weg des Leidens und des Schmerzes und gehen Sie den königlichen Weg der Freude und des Glücks. »Glück ist nicht das Ziel. Glück ist der Weg« (Buddha). Machen Sie *alles,* was Sie sich wünschen (Liebe, Freude, Glück, Erfüllung, Menschlichkeit, Freundschaft, Miteinander) nicht zu Ihrem *Ziel,* sondern zu Ihrem *Weg.* Das ist der königliche Weg in der Schule des Lebens!

Alles ist so in Ordnung

Eine weitere Ursache dafür, dass wir es in unserem Leben unnötig schwer machen, ist, dass *wir nicht akzeptieren können, was ist*. Wir wollen etwas anders haben, als es wirklich ist: Wir leiden daran, dass die Kinder sich entfremden, wir leiden daran, dass wir unseren Partner nicht so nehmen können, wie er ist, wir leiden an unserer Unzufriedenheit im Beruf.

Machen Sie sich einmal eine kleine *Liste, was Sie in Ihrem Leben nicht akzeptieren können*. Was nervt oder schmerzt Sie, weil es nicht so ist, wie Sie es gerne hätten. Vergessen Sie nicht, dabei auch zu notieren, was Sie an sich selbst nicht mögen.

Es mag banal klingen, aber es ist eine Lektion, die viele nicht zu lernen in der Lage sind: *Alles ist so, wie es ist*. Es *ist* einfach so und nicht anders. Was uns das Leben schwer macht, ist die wenig sinnvolle Einstellung, dass wir die Realität einfach nicht akzeptieren wollen.

Verstehen Sie mich jetzt nicht falsch! Es geht nicht darum, dass auch alles so *bleiben* soll, wie es ist. *Das ist ein ganz anderes Thema!* Alles ist *jetzt* so, wie es ist. Doch *nichts bleibt so, wie es ist*.

Sie haben überhaupt nur eine Chance, etwas zu verändern, wenn Sie erst einmal akzeptieren, dass es so ist, wie es ist.

Wenn Ihr Partner eine Marotte hat, die Sie nicht akzeptieren können, dann reagieren Sie einfach genervt. Sie wünschen Ihren Partner anders, als er ist, Sie sind gar nicht bei Ihrem Partner, sondern bei einem Wunschbild. Ihr Partner wird das spüren und blockieren. Wenn Sie aber diese Marotte akzeptieren können, Ihren

Den königlichen Weg gehen

Partner wirklich lieben, so wie er ist – vielleicht *nicht trotz* der Marotte, sondern gerade *wegen* ihr, weil sie ihn menschlich macht (oder möchten Sie einen Heiligen?) –, dann kann das Wunder auch geschehen: So akzeptiert und geliebt lösen sich Blockaden bei dem anderen, und das Problem löst sich so oder so wie von selbst: indem Sie es lieben können oder es sich tatsächlich verändert und auflöst.

Mit anderen Worten: Sie machen es sich im Leben viel leichter, wenn Sie dem, was ist, keinen Widerstand mehr entgegensetzen. *Widerstand verändert nichts und nervt Sie nur.* Im Gegenteil: Widerstand blockiert nur und verfestigt das, was man verändern möchte. Wer das Leben zu nehmen weiß, wie es ist, der kann es auch genießen. Es ist ein sicheres Zeichen, dass wir es uns im Leben leicht machen: es einfach genießen zu können.

Gehen wir noch einen Schritt weiter: Akzeptieren Sie nicht nur Einzelnes in Ihrem Leben, sondern *Ihr ganzes Leben, so wie es ist.*

Erkennen Sie, dass der Platz, auf dem Sie stehen, der einzig richtige ist. Nur von diesem Platz aus können Sie die notwendigen Schritte in die Freiheit tun, Ihr Leben neu gestalten und sich »neu erfinden«. *Nur von diesem Platz aus können Sie den Augenblick erfüllen.* Sie leben nicht wirklich im *Jetzt*, wenn Sie nicht alles in Ihrem Leben akzeptieren können, es integriert haben. *Sie leben erst dann in der Wirklichkeit, wenn Sie rundherum mit Ihrem Leben zufrieden sein können.* Sonst leben Sie mehr oder weniger in einer Fantasiewelt.

Ohnehin ist es im Leben nicht so wichtig, auf welchem Platz Sie stehen, sondern nur, wie Sie ihn ausfüllen! So sollten Sie *jetzt* ganz bewusst »ja« sagen zu dem Platz, auf dem Sie stehen, ihn frohen Herzens annehmen!

Das ist der erste Schritt, sich selbst zu akzeptieren, so wie Sie *sind*. Und auch damit kann ein Wunder geschehen: Wenn Sie alles akzeptieren – vielleicht sogar lieben – können, dann können Sie auch Ihre ganze Vergangenheit loslassen. Dann war ja alles ein Bestandteil, ein Schritt hin zu dem, der Sie jetzt sind. Sagen Sie Ihrer Vergangenheit ein »Danke!« und »Tschüss!«

Sagen Sie also »ja« zu Ihrem Platz, auf dem Sie jetzt stehen, denn nur von diesem Platz aus können Sie Ihr Leben wirklich für die Zukunft wirksam verändern, sonst *sind Sie nicht an dem Ort, an dem Veränderung möglich ist*.

Ziehen Sie feste Grenzen um Ihr Lebensreich!

Wir haben bisher schwer wiegenden Ballast abgeworfen, indem wir einfach unsere Einstellung verändert haben. Hier haben Sie schon »königliche Souveränität« bewiesen! Es gibt etwas anderes, was uns das Leben schwer macht: *andere Menschen,* die sich in unserem Leben allzu breit machen, sich ungefragt einmischen, sich Rechte herausnehmen, die ihnen nicht zustehen.

Den leichten, den königlichen Weg zu gehen bedeutet auch: Ihr Leben selbst zu bestimmen und souverän wie Ihr eigenes Königreich zu führen. *Übernehmen Sie die volle Macht und Verantwortung über Ihr Reich, Ihr Leben.* Leben Sie Ihr Leben in der Souveränität eines fürsorglichen Königs.

Definieren Sie zunächst, was Ihr Lebensreich überhaupt ist: Was gehört alles zu Ihrem Leben, Ihrem Reich? Was unterliegt Ihrem direkten Einfluss? Was können Sie bestimmen und niemand anders? Ihr Reich hat drei große Provinzen, Ihren Körper, Ihren Geist und Ihre Seele. Ihr Territorium sind Ihre Wohnung, Ihr Arbeitsplatz – was noch? Definieren Sie und ziehen Sie deutliche

Den königlichen Weg gehen

Grenzen um Ihr Territorium. Was ist das Territorium anderer Menschen? Wo liegt es? Wie ist es begrenzt? Wie grenzt es an Ihres?

Vielleicht haben Sie auch zwei Königreiche vereinigt und regieren darüber als Paar. Doch selbst dann führen Sie ein eigenes Leben in einem eigenen Körper und sind allein dafür verantwortlich. Sie werden in Ihrem Leben alle und alles verlieren, nur nicht sich selbst. Das ist *das, was Sie sind*, wofür Sie die Verantwortung tragen.

Nehmen Sie ein neues Blatt und schreiben Sie alle Menschen auf, die Ihr Leben beeinflussen. Dann malen Sie einen großen Kreis für Ihr Königreich. Malen Sie jetzt für alle wichtigen Personen Ihres Lebens auch einen natürlich kleinen Kreis und platzieren Sie diesen Kreis irgendwo auf dem Blatt: innerhalb Ihres Kreises, Ihren Kreis überschreitend, Ihren Kreis berührend, außerhalb Ihres Kreises. Mit dieser einfachen Übung haben Sie schon ein erstes Bild, wie es in Ihrem Königreich bestellt ist! Können Sie schon sehen, welche Kreise Sie aus Ihrem Reich »vertreiben« müssen?

Vielleicht wird Ihnen durch dieses Bild bewusst, dass andere es sind, die Ihr Leben bestimmen.

Dann empfehle ich Ihnen, den Zeichentrickfilm von Walt Disney anzuschauen: »*Der König der Löwen*«. Der Kern der Geschichte ist kurz beschrieben: Der rechtmäßige Königssohn Simba wird von seinem Onkel vertrieben, der die Macht an sich reißt und das Königreich zugrunde richtet. Simba kehrt als Erwachsener in sein Königreich zurück, um seine rechtmäßige Krone zu beanspruchen und zurückzugewinnen. Er kämpft gegen das Böse, siegt und ordnet sein Königreich wieder zum Guten.

Dieses Märchen fordert auf, *die Macht in seinem Leben als Ge-*

stalter und Schöpfer wieder zu ergreifen und sein Königreich neu zum Wohle aller zu ordnen.

Ich möchte Sie zu diesem Schritt anregen, um die volle Macht über Ihr Leben zu erringen. Andere haben die Macht über Ihr Leben an sich gerissen, Sie aber kommen jetzt als rechtmäßiger König in Ihr Königreich zurück! Sie vertreiben alle falschen Machthaber aus Ihrem Leben. Und Sie stehen vor der Aufgabe, wieder alles zum Guten zu richten, sodass das Königreich für alle Untertanen wieder erblüht und alle märchenhaft glücklich werden.

Für diese Übung können Sie sich einen ganzen Tag Zeit nehmen. Besorgen Sie sich dafür den Film von Walt Disney »Der König der Löwen«. Wenn Sie ihn angeschaut haben – er bewegt Sie bis in Ihr Herz –, gehen Sie in eine Stille-Meditation und *stellen Sie sich vor, dass Sie der König (die Königin) Ihres Reichs sind.* Erfinden Sie sich neu als König Ihres Lebens! Spüren Sie, was es bedeutet, König zu sein. Spüren Sie, was es heißt, Verantwortung für das ganze Reich zu tragen. Alle erwarten von Ihnen nach der Vertreibung des Bösen die Wende zum Guten.

Spüren Sie aber auch die Freiheit, die Wahl zu haben und zu entscheiden, was sich in Ihrem Reich ereignet. Beginnen Sie dann ihren normalen Alltag und halten Sie sich bis zum Abend das Bild vor Augen, wie Sie als König durch Ihr Reich schreiten. Machen Sie alles königlich und zelebrieren Sie Ihren würdevollen Alltag.

Beobachten Sie, was Sie in Ihrem Reich erleben. Lassen Sie mich ein paar Fragen stellen, die Ihnen helfen können, neue Erkenntnisse zu gewinnen:
- Sind Sie mit Ihrem Leben zufrieden oder liegt vielleicht einiges im Argen? Würden Sie irgendwelche Dinge verändern, um Ihrem Leben mehr Würde zu verleihen?
- Behandeln andere Menschen Sie mit Respekt oder beachten sie

Sie nicht einmal? Denken Sie daran: Sie sind der König Ihres Reiches, Ihres Lebens! Werden Sie auch so respektvoll behandelt? Oder wie geht man mit Ihnen um?
- Können Sie die Aufmerksamkeit und die Art und Weise, wie Sie über die Dinge denken, bei sich behalten oder schweifen Sie ab und fragen sich, was andere davon halten, was sie wohl denken? Lassen Sie sich von anderen überreden oder können Sie sich treu bleiben?
- Können Sie auch anderen zuhören und sich ihre Ratschläge zu Herzen nehmen oder verhalten Sie sich wie ein Tyrann, der nur seinen Willen durchsetzen will?

Beenden Sie den Tag wieder an der Stelle und in der Stille, an der Sie ihn morgens mit der Meditation begonnen haben. Gehen Sie in Gedanken noch einmal den ganzen Tag durch und überlegen Sie, wann Sie sich gut gefühlt haben und wann nicht. Wann war Ihr Leben wirklich königlich, wann untertänig? In welchen Bereichen könnten Sie in stärkerem Maße Ihren eigenen Platz einnehmen und Ihre eigenen Vorstellungen einbringen? Auf welchen Gebieten können Sie noch von anderen lernen und Ratschläge einholen? Was möchten Sie verändern, damit Sie sich wie in einem Königreich fühlen?

Lernen Sie Ihr Leben königlich zu regieren!

Nachdem Sie Ihr Königreich definiert und abgegrenzt haben, nehmen Sie das Zepter in die Hand und regieren Sie machtvoll! Sie haben die Vollmacht, Ihr Leben selbst zu bestimmen. Diese Vollmacht haben Sie sich selbst verliehen.

Letztlich kommt es nicht darauf an, dass Sie all das wissen, denn wer etwas weiß, der kann noch nichts. Auch wer etwas kann, verändert noch nichts. Erst *das Tun verändert die Welt*. Denken Sie an Ihre neuen Möglichkeiten als Regent Ihres Lebens. Wie wollen Sie Ihr Reich jetzt gestalten? Wo steht es noch nicht zu Ihrem Wohle? Was möchten Sie noch zu Ihrem Wohlstand beitragen?

Gehen Sie sanft mit sich um und haben Sie Geduld. Auch das umsichtige und fürsorgliche Regieren will gelernt sein!

Der feste Glaube an sich selbst ist wie das Gaspedal beim Auto, und der Zweifel ist die Bremse. Entscheiden Sie sich, ob Sie Gas geben oder bremsen wollen. Beides zusammen ist sehr unpraktisch.

Das Autofahren ist überhaupt ein schönes Beispiel, an dem wir lernen können, was es heißt, das Leben durch alle glücklichen und widrigen Umstände zu lenken, es harmonisch zu regieren. Das griechische Wort »autós« heißt »selbst«. *Ein »Automobil« ist ein Gefährt, das »sich selbst bewegt«. Sie lassen Ihr Leben nicht mehr von anderen bewegen, sondern bewegen sich selbst und lenken es selbst.*

Wenn ich ohne Führerschein Auto fahre, werde ich früher oder später Schwierigkeiten bekommen. Ich verletze die Gesetze und werde dafür zur Rechenschaft gezogen. Außerdem könnte ich sogar einen Unfall verursachen, also Disharmonie im Leben erzeugen. Es ist daher wichtig, dass ich eine Fahrschule besuche, um zu lernen, mein Auto (mein Selbst) wirklich zu beherrschen. Ich mache in der Schule des Lebens sozusagen einen Lebensführerschein.

In der Fahrschule lerne ich am Anfang die Theorie, die Regeln der Straßenverkehrsordnung. Genau so sollte ich die Lebensgesetze, die geistigen Gesetze kennen lernen, vor allem *das Gesetz der schöpferischen Imagination,* das ich in diesem Buch ausführlich darstellen werde.

Den königlichen Weg gehen

Dann kommt der praktische Unterricht im Leben, die Fahrstunden. Hier lerne ich, mich selbst im Einklang mit den Gesetzen des Lebens, den geistigen Gesetzen, zu verhalten. Ich lerne, die gesammelten Erkenntnisse praktisch zu leben und die Rechte der anderen zu achten. Das ist anfangs nicht einfach, wird aber immer leichter und funktioniert am Ende fast automatisch. Was am Anfang noch Mühe machte, wird am Ende zum Genuss!

Wenn ich dann das Autofahren beherrsche, also wirklich mit meinem Selbst umgehen kann, wird das Leben zum Spiel. Unfälle und Karambolagen (Disharmonien und Kollisionen im Leben) werden immer seltener, bis ich endlich ganz unfallfrei fahre. Dann wird das Leben spielerisch, das Fahren ein Vergnügen. Dann komme ich auch da an, wohin ich will.

Sie machen es sich auch hier wieder schwer, wenn Sie das Auto von außen in Bewegung setzen wollen: es von vorne ziehen oder von hinter schieben. Es mag verrückt klingen, doch wie viele Menschen glauben zum Beispiel, Motivationstrainer zu brauchen, damit sich ihr Leben in Bewegung setzen kann. Das ist wie ein Auto schieben (lassen), statt es selbst zu fahren.

Leicht wird es erst, wenn Sie *eingestiegen* sind, wenn Sie *den Weg nach Innen* gegangen sind, eins geworden sind mit sich selbst. Dann leben Sie die wichtigste Lektion Ihres Lebens: Sei du selbst! Dann beginnt das eigentliche Leben, das Spiel, die »Leichtigkeit des Seins«. Dann wird unser Leben wirklich wundervoll und märchenhaft.

Leisten Sie sich einen königlichen Lebensberater – völlig kostenlos!

Wir sollten den letzten Abschnitt vertiefen, denn die Fragen sind angebracht: Wo ist der innere Motor, der mich selbst bewegt? Was heißt es, einzusteigen und »in sich selbst zu gehen«? Und wie macht man das, wenn es mehr sein soll als nur ein Bild?

Auch hierauf möchte ich Ihnen eine ganz einfache Antwort geben: Ihr Verstand ist außenorientiert, nimmt Reize von außen auf, denkt nach, um etwas im Außen zu tun. Der Verstand ist also Ihr Außenminister und führt leider viel zu häufig die Regie. *Das Herz dagegen ist Ihr inneres Zentrum.* Es ist nicht nur im biologischen Sinne der Motor Ihres Lebens, sondern auch im geistigen.

Was Sie *von innen* bewegt, das ist Ihr Herz, das ist Ihre Seele. Es ist Ihre Mitte, Ihr »wahres Selbst«. Wenn wir in unserer Mitte sind, dann leben wir auch »aus ganzem Herzen«, dann gehen wir selbstbewusst und selbstbestimmt unseren eigenen Weg.

Fremde Programme aus Erziehung und Kindheit, gesellschaftliche Normen und Regeln, alles das, was uns fremdbestimmen könnte, haben wir im Kopf. Unser eigenes Lebensprogramm, unsere Lebensvision und unsere Lebensaufgaben sind dagegen im Herzen. Das ist das Zentrum, von dem wir unser Leben aus steuern sollten. Herz ist Trumpf, Herz ist König. Wahre Power kommt aus dem Herzen.

Wenn wir wieder aus dem Herzen leben, hören wir auf, Bauch- oder Kopfmenschen zu sein, und *werden zu Herzensmenschen. Wir werden das, was wir sind!*

So wie unser Herz schlägt, auch wenn wir nicht darauf achten, ist auch unser geistiges Zentrum da, wenn wir es nicht beachten. Es hält sich zurück, ist nicht aufdringlich, meldet sich oft höflich durch Herzklopfen an.

Viele Menschen leben bereits aus ganzem Herzen (denken Sie auch an Kinder!) und verstehen gar nicht, wie man nicht in seinem Herzen sein kann.

Wieder ins Herz zu kommen, ist vor allem eine Aufgabe für Bauch- und Kopfmenschen. Wenn wir bewusst im Herzen sein wollen, dann müssen wir aus dem Bauch (den Gefühlen und dem Gemüt) und dem Verstand (dem Denken) *heraus*gehen.

Ich lade Sie auch hier zu einer verblüffend einfachen und wirkungsvollen Übung ein:

- Schalten Sie in dem Raum, in dem Sie sind, alle Geräte aus, die Geräusche verursachen, sodass es so ruhig wie möglich ist. Machen Sie es sich bequem – sitzend oder liegend –, *schließen Sie die Augen und gehen Sie in die Stille.* Bleiben Sie wie eine Statue bewegungslos und verharren Sie in völliger Ruhe. Nehmen Sie einfach nur wahr, welche Gedanken Ihnen durch den Kopf ziehen. Nicht beeinflussen, nur ziehen lassen. Bleiben Sie in diesem Zustand ein paar Minuten. Vielleicht zieht bereits ein inneres Lächeln auf und verbreitet sich in Ihrem Gesicht.
- Dann *beobachten Sie Ihren Atem.* Nicht beeinflussen, wieder nur beobachten. Achten Sie auf Ihren Atem, lassen Sie ihm seinen Rhythmus, schenken Sie ihm nur Aufmerksamkeit. Vielleicht beobachten Sie dabei auch, was sich in Ihrem Körper tut. Auch das ein oder zwei Minuten.
- Dann *atmen Sie mit dem Herzen!* Biologisch geht das natürlich nicht und so ist es auch nicht gemeint. Probieren Sie es einfach energetisch aus, es funktioniert bereits nach wenigen Atemzügen. Atmen Sie aus Ihrem Herzen ein und aus. Ändern Sie Ihren Rhythmus nicht, sondern nur den Ort des Atmens.
- Lassen Sie jetzt *ein schönes Bild* aus Ihrem Inneren aufkommen, ein Bild der Ruhe, des Friedens, der Schönheit, der Liebe.

Ein Bild, das es warm um Ihr Herz macht. Lassen Sie zu, was kommt.
- Dann öffnen Sie langsam wieder die Augen und halten dieses Gefühl, ganz in Ihrem Herzen zu sein, so lange wie möglich.

Sie können diese Übung so häufig Sie wollen durchführen. Es wird Ihnen immer leichter fallen, gleich ins Herz ein- und auszuatmen, auch ohne die Augen schließen zu müssen.

Doch ich möchte mit Ihnen noch einen Schritt weitergehen. Sie haben soeben Kontakt mit Ihrem besten Lebensberater aufgenommen, Ihrem Herzen. Jetzt gilt es, ihn auch bei der Lösung konkreter Probleme zu nutzen! Fragen Sie Ihr Herz! Das funktioniert nicht nur in Liebesangelegenheiten, sondern in allen Fragen des Lebens. Machen wir es konkret!
- Erinnern Sie sich an einen Problemfall. Beschreiben Sie die Situation mit ein paar Worten. (Ich habe mich mit meinem Partner gestritten.)
- Beschreiben Sie Ihre Kopf- und Bauchreaktion. Wie haben Sie auf diese Situation gedanklich und emotional reagiert? (Ich fühle mich nicht verstanden und allein gelassen. Er schweigt und ist mir keine Hilfe.)
- Lenken Sie Ihre Aufmerksamkeit jetzt ins Herz: Herzatmen und Wiedererinnern an Ihr Herzbild. Fragen Sie Ihr Herz: Wie habe ich sein Verhalten zu verstehen und was soll ich jetzt tun? – Was hat Ihnen Ihr Herz jetzt zu sagen? Welchen Impuls spüren Sie jetzt? (Vielleicht: Er hat Angst, dass du ihn verlässt. Seine Angst macht ihn betroffen und schweigsam. – Hör auf zu reden, nimm ihn in den Arm und findet beide in der Stille wieder zu euren Herzen und zu eurer Herzkommunikation.)

Wenn Sie so in Zukunft vor einem Problem stehen, eine Frage haben, Beratung brauchen, dann fragen Sie Ihren königlichen Berater: Ihr Herz. Sie werden feststellen: *Die intuitive Antwort, die aus Ihrem Herzen kommt, stimmt immer und stimmt für alle.* Sie ist nicht egoistisch, sondern auf das Wohl aller bedacht. So werden Sie keine falschen Entscheidungen mehr treffen.

In jeder Situation die optimale Lösung zu finden, ist leicht, wenn Sie gelernt haben, Ihr Herz zu fragen und auf es zu hören. Probieren Sie es aus, auch wenn es »kaum zu glauben« ist...

Die neue Art des Lernens

Wir haben jetzt etwas ganz Wesentliches über Lernen gelernt, dass wir gleich verallgemeinern sollten: Es gibt eine neue Art des Lernens: *das Lernen aus dem Herzen.* Es ist ein Lernen ohne zu lernen, d.h. ohne nachzudenken, zu pauken und zu büffeln. Es ist ein Lernen auf leichte Weise.

Das Lernen aus dem Verstand haben wir in der Schule gelernt. Es ist eindimensional, linear und mühsam. »Fakten«, »Methoden« werden gelernt: aufnehmen, auswählen, merken und aufschreiben, sortieren, bewerten, durcharbeiten, alte Gewohnheiten ab- und neue angewöhnen.

Die heutige Informationsflut ist jedoch dermaßen überwältigend, dass diese Art des Lernens einfach in komplexen Situationen kapitulieren muss.

Die neue Art des Lernens geht davon aus, dass wir *alles für eine Entscheidung Wesentliche wissen können,* weil wir über unsere Intuition Zugang zu »höheren Wissensspeichern« haben, wie immer wir es bezeichnen wollen. Unsere Intuition kann blitzschnell die gebrauchte Information abrufen! Die neue Art des Lernens,

Die neue Art des Lernens

die intuitive Weise *ist ein energetisches Wahrnehmen und Erkennen.*

Sie nehmen energetisch wahr, was ist. Als Sie die Übung der »Beziehungsaufstellung« gemacht haben (Kreise zeichnen), haben Sie ganz schnell, intuitiv sicher wahrnehmen können, was *ist.* Es wäre eine ganz andere Aufgabenstellung gewesen, wenn sie gelautet hätte: Analysieren Sie das Muster der Beziehungen, in die Sie verstrickt sind! Daran hätte Ihr Verstand *Wochen* arbeiten können. Das wäre Lernen auf analytische Art gewesen und hätte wahrscheinlich nicht annähernd das Resultat gezeigt wie die intuitive Art des Lernens: Sie nehmen das Beziehungsgeflecht ganzheitlich wahr und bringen es in eine spielerisch einfache Zeichnung.

So genial einfach ist die neue Art des Lernens! Sie erkennen auf Ihrem Bild *auch sofort, was zu tun ist!* Sie sind dann frei, wenn keine fremden Kreise mehr in Ihren Kreis, Ihr Reich, eindringen.

Im nächsten Schritt haben Sie sich *daran erinnert, wer Sie wirklich sind.* Hier hat die Übung zur Rückeroberung Ihres Königreiches Sie daran erinnert, dass Sie der Chef, die Chefin Ihres Lebens sind! *Lassen Sie sich Ihr Leben nie wieder aus Ihrer Hand nehmen, Majestät!*

Auch hierbei haben Sie nichts im traditionellen Sinne »gelernt«. Sie haben sich eher erinnert, dass Sie das Zepter Ihres Lebens wieder in die Hand nehmen können. Also leben Sie Ihr Leben königlich, majestätisch, märchenhaft. Alles andere ist unter Ihrem Niveau. Einverstanden?

Meine Empfehlung zum Umgang mit diesem Buch

Das Buch ist nicht dazu angelegt, dass Sie es »durcharbeiten«. Das wäre die traditionelle Art des Lernens.

Es ist *kein Arbeitsbuch, eher eine Spielanleitung* zu einem Märchen, ein Zauberbuch, ein Lernbuch für *neues Lernen*. Setzen Sie alles sofort um! Das Buch möchte Ihnen immer wieder neue Perspektiven zeigen, neue Denkanstöße, Anregungen, Impulse, die Sie *sofort* realisieren sollten! Lassen Sie sich genügend Zeit. Spielen Sie mit einer neuen Idee, einer Anregung so lange, bis es bei Ihnen »klick« gemacht hat. Es wäre völlig in Ordnung, wenn Sie sich für eine Spielaufgabe eine Woche (oder mehr!) Zeit geben.

In einem Arbeitsbuch müssten Sie Seite für Seite »durcharbeiten«, setzt das Verständnis des zweiten Kapitels das Lesen des ersten voraus. In diesem Buch macht es sicher auch Sinn, das Buch von der ersten zur letzten Seite »beschnuppernd« zu lesen. Doch dann können Sie sich gerne die Kapitel zum intensiveren Studium auswählen, die Sie am meisten angesprochen haben. Jedes Kapitel ist als »Chance für einen privaten und beruflichen Neubeginn« in sich geschlossen.

Ich empfehle Ihnen auch schon einmal, die »Spielanleitung« für dieses Buch selbst im Anhang zu lesen. Sie können mit diesem Buch auf vielfache Weise spielen.

Erinnern Sie sich immer wieder: Es ist ein Spiel, das Spiel Ihres Lebens. Genießen Sie es. *Nehmen Sie alles leicht.* So können Sie den leichten, den königlichen Weg, den ich Ihnen hier empfehlen möchte, sofort gehen.

Zur Erinnerung

- Das Leben will es mir leicht machen. Also: Nehme ich es auch leicht! Solange ich es mir noch schwer mache, habe ich noch nicht den optimalen, den königlichen Weg gefunden.
- Alles, was mir geschieht, ist entweder Lebensgenuss pur oder eine Lektion. Ich nehme sowohl den Genuss als auch die Lehre dankbar als Geschenk an.
- Ich habe vor allem die Lektionen zu lernen, bei denen ich mich im Kreise drehe, immer wieder mit den gleichen Problemen konfrontiert werde.
- Alles Leiden kommt daher, dass ich das Leben nicht so akzeptieren will, wie es ist. Der wichtigste Schritt, mit dem sich alles verändern kann, ist, meine Einstellung zu ändern: Alles ist okay, so wie es ist.
- Auch der Platz, auf dem ich stehe, ist okay. Alles, was ich bisher gelernt habe, war notwendig, um mich auf diesen Platz zu stellen. Und ich kann mein Leben von keinem anderen Platz aus durchstarten als von dem, den ich jetzt ausfülle.
- Ich steuere mein Leben bewusst aus meinem Herzen, lerne immer mehr, aus ganzem Herzen zu leben.
- Meine neue Art des Lernens ist die intuitive, das Lernen aus dem Herzen. Ich nehme die optimale Lösung intuitiv wahr.
- Ich nutze das Buch als Spielanleitung, um mein Leben neu zu erfinden, es spielerisch leicht und frohen Herzens zu genießen.

2. KAPITEL

Dieses Kapitel gibt Antwort auf die Fragen:

- Warum finde ich nur im Selbstvertrauen wirkliche Sicherheit?

- Warum kann ich mich nicht auf Versicherungen allein verlassen, um meinem Bedürfnis nach Sicherheit nachzukommen?

- Was ist der Grund dafür, dass ich mich oft unsicher fühle und nicht »ich selbst« bin?

- Wie kann ich wahre und unerschütterliche Selbstsicherheit in mir finden?

- Wie lerne ich anderen »nein« zu sagen, wenn es besser für mich ist?

Finde deine Sicherheit
im Selbstvertrauen!

*Selbstvertrauen ist der Grundstein des Lebens.
Entferne ihn und das Leben zerfällt.*

Ein Schlüssel für das Geheimnis, sich selbst neu zu erfinden, ist *die Wende von der »Außenorientierung« zur »Innenorientierung«.* Dabei haben wir uns dieses Schlüssels bereits im ersten Kapitel bedient: Wir können es uns sofort viel leichter machen, wenn wir unser Denken nicht auf die äußeren Probleme fixieren, sondern unsere innere Einstellung verändern. So haben wir uns schon von vielen belastenden Gedanken befreien können, die es uns im Leben schwer machen. Auch der Schritt aus dem Verstand, der außenorientiert ist, ins Herz ist ein wichtiger Teil, um unsere Lebensorientierung auf das Wesentliche auszurichten: »Auch du bist ein Schöpfer und alles ist möglich.«

In diesem Kapitel richten wir unsere Aufmerksamkeit auf *ein anderes grundlegendes Lebensthema: die Sicherheit.* Die meisten Menschen sind auch hier außenorientiert: Sie glauben zum Beispiel, äußerer Besitz wie Immobilien biete Sicherheit. Wenn ein Banker nach Ihren »Sicherheiten« fragt, meint er genau diese äußeren Sicherheiten. Auch ein Lebenspartner, von dem man in irgendeiner Form abhängig ist, kann eine solche »äußere Sicherheit« sein.

Doch äußere Sicherheiten sind letztlich immer auf Sand gebaut. Wer kann Ihnen garantieren, dass Ihr Partner Sie niemals verlässt? Wer kann Ihnen garantieren, dass Ihre Firma, die Ihnen einen sicheren Arbeitsplatz versprochen hat, nicht doch in den

Konkurs geht? Wer kann Ihnen garantieren, dass Ihr Haus vor jeder Naturgewalt geschützt ist?

Wenn wir der Wahrheit nüchtern ins Auge sehen, müssen wir erkennen: »Äußere Sicherheit« ist eine Illusion. Aber schlimmer noch: Sie lullt uns ein und verhindert, unsere Sicherheit da zu finden, wo sie schon immer ist: *in uns selbst.*

Ich möchte Ihnen diesen Weg nach innen zeigen: *Ihre unbeirrbare Sicherheit im wahrhaften Selbstvertrauen zu gewinnen.* Diese innere Sicherheit ist vollkommen unabhängig von äußerem Besitz oder auch von anderen Menschen. Und wer sich selbst vertraut, der vertraut auch automatisch dem Leben, der muss nicht alles zwanghaft unter Kontrolle bringen, der kann sich dem Leben anvertrauen und einfach »geschehen lassen«.

Selbstvertrauen ist das Fundament, uns »neu erfinden« zu können. *Wie wir unser Leben auch immer neu gestalten wollen, beim Neubeginn legen wir erst einmal ein stabiles, sicheres, alle Zeiten überdauerndes Fundament.* In den oberen Etagen mögen wir immer wieder bauliche Veränderungen vornehmen, doch das Fundament der Selbstsicherheit sollte zeitlos und unverwüstlich sein.

Beginnen wir nach dieser Einleitung auch das zweite Kapitel wieder mit einer kleinen Geschichte.

Zwei Spuren

»Ein Mann, dessen Leben beendet war, erschien vor Gott. Und Gott blickte auf dessen Leben zurück und zeigte ihm die vielen Lektionen, die er gelernt hatte. Als er fertig war, sagte er: ›Mein Sohn, möchtest du etwas fragen?‹

Und der Mann antwortete: ›Während du mir mein Leben zeigtest, fiel mir auf, dass da in guten Zeiten immer zwei Paar Fußspuren waren, und ich wusste, dass du neben mir gingst. In schlechten Zeiten aber war da nur eine Fußspur. Mein Vater, warum hast du mich in schwierigen Zeiten verlassen?‹

Und Gott antwortete: ›Du verstehst es falsch, mein Sohn. Es ist wahr, dass ich in guten Zeiten neben dir ging und dir den Weg zeigte, aber in schwierigen Zeiten habe ich dich getragen!‹«

In diesem Kapitel möchte ich Ihnen den Weg zeigen, wie Sie sich *»vom Leben« tragen lassen* können. Wer dem Leben und sich selbst vertraut, der ist immer in guten Händen. Diese kleine Geschichte möge uns an unser *Urvertrauen ins Leben* erinnern.

Vielleicht nehmen Sie jetzt ein paar tiefe Atemzüge und spüren in dieses Urvertrauen hinein: »Ich bin beschützt und werde getragen. Es gibt nichts, an was es mir wirklich fehlt.«

Auf äußere Sicherheit ist kein Verlass

Wir leben in Zeiten wachsender Unsicherheit, Verwirrung und Orientierungslosigkeit: Das globale Wirtschafts- und Kommunikations-System ist hochgradig vernetzt und damit auch sehr anfällig geworden. Das Chaos in der Welt scheint zuzunehmen. Es ist in dieser komplexen Welt schon zu einem geflügelten Wort geworden: »Der Flügelschlag eines Schmetterlings in China kann einen Hurrikan in Amerika auslösen.«

Die Natur scheint verrückt zu spielen, Konflikte in der Welt nehmen an Schärfe und Dramatik zu (andere lösen sich fast spielerisch), Technik versagt häufiger und mit immer katastrophaleren Folgen.

Wir können unsere Augen und Ohren nicht mehr vor der bedrohlichen Zukunft verschließen. Die Signale können kaum noch

Äußere Sicherheit

ignoriert werden: das wachsende Ozonloch, die Eisschmelze in den Polargebieten, die zunehmenden Naturkatastrophen, der ins Mark treffende Terrorismus, Eskalation in Kriegsgebieten. Es gibt kaum etwas Unsichereres als *die Zukunft der Menschheit* auf diesem Planeten.

Doch *auch im privaten Bereich,* am Arbeitsplatz oder in der Ehe und Partnerschaftsbeziehung ist keine wirkliche Sicherheit mehr zu finden. Oder denken wir an die Rente. Da droht die Arbeitslosigkeit, hier die Scheidung und am Ende das »Rentenloch«.

Die Werte und Regeln, nach denen ein Leben ausgerichtet wird, wandeln sich inzwischen mehrfach in einer einzigen Generation. Nichts funktioniert mehr so wie früher. Ist irgendetwas in dieser Welt wirklich noch sicher? Das einzig Sichere in unseren Zeiten scheint die Unsicherheit zu sein.

Und immer mehr Menschen machen sich Sorgen um ihre Zukunft. Kaum noch jemand ist so »blauäugig« zu glauben, dass es alle anderen, bloß nicht ihn treffen könnte.

Prüfen Sie für sich einmal die Frage, was Ihnen in Ihrem Leben Sicherheit bietet. Was sind »äußere Sicherheiten«, was sind »innere«? Fragen Sie sich auch, wie »sicher« vor allem Ihre äußeren Sicherheiten sind! Was könnte mit diesen »Sicherheiten« im schlimmsten Falle passieren? Was wäre, wenn Ihr Partner Sie von heute auf morgen verlassen würde? Was wäre, wenn Sie Ihren Arbeitsplatz, Ihre Arbeitsfähigkeit verlieren würden? Lassen Sie diese Fragen einfach einmal zu, um vorbereitet zu sein, Vorbereitungen treffen zu können. Was ist in Ihrem Leben wirklich auf einen Felsen gebaut und was auf Sand?

Fragen wir uns, wie ich es Ihnen im ersten Kapitel bereits nahe gelegt habe: *Was ist das Geschenk dieser unsicheren Situation?*

Sicherheit im Selbstvertrauen finden

Meine Antwort: Sie leitet uns auf den Weg nach innen, zur Entdeckung unserer wahren Sicherheit, der Selbstsicherheit. Über kurz oder lang haben wir gar keine andere Chance, als zu erkennen: Wahre Sicherheit kommt nur von innen, aus dem eigenen Selbstvertrauen, liegt in einem unerschütterlichen Selbstbewusstsein begründet. *Besser ist, wir erkennen dies so schnell wie möglich und machen uns von äußeren Sicherheiten weitgehend unabhängig.*

Denken wir noch etwas weiter: Wenn ich mir selbst nicht vertraue, wem sollte ich mein Vertrauen überhaupt schenken können? Vertrauen ist die Grundlage jeder »sicheren« Beziehung. Und mangelndes Selbstvertrauen macht *jede* Beziehung unsicher. Denn wie soll ein Mensch Vertrauen in mich aufbauen, wenn ich kein Selbstvertrauen besitze?

Die wachsende Unsicherheit in der Welt ist so gesehen ein großes Geschenk, weil es unsere eigene Selbstsicherheit, unser Selbstvertrauen, unser Selbstbewusstsein auf den Prüfstand stellt. Werde ich von dieser Unsicherheit angesteckt, verdränge sie möglicherweise? Oder bleibe ich in mir ruhen und trage mit meiner eigenen Sicherheit dazu bei, dass auch die kleine Welt um mich und die große Welt sicherer werden?

Lässt sich Sicherheit versichern?

In Sicherheit zu leben gehört zu unseren grundlegendsten Bedürfnissen. Viele Menschen kämpfen zeit ihres Lebens um diese existenzielle Sicherheit. Und was dem Leben an äußerer Sicherheit und Vermögen abgerungen wurde, das wird dann versichert. Als ob sich das Leben versichern ließe!

Sicherheit versichern?

Prüfen Sie das einmal für sich selbst und schreiben Sie alle Ihre Pflicht- und freiwilligen Versicherungen auf und notieren Sie die Jahreskosten Ihrer Versicherungen. Mit anderen Worten: Was kostet Sie Ihr Bedürfnis nach äußerer Sicherheit?

Das ganze System der Versicherung ist eine Spirale, die eigentlich nie enden kann: Ist der Besitz größer geworden, wächst die Angst vor Verlust, also sind teurere Sicherungssysteme gefragt.

Jede so nur äußerlich »sichergestellte« Angst macht jedoch die innere Angst umso größer, weil immer mehr auf dem Spiel zu stehen scheint, immer mehr abgesichert werden muss.

Das führt dazu, festzuhalten, zu horten, eine Gier nach immer mehr zu entwickeln, Ängste und Sorgen zu schüren, Verlustangst richtig zu kultivieren.

Zur Triebfeder dieser Spirale gehört ein Gesetz: Je mehr ich mich gegen eine innere Angst versichern will, desto mehr ziehe ich genau das an, wovor ich mich schützen will! Denn das geistige Gesetz lautet: *Du ziehst das in dein Leben, wovor du am meisten Angst hast.*

Angst ist eine sehr starke Energie. Sie ist wie ein Magnet, der genau diese Ereignisse ins Leben zieht. Denken Sie nur einmal daran: Wer sich mit der Angst im Straßenverkehr bewegt, in einen Unfall verwickelt zu werden, dem widerfährt dies viel eher als einem Menschen, der sich stoisch ruhig im Verkehr zu bewegen weiß.

Erstellen Sie eine Liste all Ihrer Ängste. Der erste Schritt, sich von Ängsten zu befreien, ist es, sich ihrer bewusst zu werden. Was sind dabei reale Ängste? Was sind eingebildete Ängste? Wo können Sie etwas gegen reale Ängste tun? Welche Ängste

Sicherheit im Selbstvertrauen finden

können Sie als Zeichen mangelnder Selbstsicherheit erkennen? (Zum Beispiel die Angst »vor einem beruflichen Neubeginn« und eine Begründung aus mangelnder Selbstsicherheit: »Für einen beruflichen Neubeginn bin ich schon zu alt.«)
Können Sie erkennen, dass fast alle Ängste einer mangelnden Selbstsicherheit entspringen?

Selbstsicherheit ist der Generalschlüssel zur Sicherheit im Leben

Was können die teuersten Versicherungen und Sicherungssysteme bewirken, wenn es an innerer Selbstsicherheit fehlt? Nichts. Versicherungen können Selbstsicherheit nicht ersetzen.

Wir sollten jetzt einen Schritt weitergehen und uns fragen: »Was ist das überhaupt: Selbstsicherheit?« Eine erste Antwort gibt das Wort selbst: Selbstsicherheit heißt »sich selbst sicher sein«, besser noch: »sich *seiner selbst* sicher zu sein«. Was heißt das? Ein »Selbst« unterscheidet sich von allem anderen, allem »Nicht-Selbst«.

Die Psychologie *unterscheidet zwischen einem »falschen Selbst« und einem »wahren Selbst«.* Um diesen Unterschied zu verstehen, brauchen wir keine psychologische Wissenschaft zu studieren, sondern können es uns wieder leicht machen.

Es gibt Situationen, da fühle ich: »Ich bin jetzt nicht ich selbst!« Ich fühle mich in meiner eigenen Haut nicht wohl. Ich reagiere unkontrolliert heftig mit Wut. Ich spüre Unsicherheit, möchte mich verstecken, nicht gesehen werden. Ich tue das, was andere von mir erwarten, was ich aber eigentlich gar nicht tun will. *Jeder kennt das Gefühl, nicht »ich selbst«, sich regelrecht fremd zu sein.* Das ist das, was *das »falsche Selbst«* ist: unkontrollierte Reaktionen aus dem Unterbewusstsein, Verhaltensprogramme, die

Selbstsicherheit

ungewollt durch einen äußeren Impuls einrasten. Man fühlt sich dabei häufig wie eine Marionette und von unsichtbaren Fäden dirigiert, fühlt sich fremdbestimmt. *Dieses »falsche Selbst« ist die ganze Quelle unserer Unsicherheit.*

Genauso gut haben wir auch *ein sicheres Gefühl für unser »wahres Selbst«:* In dieser Situation bin ich »ganz ich selbst«. Tue etwas, weil es für mich wichtig ist und es für mich stimmt. Dabei ist es für mich völlig belanglos, was andere dabei von mir denken. Weder Applaus noch Kritik können mich aus der Ruhe bringen. Ich bin einfach »ich selbst«, fühle mich völlig selbstständig und bestimme mich selbst. Ich tue etwas mit traumwandlerischer Sicherheit. Wenn wir in diesem »wahren Selbst« sind, dann spüren wir unsere Selbstsicherheit, dann gibt es überhaupt keinen Zweifel.

Überprüfen Sie einmal diese beiden Gefühle für sich: In welcher Situation waren Sie in letzter Zeit »nicht ich selbst«? Wie können Sie dieses Gefühl genauer beschreiben?
In welcher Situation dagegen waren Sie »ganz ich selbst«? Auch wenn es Ihnen schwerer fallen sollte, sich an ein solches Gefühl zu erinnern: Gehen Sie so lange in sich (und wenn notwendig auch weit in Ihre Vergangenheit zurück), um sich diese Erfahrung wieder zu vergegenwärtigen. Und wie beschreiben Sie dieses Gefühl genauer?

Sie können jetzt also aus eigener Erfahrung heraus das »falsche Selbst« vom »wahren Selbst« unterscheiden, haben auch den Zusammenhang zwischen Unsicherheit und Selbstsicherheit erkannt.

Doch wir sind erst auf dem halben Weg zum Ziel. Denn *die eigentliche Frage lautet doch: Wie gewinne ich mehr Selbstsicherheit?*

Jetzt fällt die Antwort leicht. Sie gewinnen mehr Selbstsicherheit, je weniger Sie sich von Ihrem »falschen Selbst« bestimmen lassen und je mehr Sie aus Ihrem »wahren Selbst« leben. – »Gut, und wie mache ich das?«, höre ich Sie fragen.

Wichtig ist zunächst einmal die Erkenntnis, dass Sie diese Selbstsicherheit nicht mühsam »aufbauen« müssen, dass Sie keine Ego-streichelnden »Hurra-hier-komme-ich!-Trainings« brauchen.

Sie haben in sich bereits einen Raum mit dem Türschild »wahres Selbst«. Sie müssen sich nur so häufig wie möglich in diesem Raum aufhalten und den Raum mit dem Türschild »falsches Selbst« möglichst meiden. Mehr ist *im Grunde* nicht zu tun.

Prüfen Sie einmal in den nächsten Tagen, wann Sie deutlich spüren, dass Sie sich *im Raum des »falschen Selbst« aufhalten*. Sie tun etwas und fühlen sich ganz und gar nicht wohl dabei. Was könnte der Grund dafür sein?

- Sie würden lieber »nein« sagen, sagen aber (um des lieben Friedens willen) »ja«, lassen sich zu etwas überreden.
- Sie meinen in einer Situation einen Kompromiss mit jemand anderem eingehen zu müssen.
- Sie fühlen sich manipuliert und ausgenutzt.
- Sie wissen selbst nicht, was Sie wollen.
- Jemand dringt in Ihren Bereich ein, und Sie können ihm keine Grenzen setzen, ihn wieder ausweisen.
- Sie haben Ihre Gefühle nicht mehr unter Kontrolle.
- Sie fühlen Scham und Schuld.
- Sie fühlen sich von jemand anderem ständig beobachtet und kritisiert.
- Sie brauchen dringend Lob, Anerkennung, nette Worte, eine Aufmunterung und bekommen sie nicht.
- Sie haben das Gefühl, jemand entzieht Ihnen seine Liebe.
- Sie tun etwas, was Sie eigentlich nicht mehr wollen (z.B. rauchen) und fühlen sich mies dabei.

Selbstsicherheit

- Sie warten auf die Entscheidung anderer.

Welche weiteren Erklärungen können Sie noch finden? Es kommt jetzt erst einmal darauf an, dass Sie ein *sicheres Gefühl* dafür bekommen, wann Sie in diesem »falschen Selbst« sind und wie es sich bei Ihnen äußert. Können Sie schon deutliche Muster im Sinne von »immer, wenn ...« erkennen?

Parallel dazu können Sie ganz bewusst Ihren »Raum des wahren Selbst« aufsuchen. Je mehr Sie sich dabei aus den Verflechtungen des Alltags lösen können, desto sicherer finden Sie in diesen Raum. Darin ist ganz und gar nichts Mysteriöses: Als Kind haben Sie nur in diesem Raum gelebt, waren Sie noch ganz Sie selbst. Und immer, wenn Sie in Ihrem Herzen sind, sind Sie im Raum des »wahren Selbst«.

Einige Anregungen, wie Sie Ihrem »wahren Selbst« nahe kommen können:
- Schaffen Sie sich eine Situation möglichst vollkommener Stille und verharren Sie in dieser Stille, bis es Ihnen »warm ums Herz« wird. Tun Sie nichts anderes, als ganz »bei sich zu sein«. Vielleicht erfahren Sie dabei das Gefühl, dass Sie »bei sich zu Hause« angekommen sind.
Es ist so einfach und gleichzeitig so tief bewegend, dass Ihnen vor Rührung Tränen kommen können: nur in aller Stille ein paar Minuten bei sich zu sein.
- Machen Sie sich diese Zeit, an Ihre Quelle zu kommen und frische Kraft zu schöpfen, zur Routine. Legen Sie in Ihrem Leben zunächst »Stilleminuten«, dann »Stillestunden« pro Tag und am Ende auch ganze »Stilletage« pro Woche ein.
- Nutzen Sie Spaziergänge in der Natur, nutzen Sie Ihren Urlaub, um alle täglichen Anforderungen abzulegen und für sich *ganz da, ganz präsent zu sein.* Sie können sich und anderen kein größeres Geschenk machen, als vollkommen präsent zu sein.

Sicherheit im Selbstvertrauen finden

(Auch hier ist die Sprache sehr weise: Ein Geschenk ist ein Präsent. Wenn wir ganz im Hier und Jetzt sind, leben wir im Präsenz.)
Wenn Sie präsent sind, dann achten Sie auf Ihre Intuition. Setzen Sie »gedankenlos« alle spontanen Impulse um. Sie werden durch Ihre Erfahrung immer sicherer werden, dass die Quelle dieses *intuitiven Handelns* Ihr »wahres Selbst« ist.

Beides wird zunächst unabhängig voneinander geschehen können: Einerseits registrieren Sie immer sicherer, wann Sie sich im »Raum des falschen Selbst« befinden, erkennen Muster, die sich dadurch mit der Zeit ganz sanft auflösen. Andererseits betreten Sie immer häufiger ganz bewusst und routinemäßig den »Raum des wahren Selbst«, spüren dabei Ihre wachsende Selbstsicherheit und Gelassenheit.

Auch hier gilt: Alles braucht seine natürliche Reifezeit. Und mit wachsendem Selbstvertrauen wächst auch die Geduld mit sich selbst.

Es ist dann ganz natürlich, dass Sie sich immer wohler in diesem »Raum des wahren Selbst« fühlen, immer mehr Zeit darin verbringen und der »Raum des falschen Selbst« immer mehr zu einer Rumpelkammer mit Krempel aus der Vergangenheit wird, den Sie gar nicht mehr betreten möchten.

Sie können auch *im Umgang mit anderen Menschen* erkennen, in welchem Raum Sie sich befinden und dies bewusst steuern. Lernen Sie, anderen Menschen Aufmerksamkeit zu schenken und unverzerrt hinzuhören, was sie Ihnen zu sagen haben.

Auch hierbei sollten Sie den Unterschied bald sicher spüren können: Sie können aus dem »falschen Selbst« zuhören und aus dem »wahren Selbst« hinhören.

Selbstsicherheit

Sind Sie im »falschen Selbst«, dann bewerten Sie das, was der andere sagt, dann unterbrechen Sie den anderen, dann bringen Sie Ihre eigene Meinung ein, dann warten Sie auf Stichworte, um die eigene Rede beginnen zu können. Hören Sie »im wahren Selbst« hin, dann unterbrechen Sie den anderen Menschen nicht, versuchen ihn wirklich zu verstehen ohne zu bewerten, dann sind Sie aber auch innerlich ganz und gar bei dem, was der andere Ihnen zu sagen hat.

Sie können dieses »nicht wertende Hinhören« ganz bewusst mit einem Partner üben. Vereinbaren Sie dazu, wer als Erstes der Sprecher und wer der Hörer ist. Dann sehen Sie sich etwa eine Minute in die Augen ohne zu sprechen, um so in Ihre Mitte, in Ihr Herz, in den »Raum des wahren Selbst« zu kommen. Der Sprecher erzählt mindestens 10 Minuten, was ihn jetzt bewegt. Der Hörer hört nur zu und signalisiert seine Aufmerksamkeit. Nach dieser Zeit tauschen beide die Erfahrungen aus, die sie dabei gemacht haben. Der Sprecher könnte sagen: »Ich habe mich vollkommen angenommen gefühlt.« Der Hörer könnte sagen: »Ich bin voll und ganz präsent und bei dir gewesen. Es war eine Wohltat, nichts bewerten zu müssen.«
Dann wechseln Sie die Rolle des Sprechers und Hörers.

Sie können dabei das Paradox erleben, dass Ihr Gesprächspartner sagt, noch nie ein so intensives Gespräch geführt zu haben, obwohl Sie gar kein Wort gesagt oder vielleicht nur ein paar Fragen gestellt haben.

Selbstsicherheit und Selbstvertrauen gewinnen Sie, indem *Sie sich »Ihres wahren Selbst sicher« sind*. Das hat nichts mit Egozentrik zu tun. Es ist häufig genau das Gegenteil: Wer sein Ego stark aufblähen muss, der ist wahrscheinlich innerlich schwach. Innerlich starke Menschen brauchen dieses »Ego-zur-Schau-Stellen« nicht, sind vom Applaus, von der Bewunderung anderer nicht abhängig.

Das Wissen, als Gestalter alle Lebenslagen aus eigener Kraft meistern zu können, und das Vertrauen zu sich selbst unterscheiden einen wirklich selbstsicheren und selbstbewussten Menschen von der Masse der Unsicheren und dadurch Fremdgesteuerten.

Indem wir immer mehr Selbstvertrauen und Selbstsicherheit gewinnen, lernen wir uns kennen, können uns lösen von gewohnten Verhaltensstrukturen und eingefahrenen Denkweisen. Wir können uns in einem anderen Licht sehen, können viel Neues an uns und in uns erkennen. *Wir werden uns unserer selbst bewusst, werden »selbst-bewusst«.* Diese Kenntnis um uns selbst gibt Sicherheit und Vertrauen in uns und unsere Fähigkeiten. Wir leben aus unserer Mitte heraus, haben die Gewissheit, dass wir uns auf uns verlassen können, und deshalb gibt es nichts, was uns von unserem Lebenserfolg abbringen könnte.

Das »Nein« zu anderen bedeutet meistens, »Ja« zu sich selbst zu sagen

Selbstsicherheit heißt *»Ja« sagen zu sich selbst*, bedeutet innere Freiheit und tiefes Vertrauen zu den eigenen Kräften und Fähigkeiten.

Möchten Sie rundherum zufrieden mit sich sein, Glück empfinden können, sich und anderen Freude bereiten? Möchten Sie einmal verrückte Dinge unternehmen – vielleicht eine Weltreise starten, Drachen fliegen oder möglicherweise in späten Jahren endlich Ihren Traumberuf ausüben? Möchten Sie die innere Stärke haben, sich ganz und gar »neu erfinden« zu können? Möchten

»Ja« zu sich selbst sagen

Sie unabhängig von äußeren Zwängen sein und ganz und gar Ihr eigenes Leben leben?

Sie können es, wenn Sie es wollen und die Voraussetzungen in sich selbst dazu schaffen. Das Leben macht sehr viel mehr Freude, wenn Sie Ihren eigenen Weg gehen, wenn Sie sich nicht einengen lassen, sondern nach Ihren Vorstellungen leben.

Sehen Sie, wie der Vogel sich in die Lüfte erhebt und alle Erdenlast weit unter sich zurücklässt. Auch Sie können die Fesseln ablegen, die in Form von Unsicherheit, Zögern, Angst, Zweifel Ihre Seele einengen. Schwingen Sie sich in die Lüfte, sehen Sie die Welt mit ihren Problemen aus der Vogelperspektive, vertrauen Sie auf die Kraft in sich, und suchen Sie alles in sich selbst, denn nur dort finden Sie den Beginn für den weiteren Weg.

Sie benötigen dazu erst einmal Stille, um in sich zu gehen und Ihr »wahres Selbst« zu finden, Ihre innere Stimme zu hören und *Ihre eigene Wahrheit* zu erfahren.

Sie sind auf der Suche – auf der Suche nach sich selbst – und das Buch begleitet Sie auf diesem Weg, gibt Ihnen Hilfestellung, zeigt Ihnen Möglichkeiten der Selbsterfahrung, der Selbsterkenntnis, aber auch des Handelns als »neuer Mensch«.

(Er-)Finden Sie jetzt Ihre wahre Identität. Mit diesem Schritt werden Sie Ihr ganzes Leben in einem völlig neuen Licht sehen können: Alles in Ihrem bisherigen Leben war eine Vorbereitung darauf, eine Vorbereitung auf den jetzigen Augenblick!

An ein Ziel ankommen kann nur, wer ein Ziel hat. Legen Sie auch Ihr Ziel, das Sie mit diesem Buch erreichen möchten, genau fest. Sie werden dabei feststellen, dass Sie dieses Ziel mit jedem Kapitel präziser definieren können. Mit diesem Kapitel könnte Ihr Ziel lauten: *Jetzt lebe ich aus meiner inneren Sicherheit heraus, jetzt finde ich zu meinem wahren Selbst, jetzt finde ich eine neue Identität, jetzt er-finde ich mich neu!*

Sicherheit im Selbstvertrauen finden

Sie sollten sich darüber klar sein, was Sie wollen, welche Richtung Sie einschlagen und welche Wege Sie gehen möchten.

Wenn Sie einen Berg besteigen wollen, dann können Sie entscheiden, ob Sie den direkten Weg gehen oder den bequemeren, aber längeren Weg nehmen, ob Sie bis ganz zum Gipfel möchten oder ob es Ihnen genügt, nur die Hütte im oberen Teil des Berges zu erreichen.

So ist das auch bei allen Wünschen, die Sie an das Leben haben – der Weg, für den Sie sich entschieden haben, entscheidet mit über den Erfolg.

Fragen Sie sich, was es für Sie bedeutet, mit Selbstsicherheit Ihr Leben in die Hände zu nehmen, als sich selbst bestimmender Meister Ihres Lebens tätig zu sein. Was verändert sich damit an Ihrer augenblicklichen Situation?
- Haben Sie so mehr Freude am Leben?
- Können Sie so akute Probleme besser lösen?
- Können Sie das Leben mit mehr Gelassenheit genießen?
- Legen Sie damit ein Fundament für Ihren Lebenserfolg und Ihr Glück?

Äußere Unsicherheit als Abenteuer

Die äußere Unsicherheit des Lebens können wir nicht wegdiskutieren, wenn wir die Augen nicht verschließen, ist sie sogar bedrohlich. Doch wenn wir im Selbstvertrauen unsere unerschütterliche Sicherheit gewonnen haben, dann macht uns die äußere Sicherheit keine Angst mehr. Mit dem Selbstvertrauen wächst ein Vertrauen ins Leben und *etwas, das man »Gottvertrauen« nennt: Es ist das Vertrauen, dass letztlich alles gut wird in dieser Welt.* Es ist das Vertrauen, dass eine höhere Macht das Geschehen lenkt und alles seinen Sinn hat, auch wenn ich es nicht sofort erkenne. Wir sehen die Welt mit anderen Augen, erkennen in dem Chaos der heutigen Welt den Schmerz der Geburtswehen einer neuen Zeit. Wir haben eine tiefe Gewissheit, dass alles in Ordnung ist, so wie es ist. Dann erkennen wir selbst im größten Chaos einen tieferen Sinn und eine göttliche Ordnung.

Wenn wir in dieser Sicherheit des Selbst- und Gottvertrauens leben, dann verunsichert die äußere Unsicherheit nicht mehr, sondern enthüllt sich als ein Geschenk, eine Herausforderung, ein Abenteuer, auf das wir uns freudig einlassen können. Denn Leben fängt jenseits der Bequemlichkeitszone an, jenseits der versicherten Sicherheit. Dann können wir uns ganz dem Risiko des Lebens ergeben in der tiefen Sicherheit, dass alles, was geschieht, zu unserem Wohle ist. Aus unserem Leben verschwinden Stress, Kampf ums Überleben, Konkurrenzkampf mit den anderen, Angst und Sorge.

Wir können uns dann dem Leben *hingeben, so wie es gemeint ist.* Das Dasein ist dann keine vom Sicherheitsdenken gebremste Existenz mehr, sondern Leben, Abenteuer, Spiel, Freude und Glück pur.

Neun Selbst-Erkenntnisse zum unerschütterlichen Selbstvertrauen

1. Erkenntnis: Jeder Mensch hat das Recht, so zu sein, wie er ist – *auch ich!* Denn die Grundlage des Selbstvertrauens ist es, mein Leben zu leben, meinen Weg zu gehen, der zu sein, der ich bin. Der Sinn des Lebens lässt sich in drei Worte fassen: *Sei du selbst!*

Sicherheit im Selbstvertrauen finden

2. Erkenntnis: Niemand kann lernen, ohne Fehler zu machen. Wichtig ist nur, dass ich sie nicht wiederhole. Also bin ich meinen eigenen Fehlern und denen von anderen Menschen gegenüber tolerant und geduldig. *Fehler können mein Selbstvertrauen nicht erschüttern, sondern sind eine Herausforderung dazuzulernen.* Lernen stärkt mein Selbstvertrauen. So werden auch Fehler zur Quelle meiner wachsenden Selbstsicherheit.

3. Erkenntnis: Ich mache meine Gedanken, Gefühle und mein Verhalten nicht abhängig von der Meinung anderer. *Meine Verantwortung liegt bei meinen Gedanken und Gefühlen.* Ich bin nicht verantwortlich für und mache mich nicht abhängig von den Gedanken und Gefühlen anderer. So kann ich immer in mir zentriert sein und so können andere mich nicht durch ihre Gedanken und Gefühle aus dem Gleichgewicht bringen. So äußert sich meine Selbstsicherheit für andere in Gelassenheit, Ruhe, Zentriertheit und Balance: Ich bin wie ein Fels in der Brandung.

4. Erkenntnis: *Niemand kann es allen Menschen recht machen.* Ich versuche in jeder Situation das für mich Richtige und Stimmige zu tun, unabhängig davon, ob andere damit einverstanden sind oder nicht. Letztlich kann ich es nur einem recht machen: mir selbst. Ob das *anderen* recht ist, müssen sie mit ihrem eigenen Gewissen abmachen.

5. Erkenntnis: Ich habe jederzeit das Recht zu sagen: »Das weiß ich nicht« oder: »Das verstehe ich nicht« oder: »Nein, das möchte ich nicht.« Diese *Ehrlichkeit und Offenheit sind ein Zeichen von Stärke und Selbstbewusstsein.* So brauche ich keine Energie unnütz in Unehrlichkeit, Aufrechterhaltung von Fassaden zu investieren. Selbstsicherheit trägt keine Maske, sondern zeigt sich ehrlich, authentisch und entblößt.

6. Erkenntnis: *Ich bestimme mein Schicksal selbst.* Ich trage und

führe es und nur ich kann es ändern. Ich mache niemanden mehr für mein Leben oder Aspekte meines Lebens verantwortlich. Denn nur, wenn ich die Verantwortung für mein Leben voll und ganz übernehme, habe ich auch die Macht, es voll und ganz selbst zu bestimmen und jederzeit neu zu erfinden.

7. Erkenntnis: *Meine Lebensaufgabe ist es, meine Talente, Potenziale, Fähigkeiten zu erkennen, zu entwickeln und optimal einzusetzen.* Das ist mein »geistiges Erbe«, mein innerer Schatz. Dieses Potenzial, diese »Gabe Gottes« nach außen zu tragen und zu verwirklichen, ist mein Lebensweg und meine Lebensaufgabe. Dabei empfundene Freude und Glück sind die Wegweiser, um auf meinem Weg zu bleiben und mich von keinen Irrlichtern in den Sumpf locken zu lassen. So verwirkliche ich meine Lebensaufgabe in einem unerschütterlichen Selbstvertrauen.

8. Erkenntnis: Ich erreiche Sicherheit und Selbstvertrauen durch *die erfolgreiche Verwirklichung meiner Lebensvision, Träume und Lebensziele.* Nur wenn ich meinen eigenen Weg gehe, gehe ich sicher und leicht. Rechts und links von meinem Weg ist Sumpf. Im Sumpf zu waten macht Mühe, dabei verliere ich den Boden unter den Füßen, komme nicht voran, drehe mich im Kreis. Und je mehr ich mich im Sumpf anstrenge, desto tiefer sinke ich. Nur mein eigener schmaler Weg ist fest. Ich missachte Irrlichter, die mich in den Sumpf verführen wollen und lasse mich ausschließlich vom Leuchtturm meiner Lebensvision leiten.

9. Erkenntnis: Ich kann nicht ans Ziel kommen, *ohne mich auf den Weg zu machen!*

Das Ziel trage ich bereits *in mir.* Dieses Lebensziel in mir ist wie ein Kompass, der mich leitet. Der Kompass ist jedoch nicht im

Sicherheit im Selbstvertrauen finden

Kopf oder Verstand, sondern im Herzen und in der Seele. Wenn ich *den Weg des Herzens* gehe, bin ich jederzeit schon am Ziel. Auf meinem Weg bin ich bereits am Ziel. So wird der Weg des Herzens selbst zum Ziel. Und ich brauche den Weg zum großen Lebensziel gar nicht in allen Einzelheiten genau zu kennen. Mein innerer Kompass, mein Herz und meine Seele leiten mich, und es reicht völlig aus, wenn ich *jederzeit nur den nächsten Schritt klar erkenne*. So kann ich mich auf das Abenteuer des Lebens einlassen und mich auf unerwartete Überraschungen freuen.

Zur Erinnerung

- Äußere Sicherheit ist keine wahre Sicherheit. Es gibt keine Garantie. Wir können uns gegen die Risiken des Lebens nicht vollständig »versichern« und das ist auch gar nicht der Sinn des Lebens.
- Einzig wahre Sicherheit kommt von innen. Sie heißt Selbstsicherheit, Selbstvertrauen, Selbstbewusstsein.
- Selbstvertrauen ist die Basis für das Vertrauen zu anderen Menschen. Niemand kann uns vertrauen, wenn wir uns selbst nicht vertrauen. Im Selbstvertrauen liegt der Grund, dass andere Menschen uns vertrauen können. Vertrauen ist der Anfang von allem.
- Selbstvertrauen geht weit über Egozentrik hinaus und ist letztlich Gottvertrauen.
- Wenn ich mich unsicher fühle, dann lebe ich nicht mein Leben, sondern handle aus einem »falschen Selbst« heraus.
- Selbstsicherheit dagegen ist im »wahren Selbst« begründet, in meinem wahren Wesen. In meinem Wesen bin ich kein Rollenspieler, der nach dem Drehbuch anderer lebt. Es geht darum,

Zur Erinnerung

die Hauptrolle in meinem eigenen Leben zu leben: nicht Opfer, sondern Gestalter, Meister und Schöpfer zu sein.
- Selbstsicherheit führt dazu, eine neue, wahre Identität zu finden, sich auf diesem unerschütterlichen Fundament immer wieder neu erfinden zu können.

3. KAPITEL

Dieses Kapitel gibt Antwort auf die Fragen:

- Warum sind die meisten meiner Lebensträume noch nicht in Erfüllung gegangen? Was machen die meisten Menschen beim Träumen und bei der Erfüllung von Träumen falsch?

- Warum ist es so, dass häufig genau das Gegenteil von dem eintritt, was ich mir wünsche?

- Warum führen Armuts- und Mangelbewusstsein immer zu einem mangelhaften Leben?

- Warum schafft mir nur ein Bewusstsein der Fülle die Erfüllung meiner Träume?

- Warum kann ich nur das bekommen, was ich schon habe? Wie ist dieses Lebensgesetz zu verstehen?

- Was verraten meine Träume über mein »wahres Wesen«?

Träume herbei statt weg!

*Der Sinn des Lebens ist es,
seine Lebensträume zu verwirklichen
und ein traumhaftes Leben zu führen.*

Es scheint heute kaum etwas leichter zu sein, als Träume zu haben und sie sich auch zu erfüllen. Abend für Abend präsentiert uns eine ganze Traumindustrie, welche Träume wir uns aussuchen und käuflich erwerben können: die Werbung.

Doch diese Träume, die uns von außen angeboten werden, sind nicht das, worüber ich hier sprechen möchte. Viele Jugendliche himmeln in der Pubertät, der Zeit ihrer Identitätssuche, Pop-Idole an, wollen werden wie sie, ihnen nacheifern. Doch jeder Mensch ist ein Original. Und wenn man einem anderen Menschen nacheifert und ihm gleichkommen will, kann dabei höchstens eine Kopie oder Fälschung herauskommen. Uns »neu erfinden« heißt, unsere Originalität und Einzigartigkeit zu entdecken. Und die liefert uns nicht die Traum- oder Werbeindustrie.

Auch bei den Träumen gilt es wieder, *die Wende von der Außen- zur Innenorientierung* zu vollziehen: Es geht nicht darum, sich die Träume der Werbeindustrie zu erfüllen, sondern unsere eigenen inneren Träume, unsere Kindheits- und Lebensträume.

Unsere ureigensten Träume haben selten etwas damit zu tun, äußere Schätze zu kaufen und zu besitzen, sondern innere Schätze zu erkennen, ans Tageslicht zu bringen, andere Menschen daran teilhaben zu lassen und unseren Reichtum daraus zu schöpfen.

Wir wollen in diesem Kapitel nicht nur unsere eigenen Träume wiederentdecken, sondern auch so zu träumen lernen, dass sie auch in Erfüllung gehen können.

Die Geschichte von Ali, dem Diamantensucher

»Der Araber Ali Hafed hegte den Wunschtraum, Diamanten zu finden und damit reich zu werden. Er las viele Bücher und so waren ihm alle Orte der Welt bekannt, an denen Diamanten gefunden wurden.

Er beschloss, seinen Hof und Grund zu verkaufen, um sich mit diesem Geld die Reise zu den ihm bekannten Orten zu finanzieren. Auf den verschiedenen Stationen seiner Reise hatte er gerade so viel Erfolg, dass er sich die Weiterreise leisten konnte. Denn er schien keinen Ort zu finden, den er für geeignet ansah, das ›große Geld‹ zu machen.

Er war viele Jahre unterwegs und es schien so, als würden sich seine Wünsche in seinem Leben nicht mehr erfüllen. Seine Gebete, Allah möge ihm gnädig sein, schlugen in Hass um. Er verfluchte seinen Schöpfer und fühlte sich allein gelassen.

Auf dem Weg nach Hause erschien es ihm unerträglich, mit leeren Händen in seine Heimat zurückzukehren. Er wurde nur wenige Kilometer von seinem einstigen Haus tot aufgefunden. Er hatte Selbstmord begangen.

Allerdings ist bis heute nicht überliefert, ob ihn die Nachricht vorher noch erreichte, dass der Käufer seines Hofes auf seinem ehemaligen Grund und Boden die heute weltbekannte Diamantenmine von Golconda entdeckt hatte.«

Diese Geschichte ist nicht nur tragisch, sondern charakteristisch für sehr viele Menschen: Statt die eigenen inneren Schätze zu erkennen, wird äußeren Schätzen nachgejagt. Der Selbstmord von Ali Hafed kann uns auch tiefer zu denken geben: Denn es gibt viele Arten von Selbstmord. Sein Leben nicht zu leben, sich seine Träume nicht zu erfüllen, ist eine, vielleicht die verbreitetste Art. Sein »wahres Selbst« nicht zu leben ist wie Selbstmord.

Das Geheimnis des Träumens

Viele Menschen haben es verlernt zu träumen, verdrängen ihre Träume. Dabei besteht darin doch *der Sinn des Lebens: seine Träume zu verwirklichen.* Jeder von uns hat eine ganz bestimmte *Lebensaufgabe.* Wir sind erst dann mit unserem Leben wirklich glücklich und zufrieden, wenn wir diese Lebensaufgabe erkennen und auch erfüllen. Das heißt letztlich, ein erfülltes Leben zu führen: Seine Lebensaufgabe zu erfüllen. Und unsere Träume sind es, die uns immer wieder an unsere eigentliche Lebensaufgabe erinnern und uns immer wieder auffordern: Sei du selbst! Lebe *dein* Leben! Gehe *deinen* Weg!

Erinnern Sie sich wieder Ihrer Träume! Machen Sie sich einmal eine Liste aller Ihrer großen Lebensträume: Welche Träume hatten Sie als Kind? Welche als Jugendlicher? Welche Träume vor dem Beginn einer Partnerschaft? Welche Träume von Ihrem Beruf? Welche Träume haben sich bereits erfüllt? Welche Träume warten noch darauf, verwirklicht zu werden?

Vielleicht haben Sie sich schon die Frage gestellt, warum viele Träume noch unerfüllt geblieben sind.

Reden wir nicht drum herum: Wenn etwas nicht funktioniert, machen wir einen Fehler. Und bei der Verwirklichung von Träu-

Geheimnis des Träumens

men machen die meisten Menschen den *Kardinalfehler, statt ihre Träume in ihr Leben zu ziehen, sie also herzuträumen, stoßen sie sie ab, träumen sie sie weg.* Darin liegt das Geheimnis! Möchten Sie es ergründen und Ihr Leben so wieder neu verzaubern?

Die Unterscheidung zwischen herträumen und wegträumen ist für Sie wahrscheinlich ungewohnt. Aber Sie *kennen* dieses Phänomen mit Sicherheit auch – wenn nicht bei sich selbst, dann bei anderen Menschen!

Erinnern Sie sich einmal daran, dass Sie einen Menschen sehr sympathisch fanden, ihn vielleicht als Ihren Traumpartner gesehen haben und ihn unbedingt »haben« wollten. Sie haben diesen Menschen vielleicht sogar näher kennen gelernt. Doch statt ihn immer mehr in Ihr Leben zu ziehen, haben Sie ihn mit der Zeit von sich weggestoßen, hat sich dieser Mensch immer mehr von Ihnen entfernt. Die Kraft zwischen Ihnen war nicht mehr anziehend, sondern abstoßend.

Oft können wir es im finanziellen Bereich beobachten: Je mehr jemand mit aller Gewalt reicher werden will, desto größer wird seine finanzielle Krise.

Es passiert also häufig genau das Gegenteil von dem, was Sie eigentlich wollten. *Je mehr Sie sich anstrengen, desto weiter scheint sich Ihr Ziel von Ihnen zu entfernen.* Statt etwas in Ihr Leben hereinzuziehen (»her«), stoßen sie es von sich ab (»weg«). Das meine ich damit, wenn ich sage: Wir dürfen unsere Träume nicht »weg«-träumen, sondern müssen sie »her«-träumen.

Machen Sie sich bewusst und schreiben Sie einmal Situationen auf, in denen Sie etwas von sich weggestoßen haben: Sie haben sich etwas sehr stark gewünscht, aber statt es zu bekommen, haben Sie es verloren.

Ich erinnere an die Einleitung des Buches, in der ich Ihnen die Lösung schon angedeutet habe: Die meisten Menschen können ihre Träume nicht in ihr Leben ziehen, weil sie aus einem *Mangelbewusstsein* heraus träumen. Dies möchte ich jetzt vertiefen und Ihnen den Weg zeigen, Ihre Träume so auf den Weg zu bringen, dass ihre Erfüllung regelrecht unvermeidbar wird. Ich zeige Ihnen, wie Sie das, was Sie sich erträumen, nicht mehr abstoßen, sondern anziehen. Zuerst die falsche, die »abstoßende« Einstellung.

Was Sie sich sehnlichst wünschen, können Sie nicht erreichen

Greifen wir wieder die Frage auf: »Warum ist es so, dass häufig in meinem Leben genau das Gegenteil von dem passiert, was ich mir wünsche?«

Das ist die entscheidende Frage, um zu verstehen, *wie das Weg-Träumen eigentlich funktioniert!*

Sehnlichst wünschen heißt: *Das* habe ich leider nicht, *das* hätte ich gerne und *brauche* es dringend. Wenn wir uns etwas sehr stark wünschen, dann immer aus einem »*Mangelbewusstsein*« heraus, dem Bewusstsein, dass uns etwas zu unserem Glück *fehlt*.

Denken Sie an den Arzt, den Sie besuchen. Seine Frage lautet: »Was fehlt Ihnen?« Er fragt nach den Schmerzen, dem Leiden, der Krankheit. Wenn uns etwas fehlt, sind wir offensichtlich krank. Uns fehlt etwas zur vollkommenen Gesundheit und Harmonie.

Was *fehlt* Ihnen wirklich dringend im Leben? In welchem Bereich spüren Sie diesen Mangel, dieses »Loch«. Was glauben Sie unbedingt zu brauchen, um richtig glücklich sein zu können?
Bitte schreiben Sie die Antworten auf die Fragen auf. Dies gehört

Sehnliche Wünsche nicht erreichen

zu den wichtigsten Listen, die Sie erstellen. Sie dokumentiert Ihr Sie noch begrenzendes Mangelbewusstsein. Hier kommen wir ganz nahe an die Beantwortung der Frage, warum Träume bisher noch nicht in Erfüllung gegangen sind.

Das *Konzept des Mangelbewusstseins* zu verstehen, ist entscheidend, um ein erfülltes Leben zu führen. Mangel bedeutet: Ich habe etwas nicht, was ich gerne hätte. Mir fehlt etwas, ich brauche etwas zu meinem Glück, zu dem, wie ich mir mein Leben wirklich vorstelle. Ich bin nicht vollständig, sondern habe ein Defizit, ein Loch. Es mangelt mir an Geld, Liebe, Glück, Ruhe, Zufriedenheit – oder was auch immer. Ich bin vielleicht nicht körperlich, aber emotional, finanziell krank.

Mit solch einem Mangelbewusstsein können Sie keine Wunschträume, sondern nur Albträume ins Leben ziehen! Darin verbirgt sich der Kardinalfehler der meisten Menschen beim Träumen und bei der Erfüllung von Träumen.

Um Ihnen ein sicher zunächst kurios erscheinendes Bild zu geben: Ein Bauer, der kein Saatgut hat, dem Saatgut fehlt, dem es an Saatgut *mangelt*, kann nicht aussäen und erst recht nicht ernten. Auf seinem Acker gedeiht nur Unkraut. Es nutzt ihm wenig, wenn er über sein Feld zieht und ruft: »Ich hätte jetzt gerne Samen. Ich wünsche mir jetzt das tollste Saatgut. Zu meinem Glück fehlt nur ein reichlich bestelltes Feld. Ich bräuchte jetzt so dringend eine reiche Ernte!«

Um die Grundlage für eine reiche Ernte zu legen, *muss der Bauer Saatgut in Fülle haben, es verstreuen und loslassen.*

Kurios? Wir können uns kaum einen Bauern vorstellen, der sich so verrückt verhält: mit leeren Händen zu säen. Doch viele Menschen verhalten sich so. Sie haben nicht, sondern »hätten gern«. »Wenn ich jetzt Saatgut hätte, *dann* könnte ich säen.«

Die Sätze klingen im Alltag zwar etwas anders, aber sie sind Ihnen sicher vertraut: »Wenn ich geliebt würde, dann könnte ich lieben! Ich wünsche mir sosehr, von einem anderen Menschen geliebt zu werden!« Oder: »Wenn ich eine befriedigende Arbeit hätte, dann wäre ich zufrieden. Ich wünsche mir sosehr einen tollen Job!«. – »Wenn ich genug Geld hätte, dann könnte ich endlich mit meinem Leben loslegen...«

Genau so äußert sich Weg-Träumen! Und so kann nie etwas daraus werden: Wenn ich dieses und jenes hätte, dann könnte ich...

Gehen wir an dieses *Dilemma des Wünschens aus einem Mangelbewusstsein* noch näher heran!

Stellen Sie sich vor: Sie wünschen sich einen Traumpartner, der alle Ihre Träume erfüllt. *Dann* wären Sie endlich glücklich! Oder Sie wünschen sich einen Traumberuf. *Dann* wäre Ihr Leben endlich in Ordnung! Oder Sie wünschen sich ein hohes Einkommen. *Dann* könnten sie endlich das Leben leben, vom dem Sie schon lange träumen. Was ich Ihnen zeigen will: So stimmt etwas mit Ihrem Magneten nicht. Er ist abstoßend statt anziehend.

Versetzen Sie sich einmal »in die Energie« (fragen Sie nicht, wie es geht, machen Sie es einfach): *Sie sind unglücklich und suchen einen Traumpartner, der Sie glücklich machen soll.* Glauben Sie, dass ein Unglücklicher für einen Glücklichen (als Traumpartner) *attraktiv, anziehend* ist? Der Unglückliche wird wahrscheinlich ständig Unglückliche in sein Leben ziehen, die von *ihm* genau das Gleiche erwarten, nämlich *deren* Lebensglück. Die Wahrheit ist: Der Traumpartner des Glücklichen ist der Glückliche! Unglückliche dagegen ziehen Unglückliche in ihr Leben.

Oder nehmen wir den Wunsch, sich endlich im Traumberuf zu verwirklichen. Sie sehen Ihre gegenwärtige berufliche Tätigkeit noch als Tretmühle, machen Ihren Job, um Geld zu verdienen,

Sehnliche Wünsche nicht erreichen

über die Runden zu kommen, fühlen sich Ihrer Familie gegenüber verpflichtet. Glauben Sie, in *diesem Bewusstsein* können Sie Ihren Traumberuf erkennen und als Berufung ergreifen? Glauben Sie *auf diese Weise, mit dem so gepolten Magneten,* eine erfüllende Tätigkeit in Ihr Leben ziehen zu können, wenn Sie jetzt in Ihrer Arbeit nichts anderes erkennen als Geld zu verdienen, um zu überleben? Der Hamster im Laufrad wünscht sich sosehr, ein Löwe in Freiheit zu sein. Wie soll das funktionieren?

Bringen wir es noch anders auf den Punkt: Ein sehnlicher Wunsch ist eine Form, etwas vom Leben zu *erbetteln*. Doch wer bettelt, bekommt höchstens Almosen vom Leben. Ein Versandhaus schickt Ihnen auch nichts, wenn Sie betteln. Sie müssen schon eine konkrete Bestellung aufgeben und bezahlen. Das Leben ist dem Betteln gegenüber nicht sehr freundlich gesonnen.

Mangelbewusstsein ist sozusagen Falschgeld. Ob Betteln (»Ich hätte so gerne...«) oder mit Falschgeld bezahlen zu wollen: *Dafür bekommt man nichts. Das ist Weg-Träumen.* Das machen die meisten. Sie träumen aus einem Mangelbewusstsein heraus. Das ist genau das, was nicht funktioniert. Und dessen sind wir uns jetzt bewusst.

Sie bekommen vom Leben nicht das, was Sie dringend brauchen und sich sehnlichst wünschen. Sie bekommen genau das, was Sie verursachen. Nicht mehr und nicht weniger und nichts anderes.

Gerade dieses »dringend brauchen« und »sich sehnlichst wünschen« ist wie eine negative Energie, die abstößt und nicht anzieht, die Ihr Leben erschwert und nicht erleichtert, die Albträume hervorruft und nicht Wunschträume Wirklichkeit werden lässt.

Doch wie geht es richtig? Wie pole ich den Magneten auf »Anziehung« um? Wie träume ich so, dass sich meine Träume auch sicher verwirklichen können? Wie ziehe ich meine Träume in mein Leben und vertreibe sie nicht aus meinem Leben?

»Erfüllung« kommt von »Fülle« – Erfüllung kann nur aus der Fülle kommen

Um Träume sicher zu erfüllen, müssen wir wissen, was *Her-Träumen im Gegensatz zu Weg-Träumen* ist!

Die Sprache birgt sehr viele Geheimnisse, für die wir uns öffnen, die wir ergründen sollten! Auch hier liefert sie uns auf verblüffende Weise den Schlüssel: Wenn ich in einem *Mangel*bewusstsein lebe, darf ich mich nicht wundern, dass mein Leben voller *Mängel*, ja *mangelhaft* ist. Um ein *erfülltes* Leben zu führen, darf ich nicht im Mangel, sondern *in der Fülle* sein. Denn: *Nur Fülle verursacht Er-füllung.*

In welchem Bereich leben Sie bereits in Fülle, haben Sie sich so Erfüllung geschaffen, spüren einen richtigen »Überfluss«?

Machen wir es auch hier noch konkreter: Wenn Sie *innerlich von Liebe erfüllt sind,* dann ziehen Sie auch den *Traumpartner* in Ihr Leben. Sie brauchen ihn gar nicht mehr zu *suchen.* Sie ziehen ihn an, Sie träumen ihn *her.*

»Innerlich von Liebe erfüllt« heißt zum Beispiel, dass Sie selbst sehr liebevoll mit Ihrem eigenen Leben umgehen, Ihrer Gesundheit, Ihrem Körper, Ihrer Arbeit, Ihrer Wohnung, den Mitmenschen in Ihrem Leben. Sie sind verliebt in das Leben und schaffen um sich einen Ort der Liebe, *Ihr Leben wird so zu einer liebevollen Oase.* Als Mensch, der in das Leben verliebt ist, werden Sie anziehend für einen liebevollen Partner, der sich in Sie verliebt.

Worauf ich hinaus will: Ihre eigene Fülle – Ihr Von-Liebe-erfüllt-Sein – ist *als Magnet* zuerst da! So ziehen Sie den Traumpartner in Ihr Leben.

Oder nehmen wir in diesem Sinne *einen Traumberuf* als Beispiel: Sie geben in Ihrem jetzigen Beruf Ihr Bestes, sind erfüllt von Ihrer Arbeit. Denn Sie wissen, Ihre gegenwärtige Tätigkeit ist *das Sprungbrett* auf dem Weg zu Ihrem Traumberuf. Sie erfüllen Ihre Aufgabe optimal und sind so in der Lage, noch mehr berufliche Fülle und Erfüllung in Ihr Leben zu ziehen. Und plötzlich bekommen Sie *ein neues Angebot, eine einmalige berufliche Chance.* Oder Sie sind an die Grenze der Möglichkeiten Ihres gegenwärtigen Berufes gestoßen und haben plötzlich *eine Geschäftsidee, die diese Grenze überschreitet,* und Sie machen sich damit selbstständig.

Also: Es funktioniert nur, wenn Sie in einem Bewusstsein der Fülle sind (»Ich gebe in meinem Beruf mein Bestes!«) und nicht in einem Mangelbewusstsein: »Was habe ich nur für einen unbefriedigenden Job! Hätte ich doch nur einen besseren!«

Ich muss die Fülle *in mir* haben, bevor ich sie in mein Leben ziehen kann. Mit anderen Worten:

Sie bekommen vom Leben nur das, was Sie innerlich bereits besitzen

Sie erinnern sich jetzt sicher an die Einleitung, an den Bauern, der da singt: »Schön, dass ich es hab, schön, dass ich es hab.« Und vielleicht erinnern Sie sich auch an den Vers aus dem Markus-Evangelium: »Bittet, um was ihr wollt, glaubt nur, dass ihr es erhalten habt, und es wird euch werden.«

Wir sprachen dabei von der magischen Zauberformel.

Gehen wir jetzt tiefer darauf ein!

Es ist doch einleuchtend: *Damit sich in Ihrem Leben etwas ändern kann, müssen sich Ihr Denken und Ihr Bewusstsein ändern.*

Träume

Wenn Sie immer nur das denken, was Sie immer schon gedacht haben, werden Sie immer das Leben leben, das Sie immer schon gelebt haben. Wir erwähnten ihn bereits: den Hamster im Laufrad.

Um aus dem bisherigen unerfüllten Leben auszusteigen (dem Hamsterrad), brauchen wir eine Idee, einen Gedanken, der *neu* ist und *anders,* der Ihnen *einen völlig neuen Horizont* eröffnet.

Zunächst ist die Idee ungewohnt: *Man kann nur das bekommen, was man bereits hat!* Bald jedoch wird Ihnen *diese schöpferische Zauberformel* so selbstverständlich und einfach sein wie das Einmaleins für einen Zweitklässler. Es ist *ein geistiges Gesetz*, das Sie – wie gesagt – bereits in der Bibel finden.

Das Paradox lautet nicht nur: »bekommen, was man hat«, sondern auch »werden, was man ist«.

Vielleicht hilft uns zum Verständnis dieses Paradoxons das Märchen vom »hässlichen Entlein«. Sie erinnern sich: Das »hässliche Entlein« lebt im falschen Selbstbewusstsein, eine Ente zu sein, und entpuppt sich am Ende als schöner Schwan.

Die Botschaft des Märchens ist vielschichtig. Wir betrachten hier nur einen einzigen Aspekt: Das »hässliche Entlein« ist unglücklich, weil es sich selbst nicht erkennt. Denn es *ist in Wirklichkeit* gar keine Ente, sondern ein junger Schwan, der nur aussieht wie eine Ente, gar noch eine ganz hässliche. Nein, *im Inneren ist* der junge Schwan bereits ein Schwan, auch wenn er wie ein hässliches Entlein aussieht. Mit der Zeit *ist er auch für alle sichtbar das geworden, was er bereits innerlich war und ist.*

Um »die Moral des Märchens« auf den Punkt zu bringen: *Sie können immer nur das werden, was Sie im Inneren bereits sind.* Wenn wir in Fülle leben wollen und unsere Lebensaufgabe erfüllen, dann müssen wir bereits *in uns unsere innere Fülle ent-deckt haben.* Wir können nur das in unserem Leben verwirklichen, was wir zuvor in unserem Inneren als Lebenstraum erkannt und ausgestaltet haben.

Viele Menschen sind mit ihrem Leben unzufrieden, kommen sich wie ein »hässliches« Entlein vor, weil sie im falschen Selbstbewusstsein leben. Es geht darum, den stolzen Schwan in sich zu entdecken und zu ihm zu reifen. Das ist die innere Fülle, die Diamantenmine, die entdeckt und gefördert werden will.

Prüfen Sie bitte, ob Sie schon in der Lage sind, Ihren Magneten umzupolen, den Schalter von Mangel auf Fülle umzulegen.
Denken Sie an einen einfachen Wunsch (z.B. »Ich würde Peter gerne wiedersehen«) und gehen Sie »in die Energie des Wunsches«: Spüren Sie, ob dieser Wunsch energetisch anziehend oder abstoßend ist. Und dann polen Sie die Energie einfach um: von »hätte ich gern« zu »habe ich schon«. Um bei unserem Beispiel zu bleiben: »Ich sehe Peter wieder!«
Es ist ungewöhnlich und braucht deswegen sicher etwas Übung. Aber es geht letztlich ganz leicht.

Ihr Lebenstraum ist Ihr wahres Wesen

Woher wissen wir aber, was wir in uns haben, was unsere innere Fülle ist, wer wir in Wirklichkeit sind?

Wir brauchen nur die Frage zu stellen, um die Antwort zu finden: *Es sind unsere Träume.*

Jeder von uns hat *eine Lebensaufgabe.* Es ist sozusagen das Programm, ein stolzer, majestätischer Schwan zu werden. Leben wir dann nicht das Leben eines Schwans, sondern das Leben einer Ente, dann sind wir natürlich unglücklich. Der Schwan ist unser »wahres Wesen«, doch als Ente leben wir ein »falsches Selbst«,

Träume

leben nach uns fremden, von anderen vorgegebenen Programmen.

Es macht auch wenig Sinn, als Schwan einen Adler als Vorbild zu haben und es einem Adler gleichtun zu wollen. Auch das kann nur zu einer Bauchlandung führen.

Wir müssen *unser inneres einzigartiges Programm*, unser »wahres Wesen«, entdecken und es dann auch leben. So finden wir die Erfüllung unseres Lebens.

Dieses innere Programm (das, was wir idealerweise sind) meldet sich ständig bei uns in der Form von Träumen, Wünschen, Fantasien, Sehnsüchten.

Unser Lebenstraum ist nichts anderes als die Vision unseres idealen Lebens. Es ist das, was wir in unserem Wesen sind. Dieser Schatz ist jedoch längst verschüttet, blitzt nur noch dann und wann und in kleinen Lichtschimmern in unser Leben.

Wenn wir ein wirklich erfüllendes Leben führen wollen, dann müssen wir *nach innen* gehen, unseren Lebenstraum in seiner Ganzheit wiederentdecken. Das ist durchaus eine Kunst! Es bedeutet, unsere wahre Lebensaufgabe zu erkennen, den Sinn unseres Lebens gewahr zu werden und so zu leben, wie wir in unserem inneren Programm gedacht sind.

Diesen inneren Lebenstraum, unser wahres Wesen, zum Strahlen zu bringen, ihn in seiner ganzen inneren Fülle zu erleben, ist der Weg, um ein erfülltes Leben herbeizuträumen.

Wir entdecken unsere innere Fülle und können so die Erfüllung magnetisch in unser Leben ziehen.

In diesem Kapitel geht es darum, die Energie eines Wunsches zu spüren, von Mangel auf Fülle umzupolen. Üben Sie es mit kleinen Wünschen, herbei- statt wegzuträumen. Erstellen Sie sich ein kleines »Wunscherfüllungs-Tagebuch«: Schreiben Sie sich Ihre kleinen

Wünsche mit Datum auf, schalten Sie in die anziehende Energie des »habe ich schon« und notieren Sie sich, nach welcher Zeit sich dieser Wunsch erfüllt hat.

Schöpferische Imagination: vom Lebenstraum zum Traumleben

Es geht in diesem Buch aber um mehr: sich nicht nur kleine Wünsche immer sicherer zu erfüllen, sondern auch den Lebenstraum. Die eine Seite ist es also, den Lebenstraum in sich wieder zu entdecken, die andere Seite, diesen Lebenstraum auch Schritt für Schritt zu verwirklichen.

Ich betrachte es als meine Aufgabe, solche Lebenslehren in eine *optimal einfache Form* zu bringen, damit sie möglichst viele Menschen verstehen und anwenden können. *Diese Methode nenne ich »schöpferische Imagination«.* Die stärkste und einfachste Methode, sein äußeres Leben mit dem inneren Leben in Einklang und Harmonie zu bringen, ist, *mit inneren Bildern zu arbeiten.* Träume *sind* innere Bilder. Und »schöpferische Imagination« heißt, mit diesen inneren Bildern als Zielvorstellung das Leben »schöpferisch« zu gestalten, es zu einem wirklichen Kunstwerk zu kreieren.

So wird Ihr Lebenstraum als Bild nach außen und in die Zukunft projiziert, um ihn dann in der Gegenwart lebendig und wirksam werden zu lassen. Aus dem inneren Bild des Lebenstraums wird das Bild des äußerlich gestalteten Lebens als Traumleben.

Jetzt sollten wir uns einfach daran machen, Ihren Träumen eine echte Chance zu geben.

Zur Erinnerung

- Die meisten Menschen erfüllen ihre Träume nicht, weil sie ihre Träume vertreiben, wegträumen statt herträumen.
- Was ich mir sehnlichst wünsche und dringend brauche, kann ich nicht erreichen. Wer etwas vom Leben erbettelt, bekommt nur Almosen.
- Ein Mangel-Bewusstsein führt nur zu einem mangelhaften Leben. Erfüllung kann nur aus der inneren Fülle kommen.
- Die Zauberformel für ein erfülltes Leben lautet: Ich bekomme vom Leben nur das, was ich innerlich bereits in Besitz genommen habe. Ich kann nur das werden, was ich bereits bin.
- Mein Lebenstraum führt mich zu meinem »wahren Wesen«, meiner inneren Fülle. Mein Lebenstraum ist die Vision meines erfüllten Lebens.
- Schöpferische Imagination ist der Schlüssel, um den wieder in Erinnerung gerufenen Lebenstraum in einem glücklichen Traumleben wahr werden zu lassen.

4. KAPITEL

Dieses Kapitel gibt Antwort auf die Fragen:

- Warum stutze ich meine Träume?

- Warum traue ich mich nicht, richtig loszuträumen, meine Träume zu entfesseln?

- Wie kann ich mein eigenes Potenzial leben?

- Wie finde ich zu meiner inneren Fülle?

- Was bedeutet innerer Reichtum und Wohlstand für mich?

- Kann man zugleich reich und glücklich sein, im Wohlstand leben und Gutes tun?

Entdecke die Kraft und den Reichtum in dir!

*Reichtum ist das Bewusstsein,
dass ich jederzeit alles habe,
was ich zum Leben wirklich brauche.*

Wir haben im letzten Kapitel den Mechanismus kennen gelernt, Wünsche herbei- statt wegzuträumen. Wir haben gelernt, unseren »Wunscherfüllungs-Magneten« von »Abstoßung« auf »Anziehung« umzupolen.

Jetzt wollen wir aufs Ganze gehen! Jetzt geht es nicht mehr um einzelne Träume, jetzt geht es um den Lebenstraum. Jetzt geht es nicht mehr darum, in einzelnen Situationen auf »Fülle« umzuschalten, sondern das ganze Leben in diesem Bewusstsein der Fülle zu leben. Nennen wir es beim Namen: Es geht jetzt um ein sicheres Reichtums- und Wohlstandsbewusstsein.

Ich sehe, Sie denken mit: Auch hier ist wieder eine *Wende von der Außen- zur Innenorientierung* zu vollziehen: Die Quelle unseres Reichtums und Wohlstands, unserer Potenziale (hat auch etwas mit »Potenz« zu tun, meine Herren) und Kraft *liegen in uns.*

Ich zeige Ihnen einen Weg, wie Sie wieder einfach mit einer anderen Einstellung sofort reich sein können. Und wir werden die Quelle Ihres wahren Reichtums anzapfen und zum Sprudeln bringen.

Auch zu Beginn dieses Kapitels möchte ich Sie mit einem Märchen wieder daran erinnern, ins »ganzheitliche Bewusstsein« zu kommen.

Das Märchen von der größten Kraft des Universums

»Ein altes Märchen erzählt von den Göttern, die zu entscheiden hatten, wo sie die größte Kraft des Universums verstecken sollten, damit sie der Mensch nicht finden könne, bevor er dazu reif sei, sie verantwortungsbewusst zu gebrauchen.

Ein Gott schlug vor, sie auf der Spitze des höchsten Berges zu verstecken, aber sie erkannten, dass der Mensch den höchsten Berg ersteigen und die größte Kraft des Universums finden würde, bevor er dazu reif sei. Ein anderer Gott sagte, lasst uns diese Kraft auf dem Grund des Meeres verstecken. Aber wieder erkannten sie, dass der Mensch auch diese Region erforschen und die größte Kraft des Universums finden würde, bevor er dazu reif sei. Schließlich sagte der weiseste Gott: ›Ich weiß, was zu tun ist. Lasst uns die größte Kraft des Universums im Menschen selbst verstecken. Er wird niemals dort danach suchen, bevor er reif genug ist, den Weg nach Innen zu gehen.‹

Und so versteckten die Götter die größte Kraft des Universums im Menschen selbst, und dort ist sie noch immer und wartet darauf, das wir sie in Besitz nehmen und weisen Gebrauch davon machen.«

Träume finanzieren

Wir begrenzen unsere Träume oft dadurch, dass wir sie für »unbezahlbar« halten, sie an gegebene finanzielle Realitäten fesseln. Bevor wir so richtig anfangen zu träumen, fragen wir uns zuerst, welche Art von Träume wir uns überhaupt leisten können! Dabei unterliegen wir dem Irrglauben, Träume realisieren zu können, sei nur etwas für die Superreichen: Nur wer genug Geld habe, könne auch seine Träume leben, ein märchenhaftes Traumleben führen.

Prüfen Sie einmal Ihren Mut zum Träumen. Können Sie grenzenlos träumen, ohne an Ihre finanziellen Realitäten zu denken? Können Sie mit Ihren Träumen Ihr Budget hemmungslos sprengen? Können Sie *völlig von Geld losgelöst träumen?* Können Sie für sich ein »märchenhaftes Traumleben« beanspruchen, märchenhaft träumen? Fragen Sie sich bitte auch, welche Bedenken sich bei Ihnen jetzt melden. »Ich bin doch kein Traumtänzer.« – »Ich baue keine Luftschlösser.« – »Schuster bleib bei deinen Leisten.« Auch das sind mentale Grenzen, die es jetzt zu überwinden gilt.

Unsere Träume können wir nicht richtig entfesseln, solange wir unseren inneren Reichtum noch nicht erkannt haben, denn beides entstammt ein und derselben Quelle. Unsere Träume *sind* unser innerer Reichtum, unser Potenzial, unsere Lebensaufgabe, unser Auftrag.

Machen wir uns bewusst: Wenn man ständig in »finanziellem Notstand« lebt, dann lebt man im Mangel, dann hat sich Mangelbewusstsein schon deutlich zum Ausdruck gebracht. Nur unter finanziellem Druck zu leben, zwingt in die unwürdige Lebensweise, ständig über Geld nachdenken zu müssen, wie dieses und jenes zu bezahlen sei. *Mangel an Geld ist keine Tugend, sondern ganz einfach ein Mangel, das Gegenteil von Fülle.* Es fehlt etwas, um das eigene Leben wirklich zum Ausdruck bringen zu können. Wir können es wieder auf den Punkt bringen: Wer ständig im finanziellen Notstand lebt, der lebt sein Potenzial nicht, der hat keinen Zugang zu seinem inneren Wohlstand.

Das eigene Potenzial leben

Das Leben fordert uns sozusagen auf, unser inneres Potenzial zu entwickeln. Damit können wir auch im Außen zu Reichtum kommen.

Um hier wieder ein Bild zu geben: Einst waren die Erdölländer im Orient mit ihren unwirtlichen Wüsten arm, bis unter der Erde das Erdöl entdeckt und gefördert wurde. Damit wurden sie zu den reichsten Ländern dieser Erde.

Das Leben hat uns alle mit solchen inneren Schätzen ausgestattet, mit Erdöl, Diamanten, was immer Sie wollen. *Niemand ist zu kurz gekommen.* Doch es liegt an uns selbst, diese inneren Schätze auch zu bergen! Das ist unsere Aufgabe, die uns niemand abnehmen kann, denn erst dadurch haben wir diesen inneren Reichtum, diese innere Kraft auch verdient und – wie es im Märchen zum Kapitelanfang heißt – sind reif, »sie verantwortungsbewusst zu gebrauchen«!

Sie können Ihren inneren Schatz mit der Beantwortung der Fragen sichten:
- Was ist an mir besonders originell und einzigartig?
- Wofür werde ich von anderen Menschen bewundert?
- Was habe ich schon als Kind und Jugendlicher gerne gemacht?
- Was macht mir besondere Freude?
- Bei welcher Tätigkeit bleibt bei mir die Zeit stehen, bin ich sozusagen außerhalb der Realität und gehe ganz in mir auf?

Erstellen Sie sich diese Liste. Auf diesem Weg entdecken Sie Ihre Diamantenfelder.

Es ist jetzt noch nicht die Frage, wie Sie diese Schätze bergen und in Geld ummünzen können.

Auf diesem Weg finden Sie zu Ihrem wirklichen Vermögen. Ich erinnere Sie wieder an die Weisheit der Sprache: Vermögen heißt, etwas zu vermögen.

Ihr inneres Vermögen kann Ihnen niemand streitig machen. Es ist da und will genutzt werden – wie die Erdölfelder. Also: Nachhaltigen Wohlstand und Vermögen kann man nur auf dem Weg nach innen finden und behalten. Wahres Vermögen ist unser inneres Potenzial. Im Außen haben wir nur Besitz. Ein innerlich Vermögender vermag Besitz, den er verloren hat, innerhalb kurzer Zeit wieder zu erwerben. Ein nur äußerlich Besitzender dagegen verliert alles. *Besitz kann man verlieren, Vermögen nicht.*

Nicht mehr scheinen wollen, als man ist, ist richtig und gut, aber genauso wichtig ist es, *nicht weniger sein zu wollen, als man ist*. Dabei mache ich mir bewusst: Niemand ist geringer als ich, aber es steht auch keiner über mir, sobald ich mir meines grenzenlosen und einzigartigen inneren Potenzials bewusst bin. Auch die Bibel fordert uns auf, unser Licht nicht unter den Scheffel zu stellen, sondern mit ihm die Welt zu erleuchten.

Jeder von uns ist einmalig und hat einen wertvollen Beitrag in seinem Leben zu leisten, jeder auf seine ganz besondere und einmalige Art. Diesen Beitrag zum Leben nenne ich *unsere wahre Bestimmung.*

Wahrer Reichtum

Wir können uns darauf verlassen, dass das Leben uns alles gibt, was wir zum vollen Ausdruck unseres Seins brauchen. In jedem Augenblick leben wir in der Fülle! Zum Reichtum gehört auch die Erkenntnis, alles zu haben, was man braucht!

In dem Moment, in dem Sie sich bewusst sind, dass Sie *alles*

Wahrer Reichtum

haben, was Sie brauchen, können Sie sich reich fühlen. Wahrer Reichtum ist nur eine neue Einstellung entfernt. Sie können sich sofort als einen reichen und wohlhabenden Menschen »neu erfinden«.

Erinnern wir uns an das letzte Kapitel: Ausdruck von Mangelbewusstsein ist das Gefühl, dass einem im Leben etwas fehlt. Wenn wir aber den Schalter umstellen können auf das Bewusstsein, dass wir alles haben, was wir brauchen, haben wir den Keim für ein Bewusstsein der Fülle, des Wohlstandes und des Reichtums geschaffen.

Ich möchte Ihnen jetzt ganz nahe legen: Sie haben alles, was Sie brauchen! Sie können es sich ganz schnell beweisen:

Machen Sie in Ihren finanziellen Verhältnissen einen Kassensturz und Inventur. Streichen Sie alle Ausgaben, die Sie nicht wirklich brauchen.
So können Sie innerhalb kürzester Zeit finanziell in Fülle kommen, indem Sie Ihre Ausgaben deutlich unter Ihr Einkommen senken.
Reichtum ist nicht das, was man verdient, sondern das, was man behält. Überfluss entsteht nicht durch mehr Verdienen, sondern weniger Ausgeben.

Der erste Schritt, die innere Fülle auch in den finanziellen Verhältnissen umzusetzen, heißt, weniger ausgeben als einnehmen. Dabei ist es völlig gleichgültig, welches Einkommen Sie haben. Sie haben nicht nur alles, was Sie brauchen, Sie haben sogar mehr. Und dieses »Mehr« ist Ihre in Ihren finanziellen Verhältnissen erzeugte Fülle und Überfluss. *So kommen Sie aus dem finanziellen Notstand in den finanziellen Wohlstand.* Erst, wenn dieser Hebel umgelegt ist, dann kann Ihnen auch im Äußeren märchenhafter Wohlstand zufließen.

Kraft und Reichtum entdecken

Reich zu sein bedeutet nicht, Millionen zu haben, Häuser, Villen und Land zu besitzen, sondern sein inneres Wesen, seine Potenziale zum Ausdruck zu bringen. Viele unserer weltbekannten Künstler, Maler und Musiker waren innerlich reich, auch wenn sie bettelarm gestorben sind.

Wer innerlich reich ist, muss nicht auch äußerlich reich sein. Und wer äußerlich reich ist, muss nicht auch innerlich reich sein. Meistens klafft diese Schere auseinander. Was wir anstreben, ist, inneren wie äußeren Reichtum in Harmonie zu bringen.

Es gibt inzwischen viele Millionäre, die auch innerlich wirklich reich sind, weil sie ihr Geld damit gemacht haben, indem sie aus ihrem inneren Reichtum geschöpft haben. Dazu gehört auch, sich verantwortlich und liebevoll um das Vermögen zu kümmern und davon sinnvollen Gebrauch zu machen.

Sie erkennen an, dass sie ihren Reichtum dem Leben verdanken, geben dem Leben dankbar zurück und setzen ihren Wohlstand zum Wohle aller ein.

Reich zu sein bedeutet also, über genügend Mittel für seine Entwicklung zu verfügen, sodass man das lernen und erschaffen kann, was aus dem eigenen inneren Potenzial verwirklicht werden soll, damit nichts brachliegt.

Wir sind dazu aufgefordert, unsere Kreativität zu entfalten, unser Potenzial auszuschöpfen und unsere Entwicklung in jeder Hinsicht zu fördern. Dann manifestiert sich unser Wohlstand auch in Gesundheit und Vitalität, in Erfolg und Erfüllung, Glück und Zufriedenheit.

Hat jemand jedoch zu wenig finanzielle Mittel, so entgehen ihm unter Umständen wichtige Schritte, die ihn auf seinem Weg weiterbringen könnten. Im finanziellen Notstand besteht immer die Gefahr einer Stagnation in der Persönlichkeitsentwicklung. Aber diesen finanziellen Druck ein für alle Mal zu überwinden, ist

Wahrer Reichtum

natürlich auch eine Lektion im Leben. *Sie sollten also danach streben, in einem ganzheitlichen Sinn reich zu werden.* Und dieses Ziel können Sie unter Umständen genauso gut mit 2000 Euro im Monat erreichen wie mit 10 000 Euro. Es kommt ganz darauf an, was Sie verwirklichen wollen, was Ihre wahre Bestimmung ist.

Außerdem sollte Geld niemals ein Ersatz für inneren Reichtum sein. Kein Geld der Welt kann Ihnen Liebe, Geborgenheit und Freude ersetzen.

Bitte beantworten Sie sich die Frage am besten wieder schriftlich: Was bedeutet es für Sie, reich zu sein und in Wohlstand zu leben?

Erst wenn Sie erkannt haben, dass Sie Meister Ihres Lebens sind und damit fähig, alles Gute selbst zu erschaffen, Sie also innerlich reich geworden sind und es sich auch im Außen manifestiert, geben Sie dem Geld den richtigen Stellenwert und gehen richtig damit um.

Manche Menschen haben Angst vor Reichtum und erfinden die sonderbarsten Erklärungen dafür. Leider übersehen sie, dass sich Armut sehr viel störender auf die Lebensqualität auswirkt als wahrhaftig gelebter Reichtum.

Ist Ihnen einmal das »Geheimnis des Reichtums« bekannt, machen Sie kein Aufhebens davon. Über Geld spricht man nicht – man hat es! Sie haben Ihr ideales Leben erkannt und verwirklicht, und Ihr ganzes Leben ist eine einzige Einladung, Ihre Freude mit Ihnen zu teilen.

Sind Sie einmal soweit gekommen, dann ist auch das letzte Hindernis beseitigt. Sie gehören zu den Glücklichen, die mit der schöpferischen Imagination umgehen können, und damit können Sie am Ende mit Recht sagen: »Ich habe wirklich gelebt!«

Zur Erinnerung

- Bevor ich große Träume entfesseln kann, muss ich mich von meinem finanziellen Mangelbewusstsein lösen. Ständig in finanziellem Notstand und unter finanziellem Druck zu leben, ist Ausdruck von Mangelbewusstsein.
- Wahrer Reichtum beginnt da, wo ich erkenne, dass ich alles habe, was ich brauche. Es fehlt mir an nichts. Das ist der Keim des Wohlstandsbewusstseins.
- Fülle beginnt innen. Bevor sich Fülle im Außen manifestieren kann, bedarf es innerer Fülle, des Bewusstseins der eigenen einzigartigen Potenziale.
- Der erste Schritt, innere Fülle in äußerem Überfluss zu manifestieren, ist, weniger auszugeben, als man einnimmt. Das ist von der Höhe des Einkommens völlig unabhängig.
- Ist dieser Schritt vollzogen, dann ziehe ich auch im Außen Wohlstand und Reichtum in mein Leben.
- Wahrer Reichtum gibt der Gesellschaft dankbar zurück, was von der Gesellschaft gekommen ist. Es ist geschaffenes Potenzial im Dienste an der Gemeinschaft und zum Wohl für alle. Das bedeutet wahrhaften Wohlstand schaffen.

5. KAPITEL

Dieses Kapitel gibt Antwort auf die Fragen:

- Träume ich oder lebe ich?

- Was ist besser: Realist zu sein oder Träumer?

- Welche Art von Träumen ist wirklichkeitsverändernd?

- Wie unterscheiden sich Einbildung, Vorstellung und Imagination?

- Wie lässt sich die Wirkung der Imagination sofort beweisen?

- Wie kann ich jetzt meine großen Lebensträume verwirklichen?

Verwirkliche jetzt deinen Lebenstraum!

*Ich schulde meinem Leben
noch meine Träume.*

Träume zu haben, ist schon eine Kunst. Träume auch zu verwirklichen, ist eine noch größere Kunst. Wenn Sie mit den letzten Kapiteln wieder zur Fülle Ihrer Lebensträume gefunden haben, dann können wir *aus diesem Reichtum an Träumen zu ihrer Realisierung übergehen: der gewaltige Schritt vom Lebenstraum zum Traumleben.* Der entscheidende Schritt vom Traum in die Wirklichkeit *ist die Gestaltung innerer Bilder.*

Ein Architekt hat die Vision eines grandiosen Hauses. Bevor das Haus jedoch Wirklichkeit werden kann, muss dieser Traum, diese Vision in Bilder umgesetzt werden: von einer ersten Skizze bis zum detaillierten Bauplan.

Wer sich »neu erfindet«, der braucht nicht nur einen Lebenstraum, eine Vision, sondern auch Bilder, Pläne. Er wird sozusagen *zum Architekt seines Lebens.*

Die Methode, unsere Träume in wirklichkeitsschaffende Bilder umzusetzen, haben wir schon mehrfach angesprochen: die »schöpferische Imagination«. Sie werden diese einfache und wirkungsvolle Methode jetzt beherrschen lernen!

Denken Sie einmal darüber nach, wie Bilder inzwischen unser Leben prägen. Früher lasen die Menschen viel mehr Zeitungen, Zeitschriften und Bücher. Das geschriebene, sich an den Verstand richtende Wort hatte Gewicht. *Heute im »Multimedia-Zeitalter« dominieren Bilder:* in der Werbung, im Film, im Fernsehen, im Internet – mit Video und DVD. Bilder sprechen unser Unterbewusstsein an und sind wirklichkeitsverändernder als Worte.

Mit der »schöpferischen Imagination« lernen wir jetzt, *die schöpferische Macht der inneren Bilder* zu erkennen und sie für die Verwirklichung unserer Lebensträume und Visionen zu nutzen. Wir vollziehen für uns diesen Schritt nach: vom geschriebenen Wort der »Bestellkarte« zur Ausgestaltung komplexer, emotioneller innerer Bilder.

Auch hier wieder die Wende zur Innenorientierung: Statt uns von äußeren Bildern beeindrucken zu lassen, schaffen wir unsere inneren Bilder eines erfüllten Lebens und gestalten so unser Leben.

Die kleine Geschichte, die ich Ihnen am Anfang dieses Kapitels nahe legen möchte, heißt:

Das große Los

»Ein Mann wünschte sich aus ganzem Herzen nur eines: einmal das große Los zu ziehen. Und so betete er jeden Abend zu Gott, dass er ihm diesen Wunsch erfüllen möge. Die Jahre vergingen und immer noch betete er jeden Abend zu Gott, ohne dass sein Wunsch in Erfüllung ging.

Als er eines Abends wieder ganz innig zu Gott betete, dass er ihm doch seinen größten Wunsch erfüllen möge, da öffnete sich der Himmel, und eine Donnerstimme rief: ›Gib mir doch endlich einmal eine Chance und kaufe dir ein Los!‹«

Die Geschichte erinnert uns daran, dass wir nie vergessen dürfen, selbst die einfachen Dinge zu tun, die zur Erfüllung von Wünschen Voraussetzung sind.

Lebenstraum verwirklichen

Aufwachen aus dem Traum

Es ist schon seltsam: Einerseits haben wir verlernt zu träumen, andererseits wachen wir aus dem Träumen nicht wirklich auf! Es gilt nicht nur, entfesselt zu träumen, sondern auch Träume wahr werden zu lassen!

Können Sie sich Ihre Träume innerlich richtig vorstellen? Tagträumen Sie sich einen idealen Tag: In welcher Gegend leben Sie? In was für einem Haus? Wie ist Ihr Wohnbereich eingerichtet? Mit welchen Menschen und Tieren leben Sie zusammen? Wovon leben Sie finanziell? Was machen Sie beruflich? Wann stehen Sie auf? Wie sieht Ihr Tagesablauf aus? Welchen Menschen begegnen Sie tagsüber? Wann gehen Sie ins Bett?

Ihre großen Träume haben die meisten Menschen begraben, die Träume der Kindheit und Jugend. Andererseits träumen sie nur vom Leben statt wirklich zu leben. Man wartet noch auf den Traumpartner, man wartet noch auf einen Traumjob, man wartet noch auf einen traumhaften Gewinn im Lotto ... und dann endlich kann es losgehen mit dem Leben! So träumen viele.

Viele Menschen leben gar nicht wirklich, sie träumen nur vom Leben, und sehr oft ist das ein Albtraum. Aber auch wenn es ein schöner Traum ist, es ist nur ein Traum. Ich kann mich gesund oder erfolgreich träumen. Ich kann mich geliebt oder liebend träumen. Ich kann mir Macht, Besitz, Ruhm, Reichtum träumen, aber es bleibt ein Traum.

Will ich meine Träume verwirklichen, muss ich endlich aufwachen. Nicht nur vom großen Los träumen, sondern auch ein Los kaufen. Das heißt vor allen Dingen: meine wahre Identität erkennen, annehmen und leben. Auch wenn ich bisher so gelebt habe, bin ich keine Marionette, die an Fäden hängt und von dem Handspiel anderer abhängig ist, um in Bewegung gesetzt zu werden. Das ist Traum. Das ist nicht meine Identität!

Ich muss mich vor allem als Gestalter meines Lebens erkennen, der *zunächst auf der Traumebene geübt* hat. Nun wartet aber die Wirklichkeit darauf, von mir bestimmt und gebildet zu werden. *Alles ist dabei möglich* – es gibt keine Grenzen, außer denen, die ich mir selbst setze.

Die Frage lautet: War das schon alles?

Schauen wir noch einmal zurück, wie es begann. Unser ganzes Leben ist eine Reise durch ein unbekanntes Land. Als Orientierungshilfen dienen uns anfangs Erfahrungen und Verhaltensmuster, später Theorien, Weltbilder und Philosophien.

Von Zeit zu Zeit zwingen uns Unwegsamkeiten innezuhalten: Krankheit, Unglück, Trennung oder Tod fordern uns auf, über das Leben nachzudenken. Vielleicht hatte ich Erfolg, vielleicht ist meine Partnerschaft ganz befriedigend, und *doch bleibt das Gefühl, dass das Leben noch mehr zu bieten haben muss.*

Und das »Mehr«, das es zu bieten hat, ist das, was sich hinter den Kulissen ereignet, dem äußeren Schein. Es ist der Schritt vom Schein in die wahre Wirklichkeit.

Es eröffnet sich eine völlig neue Welt mit ganz anderen Werten. Und je mehr wir uns in dieser Welt zu Hause fühlen, desto mehr erkennen wir: Die »Realisten« sind die eigentlichen Träumer. Sie leben in einer Welt des Scheins, der Illusionen, der Versprechungen, des Blendwerks. In dieser »realistischen Welt« gibt es keine »wahre Liebe«, höchstens als Werbeversprechen. Bei dieser Sicht der Wirklichkeit sind die »Träumer« diejenigen, die den Zugang zur wahren, zur tiefen Wirklichkeit haben, zur »Wirklichkeit hinter dem Schein«. Wir erkennen dann sogar: Die einzige Wirklichkeit, die es in dieser neu gewonnenen Welt gibt, ist die Liebe.

In dieser Wirklichkeit angekommen, lernen wir auch wirksam zu handeln, Wirklichkeit nach unseren Träumen umzugestalten. Wir sind keine »Realisten« mehr, die sich »der Realität beugen«, sondern Schöpfer, die »die Wirklichkeit erschaffen«. Vielleicht ist das sogar der Punkt, an dem wir wirklich erwachen und erwachsen werden.

Wie unterscheiden Sie jetzt »Realität« von »Wirklichkeit«? Können Sie den Satz nachvollziehen: Ich erwache aus dem Albtraum der Realität und erobere mir mit meinen Träumen die Wirklichkeit der Liebe!

Wirklichkeit verändernde Träume

Wir haben verschiedene Arten von Träumen:
- Manche nicht bewältigte oder nicht ausgelebte Tageserlebnisse werden in Träumen verarbeitet und »nachgelebt«.
- Die Schatten unserer Seele, Verdrängtes, melden sich in Träumen zu Wort, bitten um Beachtung. Nicht gelebte Aggression erinnert in Träumen an ihr Dasein.
- Wir kommunizieren im Traum mit anderen Menschen, vielleicht sogar Verstorbenen. Träume können häufig telepathisch sein.
- Häufig werden kreative Ideen im Traum vorweggenommen. Unser Unbewusstes gibt uns über ein Bild die Lösung, einen Einfall, eine Inspiration. Es kann nicht anders als über Bilder

»sich zu Wort melden«! Viele geniale Erfindungen der Menschheit verdanken ihr Entstehen einem Schlüsseltraum.
- Andere Träume wieder haben visionären Charakter: *Wir erträumen unsere Zukunft!* Diese Art Träume sind es, auf die ich Ihre Aufmerksamkeit lenken möchte!

Unsere Seele lässt uns in den Illusionen nicht zur Ruhe kommen, meldet sich über bildhafte Träume und erinnert uns an unsere Lebensaufgabe. Auch über Tagträume können wir unserer Seele ihre Botschaften mitteilen lassen.

Welche Träume und Tagträume kommen aus Ihrer Seele?
Aus welchen Träumen spricht Ihr Herz und nicht Ihr Verstand?
Achten Sie vor allem auf die Träume, für die Ihr Verstand nur ein Kopfschütteln hat, sie für unrealisierbar hält. Wird Ihnen bei diesen Träumen warm ums Herz? Das sind Botschaften Ihrer Seele!

Von der Einbildungskraft zur Imagination

Irgendwann auf der Suche nach dem eigenen Weg finden Sie die »schöpferische Imagination«, vielleicht gerade *heute!* Es ist ein ganz entscheidender Schritt auf dem Weg: *Ich erlebe mich als Schöpfer, erkenne und nutze die schöpferische Kraft und gestalte ab jetzt mein Leben und mein Schicksal.* Ich erkenne mein eigentliches Sein und meine Fähigkeit, alles zu erreichen und zu verwirklichen, was mir wichtig und was mir bestimmt ist.

Es war Paracelsus, der den Satz geprägt hat: »Ihre stärkste Kraft ist die Einbildungskraft.« Er meinte damit die eine, wirklichkeitsschaffende Kraft, die *von innen her* die Dinge bestimmt und in Erscheinung treten lässt. Alles, was reift, wächst und sich entfaltet, trägt eine Kraft in sich und ein Bild von der endgültigen Form. Bevor ein Haus entstehen kann, ist da ein Bauplan. Der Bauplan ist sozusagen die Imagination des Hauses.

Durch die Imagination (Einbildung) bewegt sich die Welt, ja sie ist letztlich aus der Imagination entstanden. Ist die Kraft stark genug, die die Imagination bewegt, ist nichts mehr unmöglich – absolut nichts. Mit Hilfe der Imagination können wir unseren Körper heilen, ja sogar verjüngen, wir können den Zufall bestimmen und Begegnungen und Ereignisse »geschehen« lassen und alle Umstände frei bestimmen.

Gedanken, Gefühle und Bilder sind magnetisch und ziehen gleiche Energien an. Sie sind eine schnelle, leicht bewegliche Form von Energie, die sich augenblicklich *manifestiert,* im Gegensatz zu dichteren Formen, wie etwa Materie. Trotzdem manifestieren sie sich auch materiell, wenn man sie nur lange genug im Bewusstsein behält oder *die stärkste Kraft des Universums in Tätigkeit setzt, die schöpferische Urkraft.*

Machen Sie sich diese Kraft bewusst: Wer dauernd an Krankheit denkt, wird schließlich zuverlässig krank werden. Ebenso könnte er aber auch die Vorstellung in seinem Bewusstsein bewegen: »Ich bin jetzt wieder im Vollbesitz meiner natürlichen Kräfte und Fähigkeiten«, und es wird ebenso zuverlässig eintreten.

Die Konzentration auf ein Bild, eine Vorstellung führt dazu, dass in der materiellen Realität eine entsprechende Wirkung in Erscheinung tritt, das innere Bild sich in einer äußeren Gestalt »verkörpert«.

Alle unsere Lebensumstände sind so entstanden, wenngleich meist unbewusst. Doch *obwohl die Imagination unser ganzes Leben bestimmt, scheint sie kaum jemand wirklich zu beachten.* In unserer vom Verstand regierten Welt galt mehr das Wort als das Bild. Doch gestaltende Kraft haben vor allen Dingen Bilder. Das haben die Werbung, der Film, das Fernsehen verstanden und bestimmen mit diesen Bildern in starkem Maße unser Leben. Auch Worte, die Wirkung erzielen wollen, kleiden sich in eine bildhafte Sprache.

Das Gesetz der Imagination

Imagination ist gestalterisch. Und überall, wo sich neue Ereignisse ausformen und »bilden« (beachten Sie wieder die Weisheit der Sprache: ein Bild bildet), ist Imagination ein Teil des Gestaltungsprozesses. Das Gesetz der Imagination gehört so zu den geistigen Gesetzen:

1. *Jede bildhafte Vorstellung, die uns erfüllt, hat das Bestreben, sich zu verwirklichen.* Innere Bilder sind Energien, die äußere Ereignisse formen, Realität neu »bilden«.
2. *Wenn Glaube und Wille dabei gegeneinander stehen, siegt immer der Glaube.* Denn der Wille kommt mehr aus dem Verstand, der Glaube bedient sich mehr der Bilder. Bilder sind stärker als der Verstand.
3. *Jede Anstrengung bei der bildhaften Vorstellung bewirkt immer das Gegenteil.* Anstrengung ist ein Zeichen von Unstimmigkeit. Stimmigkeit ist anziehend, Unstimmigkeit stößt ab.

Jeder besitzt die Fähigkeit zur bildhaften Vorstellung. Ein Kind kann gar nicht anders, als das Gehörte oder Gelesene bildhaft vor sich zu sehen. Auch jeder gute Architekt wird zuerst das fertige Haus vor seinem geistigen Auge sehen, bevor er den ersten Strich zu Papier bringt. Manche Menschen aber haben diese natürliche Fähigkeit »einschlafen« lassen, weil sie sie nicht benutzen, außer im Schlaf, beim Träumen. Aber man kann sie wieder erwecken und muss sie wieder erwecken, wenn man sich der »schöpferischen Imagination« bedienen will.

Das Bild ist die »Sprache des Unterbewusstseins« und der Seele. Diese »inneren Bilder« bestimmen den größten Teil unseres Lebens. Immer dann, wenn wir nicht bewusst ein bestimmtes Bild oder eine bestimmte Vorstellung in unser Bewusstsein nehmen, greift das Unterbewusstsein auf den inneren Bilderspeicher, die »innere Bildergalerie« zurück und verwirklicht diese Bilder.

»Schöpferische Imagination« erkennt und nutzt diesen Mechanismus. Was immer wir erschaffen wollen, davon müssen wir uns zunächst ein Bild machen, es uns möglichst bildhaft vorstellen.

Daher sollten wir uns ein klares Bild oder einen ganzen Film des »beabsichtigten Ergebnisses« in allen Bereichen unseres Lebens schaffen, diese Bilder immer wieder ins Bewusstsein nehmen und dort möglichst lange und lebendig festhalten.

Wir können auch ganz bewusst unstimmige Bilder in unserer inneren Bildergalerie »löschen« oder einfach in unserer Vorstellung austauschen. Diese Technik, die Sie in diesem Buch auch noch kennen lernen werden, nenne ich »mentales Umerleben«.

Rückversetzung in die Kindheit

Trainieren wir konkret Ihre Vorstellungskraft.

Nehmen Sie sich viel Zeit und Ruhe und versetzen Sie sich noch einmal in Ihre Kindheit zurück.

Stellen Sie sich vor, Sie sind noch einmal Kind und erleben sich in einer Situation der damaligen Zeit. *Erleben* Sie sich dabei in der elterlichen Wohnung oder Ihrem Haus und gehen Sie dabei in der Vorstellung in ein beliebiges Alter – oder lassen Sie zu, dass eine

Rückversetzung in die Kindheit

beliebige Vorstellung einer damaligen Situation Sie erfüllt. Sehen Sie diese aufkommenden Bilder nicht nur, sondern schlüpfen Sie hinein, sodass Sie alles noch einmal mit allen Sinnen erleben.

Lassen Sie die Situation ganz lebendig werden. Vergessen Sie einige Minuten, dass Sie schon älter sind und seien Sie noch einmal Kind. Erleben Sie Ihre Reaktion, wenn Ihre Mutter hereinkommt und hören Sie zu, was sie Ihnen zu sagen hat und machen Sie das Gleiche dann mit Ihrem Vater. Machen Sie sich die unterschiedlichen Reaktionen bewusst und erleben Sie auch die Begegnung mit anderen Leuten in Ihrer Kindheit.

Oder erleben Sie eine bestimmte Situation noch einmal, die Sie vielleicht noch in Erinnerung haben: wie Weihnachten oder einen bestimmten Geburtstag.

Schauen Sie, welche Gäste dabei sind und erleben Sie noch einmal in allen Einzelheiten, was geschieht. Anfangs mag Ihnen Ihre Erinnerung helfen, aber bald wird sich das Geschehen selbstständig machen, und Sie erleben Einzelheiten, an die Sie sich nicht mehr hätten erinnern können. Sie haben Zugang zu Ihrem Bildspeicher gefunden!

Achten Sie auch auf Ihre Gefühle. Sie werden feststellen, dass kein Bild Sie »kalt lässt«. Jedes Bild ist mit Gefühlen unterschiedlicher Stärke geladen. Dabei stehen Gefühle und Intensität des Bildes oft in einem engen Zusammenhang.

Das Wiedererinnern vergangener Erlebnisse (die Ein-Bildung im wahrsten Sinne des Wortes) kann jeder und es ist meist auch ganz einfach zu erreichen. So trainieren Sie auf angenehme Weise Ihr bildhaftes Vorstellungsvermögen.

Stellen Sie sich Ihr Traumhaus vor!

Ein anderer hilfreicher Weg zur bildhaften Vorstellung ist, sich *etwas Zukünftiges* vorzustellen: Ihr Traumhaus. Das Haus steht für Ihren zukünftigen persönlichen Lebensraum: Stellen Sie sich vor, Sie stehen davor und schauen es an.

Machen Sie sich bewusst, wie groß der Garten ist. Schauen Sie das Gartentor an und gehen Sie hindurch. Während Sie zum Haus gehen, sehen Sie die Pflanzen und Bäume, machen sich bewusst, wie groß Ihr Traumhaus ist, wie viele Fenster es hat und wie die Haustür aussieht.

Dann treten Sie ein. Welchen Eindruck macht die Diele? Und wie sind die einzelnen Zimmer eingerichtet? Gehen Sie auch einmal in den Keller und auf den Speicher und schauen nach, was Sie da vorfinden. Natürlich können Sie in der Imagination auch Änderungen vornehmen. Sie können ganz leicht Wände versetzen und eine andere Einrichtung hinstellen, bis alles wirklich »stimmt«. Das macht Spaß, es kann jeder und es trainiert Ihre Fähigkeit der bildhaften Vorstellung, bis Sie ganz leicht präzise Bilder schaffen können.

Mit dieser Übung sind wir schon *in der »Vorschule zur schöpferischen Imagination«,* sich das bildhaft vorzustellen, was man erreichen will. Doch *»schöpferische Imagination« ist mehr als nur Visualisierung oder bildhafte Vor-Stellung.*

Die sofortige Wirkung der Imagination

Sie können sich die zuverlässige Wirkung selbst beweisen, indem Sie sich einige Zeit immer wieder einmal auf eine ungewöhnliche Situation oder einen ausgefallenen Gegenstand konzentrieren und sich dabei die Situation oder den Gegenstand genau vorstellen.

Wirkung der Imagination

Ein beliebter Test für die sofortige Wirkung der Imagination ist es, *die Reaktion eines fremden Menschen durch eine bildhafte Vorstellung hervorzurufen:* Gehen Sie in ein Café oder Ähnliches und beobachten Sie einen Menschen, der Ihnen den Rücken zukehrt. Sie haben zwei Möglichkeiten (und testen Sie beides aus):
- Sie können diesen Menschen mit »wenig Energie« einfach nur beobachten. Mit anderen Worten: Empfangen Sie nur seine Energie, ohne ihm selbst welche zu senden. Nehmen Sie diese Person wahr, ohne sie anzusehen. Es wird vermutlich nichts geschehen.
- Und jetzt *senden* Sie Energie: Senden Sie dieser Person *das Bild, wie sie sich zu Ihnen umdreht und Sie ansieht.* Senden Sie ihr dieses Bild richtig »subkutan«, sodass die Energie wirklich unter ihre Haut geht. Es ist nur eine Frage der Zeit (wie viel?), bis diese fremde Person sich zu Ihnen fragend umsieht!

An dieser Übung können Sie erkennen, wie schnell Imagination wirken kann. Sie können dabei auch trainieren, wie Sie die Wirkung beschleunigen können.

Und jetzt gehen Sie einen Schritt weiter! »Sehen Sie« Ereignisse, Gegenstände herbei, die nicht in Ihrem direkten Sichtfeld liegen. Beachten Sie, dass Sie sich dabei nichts Außergewöhnliches vorstellen, sondern nur etwas, das Sie eigentlich nicht erwarten, aber *an das Sie noch glauben können:* einen Telefonanruf, einen Brief, den Sie von einem Menschen bekommen, von dem Sie schon lange nichts mehr gehört haben. Sie dürfen es nicht mit »Zufall!« abtun können, es sollte aber noch innerhalb Ihres Glaubens liegen. Wunder vollbringen lernen wir später!
Machen Sie diese leichten Imaginationsübungen, um so ganz praktisch Ihre »Traumverwirklichungskraft« zu trainieren. Halten

Sie diese Vorstellung für mindestens fünf Minuten im Bewusstsein fest. Innerhalb von drei Tagen wird das so Vorgestellte irgendwie in Ihrer Umgebung auftauchen. Es wird Ihr erster Beweis sein für *die Macht der schöpferischen Imagination, die Macht des Geistes über die Materie.*

Setzen Sie jetzt Ihre schöpferischen Ideen und Träume frei!

Kreativität beginnt damit, dass Sie *lernen, bewusst zu träumen.* In der Nacht träumt jeder, und diese Träume sind eine wichtige Voraussetzung für Ihr geistiges Wohlbefinden. Aber mit *bewussten Tagträumen* erschaffen Sie Ihre Zukunft. Tagträume konzentrieren unser kreatives Potenzial auf ein bestimmtes Ziel, ein »erwünschtes Ergebnis«.

Tagträumen, das sich verwirklichen kann, ist ein kreatives Sehen dessen, was noch nicht ist. Es erahnt und sieht bereits die mögliche Zukunft. Es ist keine »Spinnerei«, weil es etwas völlig Ausgeschlossenes herbeisehnt, sondern in seiner Kreativität realistisch und glaubhaft bleibt.

Machen Sie sich zwei Listen von Träumen, von denen Sie gerade noch glauben können, dass sie innerhalb eines Monats, eines Jahres verwirklicht werden können. Was wäre der nächste Schritt in Ihrem Leben, um Ihrem Traumberuf, Ihrem Traumpartner oder was auch immer näher zu kommen?
Und dann stellen Sie sich diesen Wunsch, diesen Traum so bildhaft wie möglich vor, in allen Facetten, mit allen Sinnen!

Das Erträumte »herbeirufen« und »herbeiglauben«

Erinnern wir uns noch einmal: »Bittet, um was ihr wollt, glaubt nur, dass ihr es erhalten habt, und es wird euch werden.« (Markus 11/24)

Das ist ein geistiges Gesetz: *Erstens: Wir müssen etwas innerlich schon haben, um es zu bekommen. Und zweitens: Wir müssen es auch glauben können.*

Den Strom der schöpferischen Träume und Ideen zu öffnen, gelingt am besten, wenn wir entspannt und frei von allen Anstrengungen sind. Gedankliche Anspannungen und Gefühlserregungen stören den *natürlichen Strom der »schöpferischen Imaginationen«.*

Es ist nichts dagegen einzuwenden, wenn wir während einer Autofahrt, beim Gang zur Arbeit oder während der Arbeit an unsere neuen Ziele denken. Da wir aber wissen, dass es auf die Energieladung ankommt, wird uns auch klar, dass wir unter solchen Umständen wenig Energie zusammenbringen werden. Es wird also unumgänglich sein, uns Zeiten auszusuchen und in unseren Alltag fest einzuplanen, in denen wir uns hundertprozentig der »schöpferischen Imagination« widmen können.

Am besten eignet sich wohl ein ruhiger, etwas abgedunkelter Raum. Der Körper sollte ganz entspannt sein. Quälen Sie ihn nicht in einen Lotussitz, wenn Sie ihn nicht vollständig beherrschen. Ein Bett kann zu entspannend sein, denn die Gefahr des Einschlafens ist groß. Eine bequeme Sitzgelegenheit ist in den meisten Fällen wohl die geeignetste Lösung. Um uns von Umweltgeräuschen abzuschirmen, kann eine gute Entspannungsmusik im Hintergrund wertvolle Dienste leisten.

Fassen wir noch einmal zusammen, wie »schöpferische Imagination« funktioniert, wie Wünsche und Träume wahr werden:
1. Werden Sie sich über Ihre Träume und Wünsche klar. Haben Sie wieder Mut zu träumen. Machen Sie kreatives »Tagträumen« zu einem täglichen Entspannungsritual: Was würde jetzt mein Leben bereichern? Was würde jetzt Neues in mein Leben passen?
2. Wünschen Sie sich nur etwas, was Sie auch *wirklich wollen und zu Ihnen passt* – also was aus Ihnen selbst kommt, ein Herzenswunsch ist und was Sie auch glauben können.
3. Träumen Sie diesen Wunsch mehrmals täglich ganz *lebendig wie in einem Film, Ihrem persönlichen Spielfilm*.
4. Lassen Sie Ihr Unterbewusstsein wirken, indem es diese Bilder aufnimmt und umzusetzen trachtet. Wenn Sie Ihrem Unterbewusstsein den richtigen Film als Auftrag präsentieren, dann ist es Ihr bester Assistent, den Film Wirklichkeit werden zu lassen.
5. Stellen Sie sich den Anforderungen, die Ihr Wunsch voraussetzt. Sie können alles leicht erreichen, aber Sie bekommen nichts geschenkt! Denken Sie immer an unsere Geschichte zu Beginn dieses Kapitels: Um in der Lotterie zu gewinnen, müssen Sie auch ein Los kaufen!
6. Streichen Sie negative Gedanken und Bilder aus Ihrem Leben. Dazu gehört jedes »Wenn« und »Aber«, jeder Zweifel, jedes Sichwertlos-Fühlen. Diese Gedanken sabotieren Ihren Wunsch.
7. Beachten Sie den Unterschied zwischen »Wegträumen« und »Herbeiträumen«, kurz: Träumen Sie herbei, glauben Sie herbei, rufen Sie herbei, ziehen Sie in Ihr Leben, was zu Ihnen passt.

Zur Erinnerung

- Bevor ich meine Träume verwirklichen kann, muss ich aus dem Traum aufwachen.
- Visionäre Träume sind Botschaften unserer Seele, unser Leben endlich zu leben.
- Wenn wir unser Leben von unserer Seele leiten lassen, leben wir in der Wirklichkeit und können die Wirklichkeit nach unseren Wünschen und Absichten, nach unseren Träumen und Visionen selbst gestalten.
- Das Werkzeug ist die »schöpferische Imagination«.
- Einbildung ist das Einprägen von Erlebnissen zu inneren Bildern. Vorstellung ist die Projektion innerer Bilder in die Realität. Schöpferische Imagination ist die Gestaltung der Realität.
- Zur gestaltenden Kraft der Imagination gehören nicht nur innere Bilder, sondern auch der Glaube.
- Ich kann nur das manifestieren, was ich auch glauben kann. Vielleicht kann ich mir noch vorstellen, fliegen zu können, doch wenn ich es nicht wirklich glauben kann, kann ich es auch nicht verwirklichen.
- Wenn wir »stimmig träumen«, dann stimmt unsere Vorstellung mit unserem Glauben überein: Wir können uns das bildlich vorstellen, was wir glauben können. So erkennen wir auch Träume, die Botschaften der Seele sind: Es wird uns warm ums Herz, und sie stimmen einfach!

6. KAPITEL

Dieses Kapitel gibt Antwort auf die Fragen:

- Was muss ich in meinem Leben loslassen, was bewahren und was erneuern?

- Wie kann ich jetzt eine Lebensbilanz erstellen?

- Wie befreie ich mich von meiner Vergangenheit?

- Wir bringe ich mein Leben jetzt in Ordnung?

- Wie löse ich alle unerledigten Aufgaben?

- Wie unterscheidet sich schöpferisches Denken von Wunschdenken?

- Wie schaffe ich es, mich nie mehr zu ärgern?

- Was ist »mentales Umerleben«?

- Wie kann ich alle unstimmigen Gedanken und Gefühle ein für alle Mal loslassen?

Befreie dich vom Ballast der Vergangenheit!

Wenn ich loslasse, was ich jetzt bin,
werde ich zu dem Menschen,
der ich sein kann.

Ziehen wir in der Mitte des Buches und unseres Weges eine kurze Zwischenbilanz!

Wir sind schon weit gekommen! Wir haben die Macht des Träumens und die Macht der schöpferischen Imagination als »Traumverwirklichungskraft« kennen gelernt. Wir haben auch schon gelernt, einzelne Träume zu verwirklichen. Im letzten Kapitel haben wir gelernt, dass die Baupläne für ein »neu erfundenes Leben« mit inneren Bildern entstehen. So können Sie einen privaten oder beruflichen Neubeginn starten. Für einen Neubeginn, für eine Wende in ihrem Leben fehlt nichts mehr. Lassen Sie sich von nichts zurückhalten. Verwirklichen Sie das Leben, das Sie für sich erfunden haben.

Jetzt geht es darum, Ihr ganzes Leben zu einer Wunschbiografie zu gestalten. Das heißt nicht nur, dass Sie Ihre Zukunft nach Ihren Wünschen gestalten können, sondern sogar Ihre Vergangenheit. Ihre Wunschbiografie beginnt nicht erst heute, sondern Sie können auch erkennen, dass Ihre ganze Vergangenheit ein Teil Ihrer Wunschbiografie war und sie so neu bewerten. Doch auch dazu sind mehrere Schritte nötig.

In diesem Kapitel steht im Vordergrund, Altes loszulassen, sich vom »falschen Selbst« zu befreien. Auch zur Macht des Loslassens eine Geschichte:

Gutes tun und loslassen

»Zwei Mönche waren auf ihrer langen Reise auf dem Heimweg zu ihrem Kloster. Sie kamen an einen Fluss, an dem eine junge Frau stand, die auf die andere Seite wollte. Der Fluss war reißend und sie konnte es alleine nicht schaffen. So nahm der ältere Mönch sie auf seine Arme und trug sie sicher über den Fluss. Schweigend setzten die beiden Mönche ihren beschwerlichen Heimweg fort.

Aber nach einigen Stunden konnte der junge Mönch nicht mehr stillhalten und sagte: ›Du weißt, dass es uns verboten ist, eine Frau auch nur zu berühren. Du aber hast sie sogar über den Fluss getragen. Ich kann nicht verstehen, wie du so etwas tun konntest.‹ Der ältere Mönch entgegnete: ›Du hast Recht, es ist uns verboten, eine Frau zu berühren. Aber unser Gebot lautet auch: Du sollst alle Wesen lieben und tun, was zu tun ist. Daher habe ich die Frau über den Fluss getragen und sie dann wieder losgelassen. Du aber trägst sie noch immer.‹«

Der Dreiklang der Veränderung

Was immer wir verändern wollen, es kann sich nur in einem Dreiklang vollziehen:
- Es muss etwas *losgelassen* werden.
- Es muss etwas *bewahrt* werden.
- Es muss etwas *erneuert* werden.

Ohne loszulassen kann sich nichts erneuern. Aber wir dürfen natürlich auch nicht *alles* loslassen, sondern müssen genau unterscheiden, was wir loslassen und was wir bewahren wollen.

Es macht an dieser Stelle nicht nur Sinn, eine Zwischenbilanz

des Buches zu ziehen, sondern eine Bilanz Ihres Lebens. Sie soll Antwort auf die Fragen geben:
- Welchen Ballast aus der Vergangenheit lasse ich los und bringe Ordnung in mein Leben?
- Was will ich in meinem Leben bewahren?
- Was erneuere ich in meinem Leben, um mit meinem privaten oder beruflichen Neubeginn meine Wunschbiografie zu leben?

Wenn wir jetzt gemeinsam Ihr Leben bilanzieren, dann machen wir es nicht im Sinne eines Buchhalters. Es geht nicht um eine detaillierte Analyse Ihres Lebens. Das ist viel zu umständlich und gar nicht nötig. Es würde sogar eher zu falschen Urteilen führen, weil es viel zu sehr ins Detail ginge, Sie vor lauter Bäumen den Wald nicht erkennen könnten. Es geht nur um die »Einschätzung des Waldes«. Seien Sie sich gewiss: Sie ahnen, was zu tun ist. Wir brauchen Ihrer Ahnung nur den Weg ins Bewusstsein zu ebnen und zum Ausdruck zu bringen.

Also: *Wir brauchen mehr eine leichtherzige Einschätzung als eine gedankenschwere Analyse.*

Die Bilanz meines Lebens

Lebensbereich:	1	2	3
Meine berufliche Situation:			
Beziehung, Partnerschaft, Sexualität:			
Kreativer Selbstausdruck, Berufung, was mir wirklich Freude macht:			

Bilanz des Lebens

Lebensbereich:	1	2	3
Geld, Finanzen:			
Körper, Gesundheit:			
Wohnsituation:			
Familiäre Situation:			
Persönliches Wachstum, Spiritualität:			
Andere wichtige Bereiche:			

- In *Spalte 1* trage ich ein, wie tief ich mich auf diesen Bereich bisher eingelassen habe. Wie sehr ich ihn gelebt, wie weit ich ihn verwirklicht habe. Wie wichtig ich diesen Bereich bisher genommen habe.
  Dazu gebe ich mir 0 bis 10 Punkte.
- In *Spalte 2* beantworte ich die Frage: Wie viel Zufriedenheit und Erfüllung hat mir dieser Bereich bisher gebracht?
  Von 0 bis 10 Punkte.
- In *Spalte 3* schätze ich ein: Wie viele offene Wünsche oder Sehnsüchte liegen in diesem Bereich?
  Von 0 bis 10 Punkte.

Dann ziehen Sie Konsequenzen aus dieser einfachen Lebensbilanz:
Sie erkennen Ihre momentane individuelle Hauptaufgabe, indem Sie die höchsten Energien der dritten Spalte in Ihr Bewusstsein nehmen. Dort, wo die meiste Sehnsucht zu finden ist. Diese Sehnsucht zeigt Ihnen, was jetzt zu tun ist!

Hier liegt Ihr Hauptpotenzial für persönliches Wachstum. Vermutlich sind Sie davor schon oft in andere Aktivitäten weggelaufen, geflüchtet.

Teilen Sie jeden Lebensbereich mit hoher Punktzahl in der 3. Spalte in mehrere Bereiche:
1. Was fehlt in diesem Bereich? Welche Wünsche, Erwartungen sind offen? Oft besteht eine Verbindung zu allen anderen Bereichen und eine gegenseitige Beeinflussung (Angelpunkt).
2. Wie sieht dieser Bereich aus, wenn alles erreicht ist (vollkommene Erfüllung)? »Ideal wäre es, wenn das in Erfüllung ginge ...« Lassen Sie Ihrer Fantasie freien Lauf und sehen Sie die Vision der Erfüllung in diesem Bereich und auch in der Gesamtsituation.
3. Wo ist Angst vorhanden? Wovor? Warum?

Denn offene Wünsche oder unerfüllte Sehnsüchte in einem Bereich zeigen, dass dort blockierende Angst vorhanden sein muss. Wenn nicht, hätte die Sehnsucht längst einen Weg gefunden, den Wunsch zu verwirklichen. Ihre Aufgabe ist es, die Angst zu erkennen, sich ihr zu stellen und sie aufzulösen, zu erlösen.

Ihr »wahres Selbst« will oft ganz anderes als das, was Sie derzeit leben. Indem Sie sich das in dieser einfach zu erstellenden Lebensbilanz bewusst machen, können Sie meist schon erkennen, wo anzufangen ist. Indem Sie Ihre Hauptsehnsucht beachten, die Aufmerksamkeit darauf richten, beginnt es schon sich zu verändern.

Erstellen Sie diese Lebensbilanz öfter, halbjährlich oder jährlich. Beachten Sie die Änderungen, die sich dabei ergeben. Sie werden erkennen, dass ich Ihnen damit wieder ein ganz einfaches, aber sehr wirkungsvolles Instrument an die Hand gegeben habe.

Loslassen: den Rucksack der Vergangenheit ablegen

Wer immer etwas erreichen will, muss zuvor etwas loslassen. Wenn Sie von einem Ist-Zustand in einen Soll-Zustand kommen wollen, müssen Sie den Ist-Zustand zuvor loslassen. Tun Sie das nicht, kann sich nichts verändern.

Es klingt in der Allgemeinheit einleuchtend, wenn es aber um die Verwirklichung geht, tun sich viele Menschen schwer.

Wenn Sie mit einem Bogen auf eine Scheibe schießen wollen, müssen Sie den Bogen zuerst spannen (Energie einsetzen), Sie müssen zielen (Intelligenz einsetzen), und Sie müssen loslassen, damit der Pfeil sein Ziel erreicht. Ein Vorgang, der eigentlich jedem ganz logisch erscheint.

Und dennoch handeln die meisten Menschen im Alltag diesem Prinzip gänzlich zuwider. Wenn Sie jemandem erklären, dass er, um seine Träume zu erreichen, etwas loslassen müsse, werden Sie eher für verrückt gehalten als für weise.

Doch solange wir versuchen, etwas mit Mühe und Kampf zu erreichen, wächst der Widerstand. Erst wenn wir loslassen, es geschehen lassen, öffnen sich die »Tore des Gelingens«.

Lassen Sie mich dazu noch eine andere kleine Geschichte erzählen:

»In Südindien wendet man eine einfache Falle an, um Affen zu fangen. Es wird eine hohle Kokosnuss mit einem Loch versehen an einem Baum befestigt, sodass der Affe hineinschauen kann. Darauf legt man einen Leckerbissen für ihn hinein, lässt los, geht weg. Der Affe kommt sofort, greift in die Kokosnuss, um an den Leckerbissen heranzukommen. Aber mit der vollen Hand kann er sie nicht mehr aus dem Loch ziehen und sitzt somit in der Falle.«

Auch wir wollen etwas haben und sitzen prompt in der Falle

des Egos. Weil das Ego nicht loslassen will, sitzen wir fest. Durch das Loslassen gelangen wir zur Freiheit zurück. Erst wenn wir das Haben-Wollen loslassen, sind wir vom Ego befreit und somit frei für uns selbst. Oder – um hier an das Motto dieses Kapitels zu erinnern – um das »wahre Selbst« zu leben, muss das »falsche Selbst« losgelassen werden.

Fragen Sie sich deshalb, wen oder was Sie nicht loslassen können, woran Sie »hängen« und sich dadurch unfrei machen. Erstellen Sie sich eine Liste: »Wovon bin ich abhängig?« (Dazu gehören auch Genussmittel.)

Ich gebe Ihnen dazu wieder ein Bild: Oft haben wir das Gefühl, *wie eine Marionette an Fäden zu hängen,* abhängig zu sein. Diese Fäden gilt es jetzt loszulassen, um selbst zu stehen, selbstständig zu sein. Also: Was sind Ihre Abhängigkeiten? Von welchen Fäden werden Sie dirigiert wie eine Marionette?

Loslassen, was das Leben schwer macht

Es gibt zwei »Schwerkräfte«, die Gravitation und die Gewohnheit. Beide sind schwer zu überwinden. Wenn eine Rakete gegen die Schwerkraft der Erde in das Weltall aufsteigt, verbraucht sie gerade beim Start die meiste Energie. So ist es auch beim Ändern von Gewohnheiten: Je mehr Ballast Sie vor dem Start abwerfen, umso weniger Energie brauchen Sie, um den Start in eine neue Umlaufbahn Ihres Lebens zu schaffen.

Loslassen, was das Leben schwer macht

Fragen Sie sich und geben Sie sich am besten schriftliche Antworten:
Welche Bremsen habe ich? Welchen Ballast schleppe ich mit mir herum?
Welche Bekannten gehören gar nicht mehr zu mir? Welche Gewohnheiten sollte ich ablegen?
Stimmt meine Partnerschaft noch? Was fehlt oder ist falsch?
Nehmen Sie jeden einzelnen Bekannten vor und fragen sich: Warum bin ich noch mit diesem Menschen zusammen?
Auch den Partner in Frage stellen: Was verbindet uns noch? Ist diese Verbindung noch lebendig? Gehört sie noch zu mir?
Was nicht stimmt, verhindert oder hemmt meinen beruflichen und finanziellen Erfolg.

Lassen Sie alles los, was nicht wirklich glücklich macht. Lassen Sie los, was nicht mehr wirklich zu Ihnen gehört, was Sie nicht oder nicht mehr sind.

Zum Loslassen gehört alles Negative: Ärger, Probleme, Stress usw.

Zum Loslassen gehören auch übertriebene Ideale, zu hohe Ansprüche, unerfüllbare Erwartungen. (»Der Weg zur Hölle ist mit guten Vorsätzen gepflastert.«)

Zum Loslassen gehört sogar, die *alte Identität* des »falschen Selbst« loszulassen: das, was mich bisher geprägt hat.

Wenn Sie so Ihre alte Identität loslassen, werden Sie nicht weniger, sondern mehr! Wenn Sie alles loslassen, was Sie sind, dann kommen Sie an Ihren wahren Kern, Ihr »wahres Selbst«: Ihr Potenzial *für alles!*

Ballast der Vergangenheit

Machen Sie eine Liste, was Sie alles loslassen möchten:
Was macht mich unglücklich?
Was belastet mich?
Was sind Relikte meiner Vergangenheit
und gehört nicht mehr zu mir (Dinge / Personen)?
Was ist unstimmig in meinem Beruf?
Was ist unstimmig in meinem Privatleben?
Was ist unstimmig an mir selbst (Gesundheit)?
Wo bin ich nicht »ich selbst«, sondern spiele nur eine Rolle,
die nicht mehr zu mir passt?
Was hindert mich, erwachsen zu werden?

Loslassen als gedanklicher Frühjahrsputz

Wenn wir im Fluss des Lebens sind, lassen wir ständig los, lassen Altes täglich hinter uns. Und doch können wir an unserem Körper leicht beobachten, dass das Loslassen von Ausscheidungen in Schüben erfolgt und *einem gewissen Rhythmus folgt*. Erst behalten wir und es sammelt sich an, dann lassen wir los.

Gemäß diesem natürlichen Rhythmus können wir auch überflüssig gewordene Gedanken und Gefühle loslassen. Dazu werden wir auch unseren eigenen Rhythmus finden: Viele Menschen haben einen 7-Jahres-Rhythmus, in dem sich ihr Leben grundlegend ändert. Vermutlich stehen Sie mit diesem Kapitel auch vor einem solchen »Großreinemachen«, einem »Frühjahrsputz«, Ihr Leben für einen größeren Lebensabschnitt in Ordnung zu bringen.

Wir haben uns über die alles bestimmende *Bedeutung »innerer Bilder«* verständigt. Jetzt ist es Zeit, uns Gedanken über *die Macht der Gedanken* zu machen. Denn der Frühjahrsputz ist vor allen Dingen »Gedankenreinigung«: eine psychische und mentale Hygiene.

Die Macht der Gedanken

Alles was ist, sind materialisierte Vorstellungen, gedachte Tat-Sachen, verwirklichte Gedanken-Bilder. Erst wenn etwas gedacht ist, kann es in Erscheinung treten. Materie ist nur eine unterschiedliche Erscheinungsform von Energie. Gedanken bewegen und gestalten Energie. Nach dem Energieerhaltungsgesetz kann Energie auch nicht verloren gehen, sie kann nur ihre Erscheinungsform wandeln.

Somit ist jeder Gedanke eine Schöpfung und muss sich verwirklichen. Die Lebensumstände sind nur ein Spiegelbild meines Seins. Ich kann sie nur ändern, indem ich mich ändere.

Auch bei der *schöpferischen Imagination* stehen die Gedanken an erster Stelle, sind Ursprung der Bilder:
- Wir machen uns Gedanken, welche inneren Bilder uns prägen. Wir erkennen in unseren Lebensumständen die Widerspiegelung unserer inneren Bilder.
- Wir machen uns Gedanken darüber, was uns nicht gefällt, welche Lebensumstände wir uns stattdessen wünschen.
- Wir machen uns Gedanken darüber, wie wir durch die Imagination, die Kreation neuer innerer Bilder, dieses neue Leben erschaffen können.

Probleme sind Irritationen, Unstimmigkeiten, Aufgaben, die das Leben mir stellt. Jedes Problem ist eine Aufforderung, ein Geschenk des Lebens an mich, denn am Ende, in der Lösung, steckt immer eine Erkenntnis, ein Gewinn an Leben.

Der beste Augenblick, eine Aufgabe zu lösen, ist immer dann, wenn sie sich mir stellt. Denn der nächste Augenblick bringt eine neue Aufgabe.

Ballast der Vergangenheit

Welche ungelösten Probleme schleppen Sie zurzeit mit sich herum? Welche unerledigten Aufgaben halten Sie in der Vergangenheit? Welche Aufgaben sollten Sie jetzt *lösen*, um vollkommen im Hier und Jetzt anzukommen?
Stellen Sie sich vor, Sie könnten jetzt einfach die Zeit anhalten. Das Leben schenkt Ihnen eine Auszeit, um Unerledigtes zu erledigen. Und stellen Sie sich vor: *Es ist erledigt!* Ist es nicht ein herrliches Gefühl, sich von allen Aufgaben der Vergangenheit *gelöst* zu haben?! Auch das ist Loslassen!

Ich weiß, wir wiederholen das Thema. Hier ist der Ort, es wirklich zu lösen und loszulassen – im Sinne von: Wenn nicht jetzt, wann dann?

Wie viel Zeit geben Sie sich, um sich von allem Unerledigten zu befreien? Machen Sie es *jetzt!* Und dann vereinbaren Sie mit sich, jedes in Zukunft auftauchende Problem *sofort* zu lösen.

Denn löse ich eine Aufgabe nicht, versuche ich dem Problem auszuweichen, zwinge ich das Schicksal nur dazu, die Lektion zu wiederholen, allerdings heftiger und zu einer Zeit, die mir vielleicht nicht so gut passt, und in einer Form, die mir vielleicht gar nicht gefällt. Aufgeschobene Probleme haben nicht die Eigenart, von selbst zu verschwinden (wie wir uns gerne vormachen), sondern so heftig zu werden, bis ich sie irgendwann nicht mehr ignorieren kann und auf unangenehme Art und Weise zum Handeln gezwungen bin. Ich kann Rechnungen so lange ignorieren, bis der Gerichtsvollzieher vor der Tür steht. Zahlen muss ich irgendwann. Am besten sofort, wenn ich eine Rechnung in die Hand bekomme. Also: Welche »Rechnungen« aus der Vergangenheit sind noch offen?

Gleichen Sie sie aus, um der Vergangenheit nichts mehr zu schulden! Dann können Sie Ihre Vergangenheit auch loslassen.

Sie sehen, wie wir mit einem einfachen *Gedankenspiel* Ord-

Macht der Gedanken

nung und Stimmigkeit ins Leben bringen können. Die Macht der Gedanken nutzen heißt also auch, dass alles was ist, mir dienen und helfen will, auch und gerade, wenn es unangenehm oder schmerzhaft ist. *Alles ist daher gut, und das so genannte »Negative« gibt es gar nicht, sondern es ist das »unangenehme Gute«, das ich notwendig gemacht habe.*

Wir nutzen die Macht der Gedanken und unsere *Gedankendisziplin auch zur regelmäßigen psychischen und mentalen Hygiene.* Dies ist nicht mehr der Frühjahrsputz, sondern die tagtägliche Reinigung überholter Gedanken und Gefühle.

Diese Art Gedankendisziplin bedeutet, mich morgens mental auf den Tag vorzubereiten, mich während des Tages immer wieder auszurichten auf das eine Bewusstsein und abends zu kontrollieren, ob und wie weit es mir gelungen ist, mich nach meinem eigenen Maßstab zu verhalten und mental umzuerleben, wo es mir noch nicht optimal gelungen ist.

So bereinige ich alle unstimmigen Gedankenenergien sofort, bevor sie als Schicksal im Leben in Erscheinung treten können. Oder ich korrigiere auf diesem Weg alte Gedankenmuster, die nicht mehr stimmig sind.

Es ist gleich, woher ich komme, welche Vergangenheit ich hinter mir habe, entscheidend ist nur, wohin ich gehe. Ich kann meine ganze Vergangenheit loslassen und sollte es auch, um ganz im Hier und Jetzt anzukommen. *Was immer ein Schöpfer in der Gewissheit des Glaubens denkt, muss in Erscheinung treten, und alles, was ich denken kann, kann ich auch erreichen.*

Es scheint eine Schwäche des Bewusstseins zu sein, dass ich immer nur einen Gedanken gleichzeitig denken kann. Es wird zu einer Stärke, wenn ich *den richtigen Gedanken denke,* an ihm festhalte und mit so viel Energie verbinde, dass er sich manifestieren kann.

Wenn wir uns so über die Bedeutung des »richtigen Gedankens« verständigt haben, stellt sich die Frage:

Schöpferisches Denken oder Wunschdenken?

Bevor wir uns der Kunst des mentalen Umerlebens zuwenden, sollten wir uns den Unterschied zwischen Wunschdenken und schöpferischem Denken bewusst machen: Der Unterschied liegt im Wünschen und Glauben. *Wunschdenken ist ein Wunsch, der von keinem Glauben erfüllt ist. Unter »Glaube« verstehen wir jetzt die innere Gewissheit, dass das, was wir wünschen, geschaffen werden kann. Wunsch plus Glaube erzeugt einen Willen, der Berge versetzen kann.*

Wunschdenken entsteht und kreist im Inneren, verheddert sich und findet nicht den Weg in die Wirklichkeit. Sicher, alle Träume und Wünsche haben ihre Quelle im Inneren, aber sie versiegen, weil sie nicht von außen genährt werden, nach außen finden.

Schöpferisches Denken dagegen steht in einem ständigen Wechsel zwischen innen und außen: Es erkennt aus einer positiven Haltung heraus in allem die Chance, glaubt an seine Möglichkeiten, bündelt die Gedankenenergie so, dass unbeirrbare Willenskraft entsteht und sich gestalterisch auswirkt, das Beabsichtigte Wirklichkeit werden lässt.

Der bewusst schöpferische Mensch ist *aus einer inneren Haltung heraus positiv gestimmt,* auch wenn Schwierigkeiten auftreten, denn er erkennt darin die Aufgabe und die Möglichkeiten und Chancen, die das Leben ihm bietet.

Ein in das Blickfeld des Bewusstseins gerückter Gedanke kann ein Wunsch sein, ein Ideal oder Ziel, oder auch ein Problem. Er zieht, wenn er im Bewusstsein festgehalten und ständig aktiviert wird, gleiche oder ähnliche Kräfte an und konzentriert sie zu einem Gedankenkomplex. Andersartige Gedanken werden umgewandelt oder abgestoßen.

Wenn wir unser Leben Revue passieren lassen, erkennen wir, dass alle unsere Wünsche in Erfüllung gegangen sind, die wir lange genug in unserem Bewusstsein festgehalten haben und die so zu einer wirklichkeitsverändernden Willenskraft geworden sind.

Leider allerdings auch negative Gefühle und Befürchtungen: Angst und Sorge ziehen genau das an, was man befürchtet, weil hier das Bewusstsein mit Gedankenenergie aus Angst und Sorge erfüllt wird. Das energiegeladene Gefühl der Angst sorgt dafür, dass dieser Gedanke immer wieder magnetisch wirkt.

Bei diesen »negativen Gedanken und Gefühlen« wie Ärger *hilft »mentales Umerleben«,* der tagtägliche Putz, bei dem unerwünschte Gedanken sofort in erwünschte Gedanken umgewandelt werden, bevor sie sich als Schicksal ernsthaft manifestieren können. Es ist ein wichtiges Werkzeug des Loslassens.

Nie mehr ärgern!

Trainieren wir das »mentale Umerleben« zunächst an einem ärgerlichen Gefühl, dem Ärger selbst! Sie wissen: »Ärger macht alles nur noch ärger.« Ein Leben ohne sich ärgern zu müssen wäre doch sicher märchenhaft! Erfüllen Sie sich doch diesen Traum jetzt: ein Leben frei von Ärger!

Ballast der Vergangenheit

Machen Sie sich bewusst, was Sie »normalerweise« ärgert: den tagtäglichen Ärger. Erstellen Sie eine Liste der tagtäglichen Ärgernisse: ... Tochter räumt nie das Zimmer auf, Sohn verschwindet und ruft nicht an, Partner hängt zu viel vor der Glotze, Nachbar nervt durch Rücksichtslosigkeit ...

Die Kunst, das Ärgern loszuwerden, besteht nicht darin, *die Situation oder einen anderen Menschen* zu verändern, sondern *Ihre ärgerliche Reaktion* auf die Situation und den Menschen zu ändern! Die Frage ist nicht, warum jemand etwas tut. Die einzig wichtige Frage ist: »Warum reagiere ich darauf so, wie ich reagiere?« Und eine noch wichtigere Frage ist: »Wie kann ich *anders* reagieren?« Das ist unser Thema!

Gehen Sie grundsätzlich davon aus, dass der andere Sie nicht *bewusst ärgert!* (Das soll auch vorkommen, ist aber sehr selten.) Und selbst wenn Sie jemand bewusst ärgern *will*, liegt es immer noch in Ihrer Entscheidung, *sich ärgern zu lassen*. Sie wissen: Wenn Sie »cool«, ja humorvoll reagieren, lässt der andere sehr schnell von seiner Absicht ab.

Nein, in der Regel ärgern Sie sich, ohne dass der andere es mit seinem Handeln beabsichtigt hatte, Sie auf die Palme zu bringen. Wählen Sie sich aus der eben erstellten Liste von Ärgernissen eine Situation, die Sie mehr oder weniger tagtäglich erleben, an der Sie jetzt täglich trainieren können! Besprechen wir hier ein einfaches, »aus dem Leben gegriffenes« Beispiel: Ihr Partner schließt nie den Klodeckel!

Erster Schritt ist die Erkenntnis: Wenn Sie also auf etwas verärgert reagieren, ist das einzig und allein Ihre Entscheidung. Sie *müssen nicht so reagieren*. Es liegt grundsätzlich *in Ihrer Macht*, mit Ärger zu reagieren – oder anders.

Nie mehr ärgern

Okay, anders zu reagieren, mag anfänglich nicht leicht sein, doch machen Sie sich bewusst, dass Ihr Ärger keine unausweichliche Reaktion ist. Sie sind kein Opfer Ihres Ärgers. Sie können wählen, Sie haben die Macht der Wahl. Es geht jetzt darum, nicht mehr wie eine Marionette zu re-agieren, sondern zu agieren!

Stellen Sie sich schon einmal in Gedanken vor: Der Klodeckel ist wieder einmal offen ... und Sie reagieren darauf nicht mehr! Es ist doch nur ein Spiel mit Ihren Gedanken. *Denken Sie einfach nur, dass Sie auch so reagieren können, dass Sie sich nicht ärgern.* Vielleicht können Sie die Situation in Ihrer Gedankenwelt sogar mit Humor nehmen: Na, habe ich dich wieder erwischt, du »Klodeckel-offen-steh-Lasser«! Machen Sie sich in Gedanken einen Gag daraus, reagieren Sie in Gedanken mit Humor statt Ärger.

Zweiter Schritt ist die Erkenntnis: Ich ärgere mich, weil ich über die Harmlosigkeit der Situation zu heftig urteile und völlig überzogen reagiere. In mir könnten sich solche Gedanken abspielen: »Wie oft habe ich dir schon gesagt, dass es mich nervt. Offensichtlich liebst du mich so wenig, dass du auf mich keine Rücksicht nimmst. Den Klodeckel offen stehen lassen ist doch ein deutliches Zeichen, dass du mich nicht mehr liebst, dass du dir keine Mühe mehr machst, dass ich dir gleichgültig bin, dass du dich von mir zurückziehst, dass das Ende unserer Beziehung nahe ist ...«

Vielleicht übertreibe ich jetzt etwas, doch erkennen Sie so das Drama Ihrer Fantasie! Also: Was ist das Urteil, was die Verurteilung, was die Befürchtung? Wie dramatisieren Sie die Situation?

Dritter Schritt ist die Erkenntnis: Wenn ich mich vom Urteil löse, kann ich etwas akzeptieren, so wie es ist. Vielleicht können Sie sich zu solchen Gedanken entscheiden: »Mein Partner ist einfach so, und ich liebe ihn so, wie er ist. Seine Unvollkommenheit ist Teil seiner Vollkommenheit. Es ist einfach in Ordnung so. Mein

Partner gibt mir in Wahrheit eine Lernaufgabe: das Leben zu akzeptieren, wie es ist. Ich bin für diese Lektion dankbar.«

Vierter Schritt der Erkenntnis: Mich kann nur etwas ärgern, was *etwas in mir selbst spiegelt!*

Der wahre Grund des Ärgerns liegt meistens in einem selbst, etwas, das man an sich selbst nicht akzeptieren kann. Und jetzt heißt es nachforschen: Der nicht geschlossene Klodeckel, der mich an meinem Partner ärgert, ist nur ein Symbol. Wofür könnte er stehen? *Was könnte ich an mir selbst verdrängen, das mir mein Partner immer wieder vor Augen führt?* Mache ich selbst viele Dinge nicht zu Ende und lasse sie offen? Oder was auch immer! Wie symbolisiert der »offen gelassene Klodeckel« mein eigenes Verhalten? Worin spiegelt sich in meinem Ärger meine eigene Schwäche, meine eigene Unzulänglichkeit? Finden Sie heraus, was der »offene Klodeckel« für Sie selbst symbolisiert. Was schließen Sie selbst nie in Ihrem Leben ab?

Wenn Sie es erkannt haben, verzeihen Sie sich liebevoll für Ihre eigene Unzulänglichkeit. Und verzeihen Sie Ihrem Partner noch einmal alle ärgerlichen Gedanken, die doch eigentlich Ihnen selbst hätten gelten sollen.

So lassen Sie nicht nur Ihr Ärgern los, sondern gehen damit einen doppelten Schritt der Selbstheilung, sich selbst und Ihrem Partner gegenüber.

Fünfter Schritt der Erkenntnis: Das, was mich ärgert, rufe ich selbst hervor und kann es auch wieder abbestellen. Wenn sich so der Ärger auch bis zu seiner Wurzel aufgelöst hat, so hat dieses »Ärgernis« seine Funktion erfüllt. Erinnern Sie sich noch einmal daran, dass Sie von Ihrem Partner gar nichts anderes erwartet haben, als den Klodeckel offen zu lassen. *Noch bevor Sie den Raum betreten haben, hatten Sie das Ärgernis vor Ihren geistigen Augen.* Sie wissen um die schöpferische Macht innerer Bilder! Wenn so weit alles geklärt ist (aber erst jetzt!), dann schaffen Sie sich ein neues inneres Bild (Ihr Partner schließt den Klodeckel, wenn die Lektion für alle gelernt ist), und es ist nur eine Frage der Zeit, dass Sie sich nicht nur von Ihrem Ärgern gelöst haben, sondern *auch die Situation selbst rundherum und für alle stimmig geworden ist.*

Lösen Sie so *ein Ärgernis* exemplarisch auf. Und dann nehmen Sie sich andere vor. Sie werden feststellen, dass es immer leichter wird... bis irgendwann der Ärger ganz aus Ihrem Leben verschwunden ist.

Die Kunst des mentalen Umerlebens

Wenn wir gelernt haben, uns von unserem Ärger zu befreien, können wir unsere »Psychohygiene« vertiefen: Eine weitere sehr wirkungsvolle Übung der schöpferischen Imagination besteht darin, *den vergangenen Tag noch einmal so zu erleben, wie man ihn gern erlebt hätte, wie er als »idealer Tag« wirklich gewesen wäre.*

Das Geheimnis des »mentalen Umerlebens« liegt in dem weitgehend unbekannten Grundgesetz der Psyche begründet: *Das Unterbewusstsein ist nicht in der Lage, Fantasie von der Realität zu unterscheiden.* Sie brauchen sich nur vorzustellen, an einem wunderschönen Ort zu sein, schon reagiert der Körper so, als ob er da wäre. Stellen Sie sich vor, in eine Zitrone zu beißen, schon zieht sich Ihr Mund zusammen. Stellen Sie sich Ihr letztes erotisches Erleben vor, schon reagiert Ihr Körper.

Erkennen Sie so, welche Macht Ihre Gedanken über Ihr Unterbewusstsein haben: Wenn wir uns unser Leben so vorstellen, wie es idealerweise wäre, *glaubt unser Unterbewusstsein, dass es genau so ist und stellt sich darauf ein, dass es auch so bleibt!*

Tägliche Gedanken- und Psychohygiene heißt also: Jede Szene des Tages, mit der Sie nicht vollständig im Einklang waren, wird nach den Idealvorstellungen revidiert und in Gedanken noch einmal durcherlebt.

Wenn Sie zum Beispiel einen Brief mit einer unangenehmen Nachricht erhalten haben, dann schreiben Sie diesen Brief in Ihren Gedanken neu und verfassen die Nachricht so, wie Sie sie gerne empfangen hätten. Lesen Sie sich den so von Ihnen revidierten Brief in Gedanken immer wieder vor. Dadurch wird das Negative an der Nachricht immer schwächer, bis es zum Punkt kommt, an dem es die Bedeutung gänzlich verloren hat. Jedes Mal, wenn man ein Ereignis noch einmal so durcherlebt, wie man es hätte leben sollen, *wird der Tag neu geboren.*

Wenn ein Mensch beginnt, *seine täglichen Ärgernisse und Probleme zu revidieren,* dann beginnt er auch an sich zu arbeiten, und seine ganze Persönlichkeit entwickelt sich auf ein höheres Niveau. *Jede Revision ist für ihn ein Sieg über veraltete Verhaltensmuster und innere Bilder und daher ein Sieg über die Vergangenheit.*

Die heftigsten Konflikte, die ein Mensch täglich innerlich ausficht, toben in seiner *eigenen Imagination, dem was ist und dem was sein könnte.* Derjenige, der seinen Tag nicht revidiert, hat das Wunschbild seines Lebens verloren und wird nie erfahren, wie wunderbar Leben überhaupt sein könnte.

Auf diese Weise können Sie übrigens *auch Stress oder Belastungen vorwegnehmen,* indem Sie die schwächende Situation, eine Prüfung, eine unangenehme Begegnung oder eine Aussprache im Voraus durch-erleben. Halten Sie dabei die Stirnpunkte (die beiden äußersten Punkte an der Stirn) mit Daumen und Mittelfinger fest, bis Sie diese Vorstellung nicht mehr schwächt. Sie können so *eine unangenehme Situation mental bereits so vorauserleben, wie Sie sich die Situation idealerweise wünschen.*

Vollziehen Sie es doch sofort! Welche unangenehme Situation erwartet Sie in nächster Zeit?
Sehen Sie die unangenehmen Bilder und Gefühle bereits vor sich?
Erkennen Sie, dass Sie so im Grunde die Situation genau so »bestellen«, wie Sie es befürchten.
Und jetzt lassen Sie Ihre Fantasie los und stellen Sie sich die Situation anders, für Sie angenehm vor. Malen Sie sich das Bild immer weiter aus, empfinden Sie angenehme Gefühle dabei.
Und dann lassen Sie dieses »Vorauserleben« als Bestellung los:
So soll es geschehen!
Auch bei dieser Übung muss ein Meister nicht gleich vom Himmel fallen. Üben Sie bis zur Meisterschaft!

Durch »mentales Voraus- oder Umerleben« können Sie sowohl *das Erleben der Zukunft positiv vorherbestimmen als auch die Folgen der unerwünschten Handlung in der Vergangenheit weitgehend für Ihr Unterbewusstsein korrigieren.*

Wir nutzen so ganz konsequent die fantastische Eigenschaft des Unterbewusstseins, nicht zwischen Realität und Einbildung unterscheiden zu können.

Tagesrückschau

Der erste Schritt, dieses fantastische Werkzeug des Geistes zu trainieren, ist jeden einzelnen Tag »mental umzuerleben«.

Jeden Abend lasse ich den Tag noch einmal vor meinem geistigen Auge vorüberziehen und frage mich:
- Was habe ich heute gesagt und getan?
- Was davon war wichtig, was unwichtig?

- Was wollte ich erreichen und was habe ich erreicht?
- Was war so richtig, was war falsch?
- Wie hätte es richtig sein sollen? (Mental umerleben und zu einem »imaginären Erfolgserlebnis« machen.)
- Auch falsche Gefühle und unstimmige innere Bilder können so korrigiert werden.

Ich versöhne mich dabei auch mit allen Menschen, mit denen ich derzeit nicht in Harmonie bin. Ich versöhne mich vor allem mit mir und nehme mich so an, wie ich derzeit noch bin, aber ich bemühe mich zu werden, wie ich sein sollte.

Ich distanziere mich bewusst von allem Negativen, wende mich innerlich ganz dem Positiven zu und bejahe es. Ich erkenne bewusst, wie viel Grund ich habe, glücklich zu sein und bin dankbar dafür.

Vor dem Einschlafen lasse ich bewusst den Tag los, nachdem ich ihn so »bereinigt« habe, und ich freue mich auf einen neuen Tag.

Vielleicht beginnen Sie dieses Training am kommenden Wochenende und bereinigen so eine ganze Woche von den gröbsten Unstimmigkeiten.

Der zweite Schritt ist, den Tag bereits am Morgen optimal »vorauszuerleben«, so wie er idealerweise sein sollte.

Morgenvorschau

Ich erkenne, dass ich diesen Tag nicht mit den Belastungen von gestern beginnen möchte. Ich öffne mich ganz *den Möglichkeiten, die mir dieser Tag bietet,* und ich bin bereit, mein Bestes zu geben.

Ich frage mich jeden Morgen:
- Was will ich heute erreichen?
- Wie erreiche ich es am besten?
- Was will ich auf jeden Fall vermeiden?
- Wie verhalte ich mich?
- Was heißt es *heute* für mich, zu *leben*?
- Wie *erfülle* ich den Tag?
- Welche Situationen oder Begegnungen habe ich heute zu erwarten?

Erleben Sie den Tag mental voraus und machen Sie ihn zu einem »imaginären Erfolgserlebnis«, um es dann als Programm zu speichern.

Anwendungsbereiche des »mentalen Voraus- und Umerlebens«

Wir können das »mentale Umerleben« für viele verschiedene Situationen anwenden:

1. Das mentale Umerleben des vergangenen Tages, die tägliche Revision

Dabei werden vor allem unstimmige Gefühle »umgefühlt«, bis der Tag stimmig ist.

Mit der Beherrschung dieser Technik lernen wir allmählich die Ereignisse *sofort* (und nicht erst am Abend) umzuerleben, bevor sie sich in unserer Psyche festsetzen und zum Schicksal werden können.

2. Die Vergangenheit bewältigen und loslassen

Das ist vor allem das »Großreinemachen«, das sich immer wieder anbietet, wenn wir eine Krise überwunden haben und von der höheren Warte aus die Vergangenheit anders beurteilen können (nämlich als Geschenk!) und dann liebevoll loslassen können. Zu jedem Entwicklungssprung gehört das Loslassen der Vergangenheit genauso notwendig dazu wie Ballast abwerfen bei der Ballonfahrt.

3. Mentale Rückversetzung, um sich an etwas Vergessenes wieder zu »erinnern«

Wo habe ich meinen Schlüssel? Meinen Pass? Meine Tickets? Wie hat der andere das damals gemeint? Wie genau ist es abgelaufen?

Doch bei dieser Technik geht es nicht darum, sich nur *gedanklich* zu erinnern, sondern sich in die Situation so leibhaftig *zurückzuversetzen,* dass sie noch einmal ganz erlebt werden kann.

4. Das mentale Vorauserleben

Ich kann auch meine Zukunft vorauserleben und mich darauf einstellen: Was kommt heute Besonderes auf mich zu? Wie will, sollte ich mich dann verhalten? Wie vollzieht sich der Tag als idealer Tag?

Noch einen Schritt weiter bedeutet diese Technik, *mich an meine Zukunft zu »erinnern«:* Was werde ich gemacht haben? Ist es stimmig? Was sollte ich jetzt verändern, damit meine Zukunft absolut stimmig ist? Was habe ich getan, damit meine Zukunft stimmig wurde?

5. Selbsterziehung durch mentales Umerleben

Dabei geht es darum, Eigenschaften, die unerwünscht sind, durch erwünschte zu ersetzen. So können Sie mit der Zeit den eigenen Charakter hin zum Ideal formen. Indem ich mich verändere, ändere ich mein Schicksal, denn die Lebensumstände sind nur ein »Spiegelbild« meines So-Seins. Was ist mein Ideal von mir selbst? Was würde ich mir wünschen, was in meiner Biografie steht? Wo sollte *ich* als Diamant geschliffen werden, damit seine ganze Schönheit zum Strahlen kommt?

Anwendungsbereiche

6. Gewohnheiten erkennen und ändern
Gerade Gewohnheiten halten sich am hartnäckigsten. Aber auch gute Gewohnheiten halten sich an dieses Gesetz. Es kommt nur darauf an, diese erwünschten Gewohnheiten einmal durch ständige Wiederholung fest einzuprägen.

Sie sollten dabei öfter Ihre »innere Bildergalerie« überprüfen und dem derzeitigen Wertmaßstab anpassen. Sie können überholte Bilder jederzeit austauschen oder abändern. Aber denken Sie an die notwendigen Wiederholungen.

7. Mental in die Wunscherfüllung versetzen
Oft wünschen wir uns etwas, das eigentlich gar nicht richtig zu uns passt. Wir denken dann noch in Rollenklischees: Ich in meiner Position muss das und das erreichen. Wenn wir das Erwünschte dann haben, sind wir enttäuscht, weil es gar nicht wirklich zu uns passt, der Wunsch gar nicht von Herzen kam, sondern nur vom Kopf aufgesetzt war.

Versetzen Sie sich also bei jedem Wunsch erst einmal in die Wunscherfüllung und fragen Sie sich: Bringt mir das wirklich die Erfüllung? Lohnt sich der Aufwand tatsächlich, der erforderlich wäre?

Diese Methode nenne ich »*die Zukunft anprobieren*«. Schlüpfen Sie einfach in verschiedene mögliche Zukünfte hinein wie bei einer Kleiderprobe: Was passt wirklich zu mir? So ersparen Sie sich viele unnötige Umwege.

8. Mentales Vorauserleben als Abschluss des Vorgangs, bewusst eine Ursache zu setzen
Immer wenn ich bewusst eine Ursache setze, versetze ich mich in die Situation der geschaffenen Wirkung. So kann ich das Ziel nicht nur in Besitz nehmen, sondern die Verursachung auch mit einem tiefen Gefühl der Dankbarkeit loslassen.

Testen Sie auch, ob eine Situation wirklich mental »umerlebt« ist, oder ob Sie das nur glauben. Wenn es umerlebt ist, dann *fühlen* Sie sich einfach anders! Dann ist jeder Groll oder Ärger wie weggeblasen.

Mit der Zeit werden Sie sofort merken, wann das Umerleben von Ihrem Unterbewusstsein angenommen ist. Dann ereignen sich immer weniger Situationen, die ein mentales Umerleben überhaupt noch notwendig machen. Dann ist alles sofort stimmig und harmonisch.

Zur Erinnerung

- Jede Veränderung hat drei Aspekte: loslassen, bewahren, erneuern – oder wie die Amerikaner sagen: »Love it, change it or leave it!«
- Bevor in meinen Kleiderschrank neue Kleidung passt, muss Raum geschaffen werden, indem ich alte Kleidung wegschaffe. Leerer Raum ist ein Vakuum, das Neues ins Leben zieht.
- An der Vergangenheit zu kleben, bedeutet, dass ich nicht wirklich lebe.
- Auch das innere Leben will in natürlichen Rhythmen durch psychische und mentale Hygiene gereinigt werden. Reinigung ist nach einer gewissen Lebensspanne (z.B. alle sieben Jahre), nach tieferen Krisen, einmal jährlich als »Frühjahrsputz« bis hin zur täglichen »Tagesrückschau« und »Morgenvorschau« sinnvoll.
- Beim Wunschdenken bleibt es beim »hätte gern«, beim schöpferischen Denken verbindet sich der Wunsch mit dem Glauben und wird zu einer wirklichkeitsverändernden Willenskraft.
- »Nie mehr ärgern!« ist eine doppelte Heilung: Ich heile mich vom Ärgern und erhelle Schatten meiner Persönlichkeit.

Zur Erinnerung

- Mein Unterbewusstsein kann nicht zwischen Fantasie und Wirklichkeit unterscheiden. Deshalb können meine Gedanken und Fantasien so machtvoll werden.
- Mit dem »mentalen Voraus- und Umerleben« habe ich ein machtvolles Werkzeug in der Hand, meine Wunschbiografie zu schaffen.

7. KAPITEL

Dieses Kapitel gibt Antwort auf die Fragen:

- Wie gestalten innere Bilder unsere Zukunft?

- Bin ich es wert, ein traumhaftes Leben zu führen?

- Bin ich nur für mich oder auch für die ganze Menschheit verantwortlich?

- Wie unterscheiden sich Einbildung und Vorstellung?

- Wie kann ich negative Gefühle in mir löschen?

- Was ist schöpferische Imagination?

- Was ist schöpferische Manifestation?

- Wie kann man etwas »in Erscheinung rufen«?

- Wie wird ein Traum zur Wirklichkeit?

Nutze die Kraft deiner inneren Bilder!

*Schaffen Sie sich bildlich eine erfüllende Zukunft,
denn Sie werden den Rest Ihres Lebens darin verbringen.*

Wir haben über die entscheidende Macht der inneren Bilder gesprochen. Jetzt wollen wir diese Bilder optimieren.

Die Stärke innerer Bilder erweist sich vor allem in der kreativen und bewussten Gestaltung der Zukunft. *Wenn die Vergangenheit umerlebt und bereinigt ist, dann will die Zukunft aktiv gestaltet werden.* Sie wird umso wertvoller, je wertvoller wir uns fühlen.

Wir werden in diesem Kapitel nicht nur unsere Kenntnisse über die »schöpferische Imagination« vertiefen, sondern sie um die »schöpferische Manifestation« erweitern. Wir unterscheiden dabei *das optimale Schaffen erwünschter innerer Bilder (Imagination)* und *die Verwandlung der Bilder in erlebte Realität (Manifestation)*. Wir werden auch genauer besprechen, was »das Schöpferische« ist.

Wir haben in den ersten Kapiteln dieses Buches immer wieder auf die grundlegende »*Wende der Außen- zur Innenorientierung*« hingewiesen. Wenn wir so unser inneres »wahres Selbst« in Besitz genommen haben, dann orientieren wir uns wieder nach außen: Dann gestalten wir unsere Welt um uns herum neu. Was dazu notwendig ist, enthüllt Ihnen die Geschichte:

Das Hemd eines Glücklichen

»Es war einmal ein mächtiger König, der wurde sehr krank, und keiner seiner Ärzte konnte ihm helfen. Da schickte er nach dem Weisesten seines Reiches und fragte ihn: ›Was kann ich tun, um wieder gesund zu werden?‹ Der Weise sagte: ›Was dir fehlt, ist das Hemd eines Glücklichen. Trage das Hemd eines Glücklichen und du wirst wieder ganz gesund.‹

Der König schickte sofort seine Reiter in sein Land, um ihm das Hemd eines Glücklichen zu bringen. Die Reiter fragten jeden, ob er glücklich sei. Der Eine sagte, er sei so arm, dass er nicht glücklich sein könne, der andere sagte: ›Ich habe gerade mein Kind verloren, wie kann ich glücklich sein?‹ Ein anderer meinte, er habe alles, was man sich wünschen könne. Er sei zwar nicht glücklich, aber zufrieden. Und so kehrten die Reiter enttäuscht in den Palast zurück.

Ein Reiter aber fand in dem entferntesten Winkel des Reiches einen Mann auf dem Feld bei der Arbeit, und als er ihn fragte, ob er wirklich glücklich sei, sagte er: ›Ja, ich bin wirklich glücklich.‹ Da war auch der Reiter sehr glücklich, dass er seinen Auftrag erfolgreich ausführen konnte und sagte zu dem armen Mann: ›Gib mir dein Hemd für den König.‹ Da sagte der Glückliche: ›Aber ich habe gar kein Hemd.‹

Mit dieser Botschaft kehrte der Reiter zu seinem König zurück. Der aber erkannte, dass man Glück nicht haben kann und dass jeder alles hat, um glücklich zu sein, und er ward wieder gesund.

Als er wieder ganz gesund war, fragte er den Weisen: ›Was kann ich tun, um immer reich zu sein?‹ Der Weise antwortete: ›Du kennst das Geheimnis bereits, trage das Hemd eines Reichen und du wirst immer reich sein.‹ Wieder schickte der König seine Reiter aus und diesmal kamen sie mit vollen Händen, denn die Reichen hatten viele Hemden. So trug der König von nun an immer das Hemd eines Reichen und war gesund und reich, bis an sein Ende.«

Ihnen fällt zu dieser Geschichte sicherlich auch wie mir die Novelle von Gottfried Keller ein: »Kleider machen Leute«. Statt »Kleidung« könnten wir genauso gut »Image«, »Bild«, »Erscheinung« sagen.

Die Geschichte scheint Wert auf Äußeres zu legen. Aber wir können sie auch tiefer interpretieren und die Moral aus der Geschichte so sehen: »Schaffe dir zuerst das Bild, das Image von dem, der du sein willst. Dann wirst du es auch. Wenn auch du immer gesund und reich sein willst, dann trage auch du das Hemd des Glücklichen und des Reichen. Zieh dir das Hemd des Glücklichen jeden Morgen neu an!«

Die Methode der Morgenvorschau, die wir im letzten Kapitel besprochen haben, ist »das Hemd des Glücklichen und Reichen jeden Morgen neu anziehen«.

Innere Bilder gestalten die Zukunft

Viele Menschen sind der Überzeugung, kein Glück verdient zu haben, nicht zur Erfüllung der eigenen Wünsche berechtigt zu sein. Trotz der Sehnsucht nach Erfüllung haben sie doch auch gleichzeitig Angst davor. In der Tat: *Eine unserer tiefsten Ängste ist die Angst vor dem Glück.* Denn es ist nichts anderes, als *den Riesen in sich zu erwecken,* zu sein, der man wirklich ist. Ein weiser Mensch hat einmal gesagt: »Wir werden als Riesen geboren und sterben als Trottel.« Das meine ich damit, den Riesen in sich wieder zu wecken!

Eine Geisteshaltung der eigenen Minderwertigkeit, Zwergenhaftigkeit, sorgt mit absoluter Sicherheit dafür, dass wir keine dauerhafte Erfüllung finden können. *Also fühlen Sie sich wert, glücklich zu sein und Erfüllung zu finden! Fühlen Sie sich wert, Ihr Traumleben zu leben, ja märchenhaft zu leben. Machen Sie Ihr Leben zu einem Leben der Fülle, zu einem Märchen.*

Bitte überprüfen Sie Ihren noch bestehenden Widerstand gegen diese Formulierungen, traumhaft und märchenhaft zu leben. Vielleicht schreiben Sie diesen Widerstand auf, um Glaubenssätze von Minderwertigkeit und Zwergenhaftigkeit klar vor Augen zu haben, um sie dann auflösen und loslassen zu können. Bald sollten Sie dieses Blatt (vielleicht auch mit einer kleinen Zeremonie) verbrennen können: Das war ich einmal, das bin ich nicht mehr – und tschüss!

Der wichtigste Widerstand wird sicher sein: Wie kann ich mir in einer Welt der Armut, des Hungers, des Elends ein märchenhaftes Leben ausmalen? Kann es überhaupt ein märchenhaftes Leben im Angesicht des weltweiten Elends geben?

Stellen Sie sich einmal das Leben auf diesem Planeten paradiesisch wie in einem »goldenen Zeitalter« vor. Nur Mut, es geht wieder nur um die *Weckung Ihres Vorstellungsvermögens und Ihrer Fantasie.* Malen Sie sich das Leben der Menschheit als märchenhafte Sciencefiction aus: kein Hunger mehr, kein Krieg mehr, Leben im Einklang zwischen Mensch und Natur, vollkommener Weltfriede. Bitte malen Sie sich dieses Bild in allen Farben aus! Und nehmen Sie sich Zeit dafür. Erfinden Sie in Ihrer Fantasie diesen Planeten als obersten Friedensbringer (wenn Sie mögen auch als Friedensengel) neu: Wie sieht dieser Planet im Zeitalter allgemeinen Friedens aus? Fühlen Sie sich dafür verantwortlich: Der ganze Frieden in der Welt liegt in Ihrer Hand.

Es ist mehr als eine Vorstellung. Wecken Sie in Ihrer Fantasie die Macht, die friedvolle Zukunft der Erde bestimmen zu können. Wecken Sie diesen Riesen, diesen Engel – was immer Sie wollen – in sich. Wenn Sie diese Übung ernsthaft tun, spüren Sie: Sie legen damit den Samen für die gemeinsame Zukunft des Friedens auf unserer Erde. Fühlen Sie sich wert, diese Ursache für die ganze Menschheit setzen zu dürfen. – Und dann: *Fangen Sie an, dieses märchenhafte Leben in Ihrer eigenen Welt schon einmal zu verwirklichen, oder – wie wir jetzt sagen werden – zu manifestieren.*

Sich wert fühlen heißt vor allem, erkennen, was für eine unbegrenzte Schöpferkraft in Ihnen ruht.

Nehmen Sie diese Kraft jetzt in Besitz. Übernehmen Sie die Verantwortung. Ja, übernehmen Sie die *Verantwortung für die Zukunft des ganzen Planeten!*

Auch das mag nur ein Gedankenspiel sein, eine Anregung Ihrer Fantasie: Ich selbst bin verantwortlich für die Zukunft der Menschheit! Und je mehr Sie sich dieser Fantasie hingeben, desto mehr werden Sie diese Verantwortung auch spüren! *Wenn Sie an dieser Quelle sind, dann haben Sie den Zugang zu Ihrem wahren Wert, Ihrer wahren Größe gefunden.*

Erinnere deine Schöpferkraft!

Was hatten die Weisen nach jahrelanger Arbeit als »die ganze Lebensweisheit des Universums« erkannt: »Auch du bist ein Schöpfer und alles ist möglich.«

Erinnern Sie sich auch daran, dass Sie als Kind oder Jugendlicher solche Allmachtsfantasien schon gehabt haben und wie herrlich dieses Gefühl war, alles bestimmen zu können. Tun Sie es nicht mit »Omnipotenzfantasien« ab, gehen Sie einfach wieder in dieses Gefühl des Riesen, des Schöpfers. Wir sollten uns nicht selbst klein machen.

Wir alle sind Schöpfer, ob wir uns dessen bewusst sind oder nicht. *Und Schöpfer sein heißt, manifestieren zu können, einer Idee materielle Gestalt zu geben.*

Das Geheimnis ist letztlich nicht, überhaupt etwas »manifestieren« zu können, sondern genau das zu manifestieren, was wir uns wünschen und beabsichtigen.

Bewusst oder unbewusst *erschaffen oder manifestieren* wir alle Lebensumstände, Ereignisse, Begegnungen, Beziehungen oder Dinge durch die Bilder, die uns innerlich bewegen. Und das sind ja nicht nur »positive« Bilder, die Erwünschenswertes verursachen, sondern auch »negative« Bilder, die Unerwünschtes hervorrufen.

Diese Erkenntnis ist überhaupt kein großes Geheimnis, und es handelt sich keineswegs um etwas Neues, Fremdartiges oder Ungewöhnliches. Sie wenden es bereits täglich unbemerkt an, denn es ist unsere natürliche Fähigkeit. *Wir haben unser ganzes vergangenes Leben durch solche inneren Bilder auf unbewusste Weise selbst erschaffen.* Jeder kann es! Es geht nur darum, es bewusst und auf optimale Weise zu tun, um unser Leben und Schicksal frei zu bestimmen.

Sie kennen sicher eine Frau, die sagt: »Ich brauche nur an einer Konditorei vorbeizugehen und schon habe ich ein Kilo zugenommen!« Das ist mehr als nur ein Witz, denn sie hat diese Torte energetisch ins Bewusstsein genommen. Und wenn sie noch ein paar Mal daran denkt, dann hat sie geistig bereits zugenommen, und die faktische Gewichtszunahme ist nur noch eine Frage der Zeit.

Das Gleiche gilt, wenn man bei Diäten ständig vom Essen

träumt. Damit hat man unbewusst erfolgreich »schöpferische Imagination« eingesetzt, leider in die falsche Richtung.

Führen wir das gleich einmal praktisch durch: Stellen Sie sich doch einmal vor, dass Sie gähnen müssen oder jemand anderem zusehen, wie er herzhaft gähnt.
Wieder haben Sie den gleichen Effekt. Sie selbst müssen auch gähnen. Die Vorstellung, das Bild des Gähnens, setzt sich in die Wirklichkeit um.

Diese kleine Übung bringt eigentlich noch nichts Weltbewegendes in Ihrem Leben. Es geht um Selbsterfahrung. Machen wir in diesem Sinne weiter: Stellen Sie sich doch einmal vor, *Sie lächeln*, und alle Zellen Ihres Körpers lächeln ebenfalls. Spüren Sie einmal, wie *dieses »innere Lächeln«* gut tut. Oder stellen Sie sich vor, Sie sind wieder Kind und tanzen oder rennen auf einer Wiese. Sie spüren gleich die Leichtigkeit und Freude.

Es ist doch fantastisch, wie der Körper auf solche Bilder, solche Fantasien reagiert. Lassen Sie uns diese Vorgänge noch genauer betrachten, der Sache richtig auf den Grund gehen!

Einbildung und Vorstellung

Unser Unterbewusstsein ist im Grunde eine große Bildergalerie. Alles, was wir erleben, speichern wir als Bild plus Gefühl.

Unser Unterbewusstsein ist ziemlich »primitiv«, sagen wir: archaisch. Es funktioniert ohne ausgeprägte Sprache, versteht nur einzelne Wörter, Ausrufe, Befehle, ist weit von rationeller Logik entfernt. Um es deutlicher zu machen: Das Unterbewusstsein kennt keinen Unterschied zwischen »Komm!« und »Komm nicht!«.

Einbildung und Vorstellung

Es ist wie bei einem Tier. Rufen Sie Ihrem Hund das Kommando zu: »Komm nicht!«, dann wird er mit Sicherheit kommen! Mit dem Wort »nicht« kann ein Hund nichts anfangen. Er versteht nur »Komm...!« und reagiert.

Wir müssen uns vorstellen: Unser Unterbewusstsein ist auf dem Niveau einer Hundepsyche. Wir denken dabei auch an das Kommando: »Denken Sie nicht an einen rosaroten Panter!« Sie kennen die Reaktion und verstehen, warum es so ist: Unsere innere Bildergalerie registriert nur »rosaroter Panter« und liefert prompt das Bild (wissen Sie übrigens, welchen ich meine?...). »Nicht« kennt das Unterbewusstsein nicht. »Nicht« ist kein Bild, sondern abstrakte Logik.

Die ausgebildete Sprache ist ein relativ junges Phänomen in der Geschichte der Menschheit. Sie geht mit der Entfaltung der Neocortex im Gehirn, des Bewusstseins und Selbstbewusstseins einher. Unser Unterbewusstsein ist evolutionär gesehen Millionen von Jahren älter und prägt unser Verhalten mehr, als uns meistens lieb ist.

Kurz: Nicht die Sprache und die Logik dominieren das Unterbewusstsein, sondern Bilder, Instinkte, Gefühle, Reaktionsmuster (Prägungen). Ein Großteil dieser inneren Bildergalerie präsentiert sich uns als Träume. Wenn wir unser Leben also tief gehender neu erfinden und umprogrammieren wollen, dann müssen wir in die Tiefe der inneren Bilder vordringen, um Grundlegendes zu verändern.

Bilder sind immer auch gespeichert mit Gefühlen. Gefühle geben dem Bild die Stimmung: düster oder freudig, hoffnungsfroh oder angsterzeugend, warm oder kalt. Gefühle sind die Energie der Bilder. Je stärker die Gefühle, desto stärker die Bilder, desto wirkungsvoller ihre Kraft.

Kraft innerer Bilder nutzen

Diese inneren Bilder sind *Ein-Bildungen im wahrsten Sinne des Wortes:* Konkret erfahrene Erlebnisse prägen sich in unserem Inneren, in unserem Unterbewusstsein als Bilder ein. Albträume sind häufig solche Einbildungen: die innere, bildhafte Verarbeitung von äußeren, angsterfüllten Erlebnissen.

Wir sind aber auch in der Lage, solche inneren Bilder *selbst zu kreieren:* Wir visualisieren und stellen uns etwas vor. *Visualisierte Vorstellungen* sind selbst entworfene Bilder, die nach außen drängen. *Visionäre Träume* sind solche Vorstellungen, die vehement danach drängen, verwirklicht zu werden.

Wie dem auch sei, Einbildung oder Vorstellung: Soweit das Leben von unserem Unterbewusstsein bestimmt wird, sind es diese inneren Bilder, die in unserem Leben äußere Gestalt annehmen.

Um unser Leben bewusster zu gestalten, müssen wir uns dieser inneren Bilder bewusster werden. Wir müssen solche Bilder löschen, die unser Leben negativ beeinflussen, indem wir ihnen die Energie nehmen, die gespeicherten Gefühle freisetzen. Wir müssen im positiven Sinne unser Unbewusstes mit immer mehr erwünschten Bildern ausstatten und sie mit viel lebensfroher Energie aufladen. Machen wir das doch gleich wieder:

Erinnern Sie sich an ein Bild in Ihrem Leben, das für Sie mit überaus positiver Energie gefüllt ist, das Bild einer Situation, in der Sie sich rundherum wohl gefühlt haben. Halten Sie dieses Bild in Ihrer Vorstellung eine Zeit fest, bis Sie wieder ganz in dieses schöne Gefühl eintauchen können. Stellen Sie dieses Bild in Ihrem Inneren in einen hell erleuchteten Raum.
Dann stellen Sie sich in einem anderen Raum ein negatives Bild vor, dessen Energie Sie jetzt löschen möchten. Nehmen wir als Beispiel eine stressige Prüfungssituation: Öffnen Sie sich diesem »negativen Gefühl«, sodass es Sie wieder berührt. Spüren Sie die ganze Unsicherheit dieser Situation. Pusten Sie dieses Gefühl sogar

Einbildung und Vorstellung

noch auf, bis es richtig schmerzt, nehmen Sie es noch einmal in seiner ganzen Stärke in Empfang.
Und dann verlassen Sie diesen Raum in Ihrem Inneren und gehen wieder in den lichten Raum mit Ihren positiven Gefühlen. Erholen Sie sich, tanken Sie neue Energie und gehen wieder in den dunklen Raum mit dem »negativen« Bild. Sie werden erkennen, das Bild ist energetisch schon weitgehend entladen. Wenn es ganz entladen ist, dann packen Sie das Bild in Papier ein und archivieren Sie es in einem Regal für Bilder, die Sie nicht mehr brauchen.

Es ist dabei nicht nötig, innere Bilder zu vernichten, es reicht, ihnen die »negative Energie« zu nehmen, sie zu entladen. Dann haben diese Bilder keine Kraft mehr, Ihr Leben zu beeinflussen.

Die Arbeit mit inneren Bildern, zur Meisterschaft geführt, nenne ich »schöpferische Imagination« und »schöpferische Manifestation«, denn der Vorgang besteht aus zwei Phasen: das Schaffen erwünschter innerer Bilder (Imagination) und die Verwandlung der Bilder in erlebte Realität (Manifestation).

Diese Kunst können Sie so weit beherrschen, dass Sie Ihr ganzes Leben neu erfinden können – das Thema dieses Buches! Das sind die beiden wichtigsten Werkzeuge eines Schöpfers, eines Menschen, der sein Leben selbst gestaltet. Denn nur ein Schöpfer, ein kreativer Mensch, gestaltet sein Leben selbst und ist kein Mitläufer. Dazu muss der Schöpfer kreativ und realistisch tagträumen können und das, was er will, bereits als Bild vor Augen sehen (»schöpferische Imagination«). Und dann muss er wissen, wie er diese bewusst ausgestalteten inneren Bilder Wirklichkeit werden lässt (»schöpferische Manifestion«).

Schauen wir uns diese beiden Mechanismen jetzt genauer an!

Kraft innerer Bilder nutzen

Manifestation durch schöpferische Imagination

Alle Dinge geschehen zuerst im Bewusstsein, ehe sie im Außen in Erscheinung treten können. *Schöpferische Imagination ist dabei die Transformation einer Vorstellung in die Wirklichkeit* und lässt so Zukunft zur Gegenwart werden, Möglichkeit zur Gewissheit.

Schöpferische Imagination ist eine spezielle Methode der Manifestation. Diese Methode beruht darauf, dass *die Gedanken erst zu einem Bild umgeformt werden müssen, bevor ein materielles, äußeres Gebilde sich formen und manifestieren kann.* (Ich verwende hierbei bewusst den Begriff »Gebilde«, weil er auf so wundervolle Weise auf seinen Ursprung hinweist: das Bild.)

Schöpferische Imagination ist der Weg, *die eigene Vorstellungskraft* zu nutzen, um die Lebensumstände frei zu bestimmen und zu *manifestieren, was immer wir haben wollen.* Wir alle nutzen diese Kraft bereits, aber meistens leider unbewusst. Dort, im Unterbewussten, sind die Schwierigkeiten, Mängel, Probleme, Disharmonien – und so sieht dann auch das Leben aus, das unbewusst geschaffen wird.

Dabei können wir vom Leben alles haben, wir brauchen nur von unserer natürlichen Fähigkeit des Manifestierens Gebrauch zu machen, die schöpferische Imagination sinnvoll und vor allem bewusst einzusetzen. Schöpferische Imagination ist *das Tor zur bewusst gestalteten Wirklichkeit: Wirklichkeit schaffen wir selbst, Realität erleiden wir.*

Jeder von uns hat einen wichtigen Beitrag in diesem Leben zu leisten, und jeder auf seine ganz besondere, einmalige Art. *Der bewusste Gebrauch der schöpferischen Imagination stimmt Sie auf diese wahre Bestimmung ein* und lässt in Erscheinung treten, was immer zu Ihrem Leben gehört.

Leid, Krankheit, Probleme, Mühsal, Druck, Stress gehören nicht zu diesem Weg, und wo immer Sie leiden, zeigt das nur, dass Sie noch etwas falsch machen. In unserem westlichen Denken wird das Leid oft verherrlicht oder doch zumindest als unverzichtbar angesehen. Dabei ist Leiden an sich absolut unnütz. Es wird nur notwendig, wenn wir uns weigern, anders als auf dem königlichen Weg der Erkenntnis zu lernen. Dann wird das Leid unser Lehrer, der uns zwingt, unsere Aufgaben zu erfüllen. *Doch Freude und Erfüllung sind ebenso zuverlässige, aber weitaus angenehmere Lehrer.*

Der Weg der schöpferischen Imagination ist *der Königsweg, der Weg der Freude.* Schöpferisch imaginieren heißt, sich etwas so *vorzustellen,* dass es sich in der Außenwelt als Ereignis, als Situation oder Begegnung manifestiert, und es gibt wohl keinen schöneren und zuverlässigeren Weg, die Aufgaben zu lösen, die vor uns liegen.

Manifestieren durch Umwandeln von Energie

Wie kommen diese »inneren Bilder« nach außen? Warum können sie sich dann als »äußere Gebilde« manifestieren? Was ist die »Schnittstelle« zwischen innen und außen?

Manifestieren können wir nur, weil uns überall eine Substanz zur Verfügung steht, die wir *Energie* nennen. Für Energie gibt es kein Innen oder Außen. Sie ist überall da. Sie hat unterschiedliche Träger (es gibt wahrscheinlich auch »freie Energie«), nimmt unterschiedliche Formen an, doch Energie ist als »Ursubstanz« immer da.

Diese Energie ist bereit, in jeder gewünschten Form »in Erscheinung zu treten«. Es kommt nur darauf an, auf sie einzuwirken, sie zu wandeln, sie in Materie zu manifestieren.

Kraft innerer Bilder nutzen

Stellen Sie sich doch den Bau eines Hauses als *Bewegen, Transformieren und Manifestieren von Energie* vor! Vollziehen Sie diesen Prozess von der ersten Idee, ein Haus zu bauen, bis hin zum Einzug als Bewegen, Transformieren und Manifestieren von Energie! Wie viel Energie und Bewegung waren nötig, um »Eigenkapital« auf einem Konto (z.B. einer Bausparkasse) zu haben. Erkennen Sie in diesem Geldbetrag bewegte und manifestierte Energie! Verfolgen Sie diese Abenteuerreise der Energie, bis das Haus schlüsselfertig ist.

Nach Einstein kann Materie in Energie und Energie in Materie umgewandelt werden, da Materie nur eine besondere Erscheinungsform von Energie ist (oft spricht man von »eingefrorener Energie«). *Schöpferische Manifestation ist der Weg, Gedankenenergie und Gedankenbilder in Materie und damit auch in Lebensumstände umzuwandeln,* denn Gedanken und Bilder sind »Wirklichkeit schaffende Energie«.

Manifestation heißt also, mit der Hilfe von Gedanken und immateriellen Bildern »aus Energie«, *materielle Gebilde* in Erscheinung zu rufen. Um unsere Gedanken noch einmal zu vertiefen: *Ge-bilde* sind zunächst *innere Bilder,* die in Form gehen, *Form bilden* und damit *manifeste Gebilde werden. Manifestieren bedeutet also, aus flüchtiger, fließender Energie feste Materie zu bilden.*

Das klingt sehr abstrakt. Feste Materie ist alles das, was ich mit meinen Sinnen wahrnehmen kann. Jedes Haus, das wir sehen, war zunächst nichts anderes als eine Idee, ein Gedanke. Daraus wurde ein Plan und schließlich das Haus nach diesem Plan gebaut. Zumindest alles, was wir Menschen erbaut haben, ist so entstanden: von den Pyramiden bis zur Sandkastenburg Ihrer Kinder.

Die Fülle aller Möglichkeiten wartet darauf, für Sie in Erscheinung treten zu dürfen, und »schöpferische Manifestation« ist der Weg, den erwünschten Endzustand in Erscheinung zu »rufen«. Dabei ist es ganz gleich, ob es sich um Gesundheit, beruflichen Erfolg, Partnerschaft oder spirituelle Entwicklung handelt, alles gehorcht dem Gesetz von Ursache und Wirkung, dem Gesetz der Imagination.

Die Kunst, etwas »in Erscheinung zu rufen«

Alles, was als »materielle Manifestation« in der realen Welt in Erscheinung tritt, ist bereits vorher auf der Ebene der Idee, der Energie existent: Das neue Haus, das auf dem Bauplatz »in Erscheinung tritt«, hat vorher auf der Ebene der Idee und der Energie bereits existiert. Da dieses Denken eigentlich einfach, doch ungewohnt ist, wiederhole ich es immer wieder aus unterschiedlicher Perspektive.

Mit anderen Worten: Alles, was Sie sich wünschen, ist bereits erschaffen. Allein schon durch den gedachten Wunsch ist es existent. Sie brauchen es nur »in Erscheinung zu rufen«. Es ist für andere unsichtbar schon da, nur noch nicht in Erscheinung getreten. Und um in Erscheinung zu treten, muss es »gerufen« werden – denken Sie an unser Zauberritual in der Einleitung.

Nehmen wir ein Beispiel: Sie tragen in sich *das Bild der vollkommenen Gesundheit*. Ihre Zellen tragen diesen Bauplan vollkommener Gesundheit in sich. Ihr Körper »weiß«, was das ist. Dieses Bild ist da, aber möglicherweise nicht in Erscheinung getreten. Sobald Sie sich mit diesem inneren Bild der vollkommenen Gesundheit verbinden können, kann es auch nach außen treten, und Sie erleben diese vitale Gesundheit.

Kraft innerer Bilder nutzen

Schließen Sie die Augen und gehen Sie in sich hinein: Sehen Sie sich in vollkommener Gesundheit und einem idealen Körpergewicht. Sie tragen dieses Bild in sich! Suchen Sie es so lange, bis Sie es gefunden haben: Wie sehe ich in strahlender Gesundheit aus? Wie sehe ich in meinem idealen Körper aus?

Wir brauchen diese Gesundheit nicht zu schaffen, sondern müssen alles beiseite räumen, was dieses innere Bild der vollkommenen Gesundheit daran hindert, *in Erscheinung zu treten*. Mit anderen Worten: Wenn wir alles das *lassen,* was für uns ungesund ist, dann kann sich gar nichts anderes als Gesundheit manifestieren!

Stellen Sie sich wieder vor: Sie könnten alles, was Ihre Gesundheit schädigt, wegzaubern. Ihre Gesundheit könnte gar nichts anderes als »in Erscheinung treten«. Sie ist da und will zum Ausdruck kommen.

Und es ist nicht nur mit der Gesundheit so! Wir tragen viele innere Bilder tief in uns, die zum Ausdruck drängen: das Bild der Fülle, das Bild unserer Genialität, das Bild unserer idealen Persönlichkeit, das Bild unserer Berufung, unserer Lebensaufgabe, unserer *Vision* (auch Visionen sind Bilder, die man »sehen« kann; ein Visionär ist ein Seher), kurz: Unser »wahres Selbst« will zum Ausdruck kommen, drängt darauf, in Erscheinung zu treten.

Weiten Sie die letzte Übung aus und nehmen Sie Kontakt zu den anderen inneren Bildern auf: Ihrer idealen Persönlichkeit, Ihrer Berufung, Ihrer Lebensaufgabe. Wenn Sie diese Übung richtig nutzen, lernen Sie sich jetzt richtig kennen! *So bin ich gedacht!*
Da sind ja die inneren Baupläne für mein Leben!

Etwas »in Erscheinung rufen«

Mit der Anwendung der »schöpferischen Manifestation« wollen wir also keinesfalls unser Unterbewusstsein auf irgendeine Weise manipulieren, ihm etwas aufdrängen, was ihm nicht eigen ist. Wir schenken ihm das volle Vertrauen für alle Lebenssituationen, die sich im unbewussten Bereich abspielen.

Unsere Aufgabe ist es, unser Bewusstsein auf die Wünsche und Ereignisse einzustimmen und sie in klare Bilder des erwünschten Endzustandes umzuwandeln. *Dann übergeben wir dem Unterbewusstsein Bilder von dem, was wir erreichen wollen,* und ruhen in der inneren Überzeugung, dass das Richtige mit absoluter Sicherheit eintreffen wird.

Haben wir einmal das Bild unserer Idealvorstellung von unserem Bewusstsein in das Unterbewusstsein verankert, dann *hat das Leben keine andere Wahl, als dieses Bild in die Wirklichkeit umzusetzen.* Das ist das eigentliche Wunder. Es kommt, ohne dass wir viel dazu tun müssen. Deswegen sprechen wir von *in Erscheinung »rufen«.* Wir signalisieren: »Ich bin bereit, komm!«

Wenn Sie einen Hund rufen, dann vertrauen Sie auch darauf, dass er diesem Befehl folgt und Sie ihn nicht wie einen Mehlsack erst zu sich schleppen müssen. Sie rufen etwas, das von selbst kommen kann. Sie brauchen dann nach dem Ruf nichts Besonderes mehr zu tun.

Dieser Vorgang wird ganz leicht und ohne Kraftanstrengung in Gang gesetzt. Wir können es leicht mit dem Drehen des Zündschlüssels an unserem Wagen vergleichen. Ist der Motor einmal angesprungen, vertrauen wir der Mechanik, dass sie eine fehlerfreie Funktion ausführt, ohne uns bei jedem Kolbenhub überlegen zu müssen, was unter der Motorhaube wirklich passiert.

Einen Traum als Wirklichkeit vorstellen

Weil dies alles so spielerisch leicht und selbstverständlich geschieht, wird es auch klar, *wie Träume den Weg in die Wirklichkeit finden.*

An etwas Schönes denken und dann seufzend bemerken, dass es eben »nur ein Traum sei und nichts anderes«, gibt dem Traum nicht genügend Energie, Wirklichkeit zu werden. Wasser verdampft bekanntlich bei 100°C. Wenn Sie das Wasser bis 90°C erhitzen, ist das zwar schon eine Menge Energie, aber nicht genug, dass es sich in einen anderen Aggregatzustand verwandelt: in Dampf. Erhalten Träume nicht genügend Energie, können sie sich auch nicht manifestieren.

Sie müssen sich *den Traum als Wirklichkeit vorstellen* und so lange an das Unterbewusstsein weiterleiten, bis er schließlich Wirklichkeit geworden ist.

Auch hierzu gehören zwei Schritte: Erleben Sie den Traum so intensiv, steigern Sie sich so intensiv in ihn hinein, *als ob er bereits Wirklichkeit wäre.* Nehmen Sie diesen Traum mit allen Sinnen wahr!

Diese Traumenergie muss so intensiv sein, dass Ihr Unterbewusstsein gar nicht mehr weiß: Ist das noch Traum oder ist das schon Wirklichkeit?

Gehen Sie auch von Ihrem Alltag aus und erleben Sie Ihren Tagtraum so intensiv, dass der Alltag in diesem Traum aufgeht.

Verwirklichen Sie jetzt einen Traum, der die Chance hat, innerhalb kurzer Zeit verwirklicht zu werden. Es muss ja nicht gerade Ihr Traumberuf oder Ihr Traumpartner sein. Erfüllen Sie sich jetzt einen kleinen Traum, um Ihre Schöpfungskraft zu erfahren. Was würde Ihr Leben jetzt ganz einfach bereichern? Wo wäre ein

Traum als Wirklichkeit vorstellen

kleines Wunder jetzt willkommen? Wie wäre es ganz einfach mit einem traumhaften Wochenende, wie Sie es schon lange nicht mehr erlebt haben?
Dann steigern Sie sich so in den Traum hinein, dass Sie ihn wie real erleben können. Gehen Sie wieder zurück in Ihre Realität und tagträumen Sie dieses Wochenende herbei.
Und jetzt lassen Sie los! Das Leben übernimmt den Rest, lassen Sie ihm die Möglichkeit, Ihren Traum nicht 1 : 1 zu verwirklichen, sondern mit unerwarteten Überraschungen zu würzen!

Um die schöpferische Manifestation so in Gang zu setzen, ist auch *ein gewisses Glaubenspotenzial* nötig.

Manifestation bedarf der Energie, und Glaube ist Energie. Je mehr Sie an das glauben können, was Sie manifestieren wollen, umso mehr Energie geben Sie in diesen Vorgang. Umgekehrt können wir sagen: Was Sie *nicht* glauben können, ist *negative, raubende* Energie, vermindert möglicherweise ganz erheblich die Energie der Manifestation.

Es gibt Erfüllungen, die sehr wenig und andere, die eine fast erdrückende Menge an Glaubensenergie brauchen. »Nächstes Jahr verbringe ich meinen Urlaub am Meer« benötigt sicher nicht allzu viel Glaubensenergie. Anders ist es aber, wenn ich mir vornehme, Urlaub auf Hawaii zu machen. Da werde ich möglicherweise sehr viel Glaubensenergie investieren müssen und vermutlich unter der riesigen Glaubenslast das Vorhaben aufgeben und darum auch nie auf Hawaii Urlaub machen. Mit anderen Worten: Ihre Glaubenskraft verleiht Ihren Träumen Flügel, kann sie aber auch stutzen. *Verwirklichen Sie immer die Träume, die Sie gerade noch glauben können.* Und Sie werden feststellen: Auch Ihre Glaubensstärke nimmt immer mehr zu. Irgendwann glauben Sie auch daran, Wunder vollbringen zu können – und dann tun Sie es auch!

Die Zukunft als Schöpfer gestalten

Sie kennen wahrscheinlich den Slogan: »Der beste Weg, die Zukunft zu erkennen, ist, sie selbst zu bestimmen.« Doch jetzt wissen Sie auch, wie es geht! Schöpferische Imagination ist das, was Sie brauchen, um zu erhalten, was Sie wollen. Es ist das Geheimnis, wie man Zukunft gestaltet.

Der erste Schritt ist, die volle Verantwortung für das, was JETZT ist, zu übernehmen. Damit verleihen Sie sich die Vollmacht als Schöpfer.

Sie lehnen die Verantwortung und Ihre eigene Schöpferkraft ab, wenn Sie glauben, dass äußere Einflüsse (z.B. Eltern, Lehrer, Staat, Zufall, Umstände) für Ihre ungünstigen Lebensumstände verantwortlich sind. So berauben Sie sich selbst der »Macht der Veränderung«.

Durch Übernahme der vollen Verantwortung für Ihr Leben, wie es jetzt ist, haben Sie die Möglichkeit zu erreichen, was immer Sie wollen, und das Leben hat keine andere Wahl, als es Ihnen zu geben. Handeln Sie so, als wären Sie *allein* verantwortlich. Das verleiht Ihnen die Macht zu erreichen, was immer sie wollen.

Dieser Schritt ist ganz wichtig, denn er ist auch Ausdruck dafür, dass Sie die Kraft der inneren Bilder erkennen: Mein Leben wurde nicht von meinen Eltern (oder wem man sonst die Schuld in die Schuhe schieben möchte) bestimmt, sondern von meinen inneren Bildern. Mein Leben ist eine Diaprojektion meiner inneren Bildergalerie. Und ich übernehme die volle Verantwortung dafür, welche Bilder mein Leben bisher bestimmt haben.

Der nächste Schritt ist es natürlich, die inneren Bilder auszutauschen, eine Bildershow zu inszenieren, die Sie jetzt im Außen erleben möchten. Wir werden im weiteren Fortgang des Buches sehen, wie Sie jetzt Ihre Wunschbiografie leben können!

Zukunft als Schöpfer gestalten

Den besten Zugang zur Imagination haben wir über unsere Träume. Hier sind wir schon Meister der schöpferischen Imagination!

Wir haben das »Geheimnis des Träumens« kennen gelernt: Die meisten träumen ein Leben lang vergeblich von Reichtum und Erfüllung, weil sie den Unterschied nicht kennen zwischen *»Weg-Träumen« und »Her-Träumen«.* Wenn Sie aus dem Mangel von der Fülle träumen, dann träumen Sie weg. Herträumen heißt, vom Ziel aus zu träumen und zu leben.

Erst wenn Sie sich vorstellen können, dass eine Veränderung möglich ist, wird die Veränderung dadurch möglich.

Sie persönlich haben eine bestimmte Schwingung, und Ihr Ziel hat eine bestimmte Schwingung. Wenn die Schwingungen nicht übereinstimmen, ist Erfüllung nicht möglich. (Wir nennen dies das Gesetz der Resonanz.) *Sich resonanzfähig zu machen heißt, sich lebendig vorstellen können, am Ziel zu sein.* Sich damit zu identifizieren, und es so *jetzt* in Besitz zu nehmen.

Wecken Sie den geistigen Riesen, der Sie sind, durch die schöpferische Imagination. Wir alle haben den geistigen Riesen, die schöpferische Urkraft, eingesperrt in unser Körperbewusstsein. Und allmählich haben wir geglaubt, dass wir so klein sind, wie wir uns fühlen. In Wirklichkeit aber ist unser Sein grenzenlos und wartet darauf, dass wir den »Geist aus der Flasche« lassen.

Treten Sie hervor als der, der Sie wirklich sind, und lassen Sie Ihr Bewusstsein wieder weit werden. Nehmen Sie sich in Besitz und treten Sie so Ihr geistiges Erbe an. *Kommen Sie wieder zu sich – zu Bewusstsein.*

Wecken Sie das Genie in sich, fangen Sie an, den geistigen Riesen, der Sie sind, auszubilden. Das geschieht vor allem durch die »Erinnerung«. Erinnern Sie sich wieder daran, wer Sie wirklich sind, und machen Sie von Ihren Möglichkeiten Gebrauch. Sie sind nicht ein Opfer der Umstände, sondern deren Schöpfer. Bestimmen Sie, was sein soll, und es wird »in Erscheinung treten«.

Was ist derzeit Ihr größtes Problem, der Problemkreis mit der stärksten Energie? Was kommt Ihnen da in den Sinn? Welche Gedanken, Bilder und Gefühle sind damit unbewusst verbunden? Verursachen die, was Sie erreichen wollen oder was Sie befürchten?

Jetzt ändern Sie einmal Ihre Einstellung, Ihre bewussten und unbewussten Gedanken, Gefühle und Bilder.
Statt Ärger über das Dicksein nehmen Sie eine andere Einstellung an: die Freude über die Möglichkeit, jederzeit wieder schlank werden zu können. So schaffen Sie mit der schöpferischen Imagination Ihre Lebens-Umstände. Und so können Sie sie jederzeit ändern.

Zur Erinnerung

- Die Sprache unseres Unterbewusstseins ist die Sprache der Bilder.
- Unter Einbildung verstehen wir Bilder, die sich aus Erfahrungen in unser Unterbewusstsein eingeprägt haben. Mit diesen Bildern sind immer auch Gefühle verbunden. Einbildungen sind die Bilder der Vergangenheit.
- Wir können auch innere Bilder neu kreieren. Diesen Vorgang nennen wir Visualisierung oder Vorstellung. Diese Bilder sind die Bilder unserer Zukunft. Visionäre Träume gehören zu diesen kreativen Bildern.
- Schöpferische Imagination ist die Kunst, das Unterbewusstsein

Zur Erinnerung

mit den erwünschten Bildern auszustatten, um das Leben zu leben, das ich führen will.
- Schöpferische Manifestation ist die Verwirklichung dieser inneren Bilder zum realen Leben.
- Wir tragen die Ideale unseres Lebens bereits als Bilder in uns. Wir müssen sie »in Erscheinung rufen und treten lassen«.
- Leben heißt, seine Träume zu verwirklichen. Schöpferische Imagination und schöpferische Manifestation sind die Werkzeuge dazu.

8. KAPITEL

Dieses Kapitel gibt Antwort auf die Fragen:

- Wie kann ich in jedem einzelnen Fall Erfolg haben?

- Was ist überhaupt »Erfolg«?

- Was für eine Rolle spielt ein Misserfolg, und wie gehe ich damit um?

- Wie erreiche ich das, was ich beabsichtige?

- Ist man zum Erfolg geboren oder kann man Erfolg lernen?

- Ist Erfüllung mehr als Erfolg?

- Wie kann ich in allen Lebensbereichen Erfolg haben?

- Wie mache ich meinen Alltag erfolgstauglich?

Lerne die Kunst der erfolgreichen Manifestation!

*Erfolg zu haben ist das Lebensrecht eines jeden Menschen,
und jeder kann es lernen.*

»Selbstbewusstsein« bedeutet also vor allem, sich seines »wahren Selbst« bewusst zu sein und aus diesem »wahren Selbst« heraus zu leben. Es ist auch das Wissen, die Lebensumstände nicht als Opfer erdulden und ertragen zu müssen, sondern das eigene Leben als »Schöpfer« selbst bestimmen zu können. In diesem Bewusstsein wird für uns ein neues Wort wichtig: Erfolg. Denn wenn ich mein Leben bewusst gestalte, dann will ich es mit Erfolg tun.

Wir haben im letzten Kapitel das Werkzeug der »schöpferischen Manifestation« kennen gelernt. Wir wollen dieses Werkzeug jetzt so einsetzen, dass es einen Lebenserfolg regelrecht unvermeidbar macht. Von der Fähigkeit, durch schöpferische Imagination und schöpferische Manifestation Träume in einzelnen Fällen zu realisieren, bis zur Verwirklichung der Wunschbiografie sind noch einige Schritte zu vollziehen. Wir wollen dazu in diesem Kapitel einen entscheidenden Schritt tun, indem wir lernen, in ganzen Lebensbereichen immer mehr Erfolg zu haben, uns zu einer Erfolgspersönlichkeit herauszubilden. Dabei ist es unumgänglich, unseren eigenen Erfolg zu definieren und es nicht von anderen bestimmen lassen, ob wir Erfolg haben oder nicht, was für uns Erfolg ist und was nicht.

Auch hier möchte ich Ihnen eine kleine Geschichte erzählen, die zeigt, wie unterschiedlich Erfolg bewertet werden kann:

Ein pfiffiger Junge

»In einer Kleinstadt hatte sich der Schulrat in der Grundschule angesagt, blieb unterwegs aber mit seinem Auto liegen, da etwas am Motor streikte.

Während der Schulrat noch ziemlich ratlos vor seinem Auto stand, kam ein Schuljunge vorbei, sah den hilflosen Mann und fragte, ob er helfen könne. In seiner Not meinte der Schulrat: ›Verstehst du denn etwas von Autos?‹ Der Junge redete nicht lange, ließ sich Werkzeug geben, hantierte eine Weile unter der geöffneten Motorhaube und bat, den Wagen einmal zu starten – und er lief wieder!

Der Schulrat bedankte sich bei dem Jungen, wollte dann aber doch wissen, warum er zu dieser Zeit nicht in der Schule sei. ›Nun‹, meinte der Junge, ›heute kommt in unsere Schule der Schulrat zu Besuch und weil ich der Dümmste in der Klasse bin, hat mich der Lehrer nach Hause geschickt.‹«

Wir wissen nicht, was aus dem Jungen geworden ist, aber eines ist sicher: Er hat sein Leben gemacht. Auch wenn er in der Schule nicht glänzen konnte, hat er seine Fähigkeiten mutig eingesetzt, um anderen zu helfen.

Mit Erfolg manifestieren

Seit jeher haben die *erfolgreichen Menschen* dieser Welt eine besondere Faszination an sich. Versucht man dem Geheimnis ihres Erfolges auf die Spur zu kommen, wird man bald die Entdeckung machen, dass die Erfolgreichen keineswegs weniger Misserfolge hatten als die nicht so Erfolgreichen. Eher war das Gegenteil der Fall, aber der wichtigste Unterschied bestand darin, dass sie nicht

Kunst der erfolgreichen Manifestation

aufgaben. Der Erfolglose scheitert beim ersten Misserfolg. *Die Erfolgreichen aber betrachteten offensichtlich einen Misserfolg nur als ein Zwischenergebnis auf dem Weg zum eigentlichen Erfolg.* Ja, der Misserfolg scheint sie eher noch zu beflügeln, ihre Anstrengungen weiter zu erhöhen.

Oft stellte sich der Erfolg erst nach einer ganzen Serie von Misserfolgen ein, aber anstatt sich entmutigen zu lassen, lernten sie aus dem Misserfolg, es beim nächsten Mal besser zu machen. Und eine einmal angefangene Sache wird eben erst dann abgeschlossen, wenn sie erfolgreich beendet werden kann. Es ist ein wunderbares Gefühl, nicht nur erfolgreich zu sein, sondern *in jedem einzelnen Fall* erfolgreich zu sein. Und wenn wir es lernen, ein Vorhaben erst dann zu beenden, wenn der Erfolg sichtbar geworden ist, *dann haben wir in jedem einzelnen Fall Erfolg.*

Der Weg zum Erfolg ist oft mit Misserfolgen gepflastert, aber in Wirklichkeit ist jeder so genannte Misserfolg nur eine Botschaft des Lebens, dass es so noch nicht geht, eine Aufforderung, die Lektion zu lernen und es beim nächsten Mal besser zu machen. *So wird der scheinbare Misserfolg zum wichtigsten Lehrer auf dem Weg zum Erfolg.* Lernen auch Sie diese Lektion, und der Erfolg ist Ihnen absolut sicher!

Überlegen Sie sich einmal eine Situation, die Ihnen anfänglich als Misserfolg vorkam. Nachdem Sie die Lehre aus dem Misserfolg gezogen und beharrlich am Ziel festgehalten haben, konnten Sie es mit Erfolg erreichen.

Nun gibt es Menschen, die lernen eine Lektion gleich beim ersten Mal, und andere, die brauchen eine mehrfache Wiederholung, bis sie es verstanden haben. Es gibt sogar einige, die scheinen auch aus schmerzhaften Erfahrungen nichts zu lernen und wiederholen ständig die gleichen, unangenehmen Lektionen.

Auch »Erfolgsbewusstsein« ist ein wichtiges Werkzeug, um alle Lektionen des Lebens möglichst sofort zu erkennen und zu lernen. Fragen wir uns also:

Was ist Erfolg?

Wenn Sie erfolgreich sein wollen, müssen Sie zunächst einmal klären, *was das für Sie eigentlich ist: Erfolg.* Hier hilft uns die Weisheit der Sprache wieder weiter: »Erfolg« kommt von »erfolgen«.

Jetzt ganz langsam, weil sich dieser Kern des Erfolgsbewusstseins leicht überlesen lässt: Wenn jemand etwas tut, *dann erfolgt etwas.* Genauer: *Immer,* wenn jemand etwas tut, erfolgt etwas. Mit anderen Worten: *Jeder hat immer Erfolg!*

Sie können gar nicht anders als erfolgreich zu sein. Denn ganz gleich, was Sie tun, irgendetwas »erfolgt«. Diese Sicht von »Erfolg« ist wahrscheinlich ungewöhnlich, doch *wir brauchen ungewöhnliches Denken, um ungewöhnliche Resultate erzielen zu können.*

Lassen Sie uns das an einem Beispiel demonstrieren:

Nehmen wir einmal an, Sie machen mit einem Freund einen kleinen Wettbewerb, wer einen Stein am weitesten werfen kann. Jeder sucht sich einen etwa gleich großen Stein, dann nehmen Sie Anlauf und werfen Ihren Stein. Nun gibt es drei Möglichkeiten:

1. Sie werfen den Stein am weitesten, dann haben Sie Ihr Ziel erreicht.
2. Ihr Freund wirft den Stein weiter als Sie, dann haben Sie Ihr Ziel, zu gewinnen, nicht erreicht.

Der Stein landet in der Fensterscheibe eines Nachbarn. Dann

haben Sie eine unbeabsichtigte Wirkung erzielt und tragen natürlich auch die Konsequenzen: Sie müssen die Scheibe bezahlen, auch wenn Sie immer wieder beteuern, dass die Zerstörung der Scheibe *gar nicht in Ihrer Absicht lag*.

Übersetzen wir diese Szene in den Alltag des Erfolgs:

- Die Größe des Steines entspricht dem *Umfang dessen, was Sie in Bewegung setzen.*
- Die Wucht, mit der Sie den Stein werfen, entspricht Ihrer *Motivation.*
- Das Ergebnis entspricht Ihrer *Fähigkeit zu zielgerechtem Handeln.*

Wenn Sie einen kleinen Stein mit geringer Kraft gegen eine Scheibe werfen, erzeugen Sie bestenfalls ein Geräusch als Wirkung, und das kann ja auch durchaus in Ihrer Absicht liegen (um jemanden z.B. darauf aufmerksam zu machen, dass Sie draußen stehen). Wenn Sie einen kleinen Stein aber mit großer Wucht gegen die Scheibe werfen, wird sie wahrscheinlich kaputtgehen, egal, ob das in Ihrer Absicht liegt oder nicht.

Werfen Sie einen großen Stein, ist keine zusätzliche Kraft mehr nötig, um zum gleichen Ergebnis zu kommen.

Aus diesem einfachen und anschaulichen Beispiel können Sie erkennen, dass Sie in *jedem Fall Erfolg hatten*. Sie hatten die Absicht, einen Stein zu werfen, und das ist dann auch erfolgreich geschehen.

Die Wirkung jedoch wird immer in Qualität und Quantität der Ursache entsprechen, wie Sie geworfen haben: wie kraftvoll, wie zielsicher Sie geworfen haben. Der Bruch der Scheibe ist allein die *Folge* Ihres Wurfes – und damit ein Erfolg, wenn auch ein »unbeabsichtigter«.

Entspricht das Resultat der Absicht?

In unserem alltäglichen Verständnis von Erfolg nennen wir aber etwas nur Erfolg, wenn das Ergebnis mit unserer Absicht übereinstimmt. Stimmt das Ergebnis mit unserer Absicht *nicht* überein, nennen wir das einen Misserfolg.

Beim unbeabsichtigten Zerstören einer Scheibe durch einen Steinwurf würde niemand im Alltagsbewusstsein von einem »Erfolg« sprechen. Damit koppelt man sich vom Resultat ab und macht leicht andere oder die Umstände dafür verantwortlich. Im Erfolgsbewusstsein übernehmen wir die Verantwortung für das Resultat unseres Handelns voll und ganz, unabhängig davon, ob das Resultat unserer Absicht entspricht.

Erfolg ist also nichts anderes als die Wirkung, die auf eine Handlung erfolgt. *Je mehr Handlungen Sie ausführen, desto mehr erfolgt, desto erfolgreicher sind Sie.* Doch erst, wenn die meisten (oder alle) Ihrer Handlungen zum erwünschten Ergebnis führen, werden Sie sich wirklich erfolgreich nennen können.

Sollte es beim ersten Mal nicht gelingen, bleibt Ihnen immer noch die Möglichkeit der Wiederholung, denn Beharrlichkeit führt immer zum Ziel. Nicht umsonst heißt es: »Dem Menschen wäre nichts unmöglich, hätte er die Beharrlichkeit.«

Hinter jeder sichtbaren Wirkung steckt immer eine entsprechende, meistens verborgene Ursache. Wenn sich jemand beim Geschirrspülen so ungeschickt anstellt, dass immer wieder ein Teil zerbricht, dann zeigt das, dass er sich bewusst oder unbewusst dagegen wehrt, Geschirr zu spülen. Wenn jemand etwas »vergisst«, dann steht auch da eine bewusste oder unbewusste Absicht dahinter, und so wird alles zur Botschaft.

Wir sind von Natur aus erfolgreich, und wenn das Ergebnis unserer Handlungen mit unseren Absichten übereinstimmt, dann übernehmen wir auch gern dafür die Verantwortung und sagen: »Ich habe diese Firma aufgebaut, mir dieses Haus erarbeitet« usw. Entspricht das Ergebnis jedoch *nicht* unserer Absicht, dann sind die anderen schuld: die Unzuverlässigkeit der Menschen, das Versagen der Politiker, die falsche Erziehung der Eltern, die Unfähigkeit der Lehrer, der Chef, der mich nicht meinen Fähigkeiten entsprechend einsetzte, die wirtschaftliche Lage oder das Wetter – nur eben nicht ich!

Doch das ist Selbstbetrug. Es gibt nur Ursache und Wirkung, und *es er-folgt das, was Sie verursachen,* nicht das, was Sie haben wollen oder dringend brauchen. *Erfolg ist nicht nur selbstverständlich, er ist einfach unvermeidbar und nichts Besonderes.* Worauf es ankommt, ist, durch zielgerechtes Verhalten *die richtigen* Ursachen zu setzen, damit *die erwünschten* Wirkungen hervorgerufen werden. Denn Sie tragen die Folgen, egal, ob sie angenehm oder unangenehm sind. Daher sollten Sie die Ursachen auch ganz bewusst setzen.

Erfolg ist tatsächlich erlernbar

Es kann sein, dass Sie auch einmal fleißig sein müssen, aber der Weg zu Erfolg und Reichtum ist *nie ein Weg harter Arbeit.* Vielmehr ist es ein Weg, zunächst einmal die Erfolgshindernisse zu erkennen und aufzulösen, Ballast abzuwerfen, dann seine Fähigkeiten zu erkennen und diese optimal einzusetzen und so die Chancen zu nutzen, die das Leben ständig bietet.

Ob Sie gesund und erfolgreich sind oder arm und krank, *es kostet Sie die gleiche Energie,* nur ist das eine wesentlich angenehmer. Wenn Sie im Mangel leben, zeigt das, dass Sie etwas falsch machen, es bietet Ihnen aber auch in jedem Augenblick die Chance, es zu ändern. Die *erforderliche Änderung ist immer* eine Änderung Ihres Bewusstseins, Ihrer inneren Überzeugungen, Bilder und Verhaltensmuster. Denn *dort* entstehen die Ursachen für das, was wir Schicksal nennen.

Erfolg hat wenig mit Intelligenz und Fleiß zu tun, obwohl beides zeitweise ganz hilfreich sein kann. Aber es gibt genügend intelligente und fleißige Menschen, die es nie im Leben zu etwas bringen werden, da sie ihr Bewusstsein nicht gezielt einsetzen. Jeder Mensch hat seine Chance, erfolgreich zu werden und zu sein!

Das heißt letztlich, *in weniger Zeit mehr und Besseres leisten,* mit Hilfe der Intuition die richtigen Entscheidungen zu treffen und diese mit zielgerechtem Handeln ohne Umwege zu verwirklichen.

Erfolg und Erfüllung

Ein wirklich erfolgreiches Leben zu leben heißt, Erfolg *und* Erfüllung zu finden. Das können Sie nur erreichen, indem Sie die in Ihnen liegende Lebensabsicht, Ihre Lebensaufgabe erkennen und erfüllen – indem Sie sich selbst, Ihr »wahres Selbst« erfüllen.

Ein weiteres Geheimnis des Erfolges lautet: Sie müssen sich für das »resonanzfähig« machen, was Sie in Ihrem Leben anziehen und manifestieren wollen. Sie müssen das Gesetz von Ursache und Wirkung kennen und die Quelle Ihrer Kraft, Ihr Herz und Ihre Seele! *Dieses Buch ist eine einzige Aufforderung an Sie, erfolgreich und damit wohlhabend und glücklich zu sein.* Ich möchte es noch deutlicher sagen: Sie sind tatsächlich *verpflichtet,* wohlhabend und glücklich zu werden, denn *Sie sind hier, um einen Schöpfungs-Auftrag zu erfüllen.* Die automatische Wirkung davon sind Wohlstand und Glück.

Kunst der erfolgreichen Manifestation

Sobald Sie sich auf »sich selbst« besinnen und Ihre unbegrenzten Möglichkeiten nutzen, fällt Ihnen der *Erfolg als logische Folge* wie reife Früchte in den Schoß. Die Kenntnis und das Befolgen der geistigen Erfolgsgesetze machen Sie geradezu magnetisch für Erfolg, Gesundheit und Wohlstand!

Erfolg ist kein Geschenk, sondern muss geschaffen werden. Beabsichtigter Erfolg ist das, was erfolgt, wenn Sie richtig denken und auch danach handeln. Auch der günstigste Zufall fällt immer nur dem zu, der das Gesetz von Ursache und Wirkung befolgt hat.

Vielleicht sollten Sie sich auch einmal fragen, warum Sie mehr Erfolg haben möchten. Haben Sie wirklich Freude am Erfolg oder wollen Sie nur anderen damit imponieren? Können Sie sich an Ihrem Erfolg erfreuen, ohne mit anderen darüber zu sprechen, oder suchen Sie eigentlich Achtung, Aufmerksamkeit und Anerkennung? Wenn Sie das bei anderen suchen, könnte es sein, dass Sie sich selbst nicht genug Aufmerksamkeit und Achtung schenken!

Was bedeutet für Sie »Erfolg«? Wann fühlen Sie sich erfolgreich? Was macht für Sie ein erfolgreiches Leben aus?

Die Bereiche, in denen wir vor allem Erfolg haben möchten, sind eine *gute Gesundheit, wirtschaftliche Unabhängigkeit und eine erfüllende Partnerschaft.* Doch sobald wir das erreicht haben, werden wir anspruchsvoller. Wir suchen berufliche Anerkennung, Ruhm oder Macht, wir sammeln seltene oder kostspielige Dinge, gehen ungewöhnlichen Hobbys nach. Aber alles das kann unser Interesse nicht lange befriedigen, denn der Mensch neigt dazu, das Interesse an den Dingen schnell wieder zu verlieren, die er gerade mit großer Mühe erworben oder errungen hat. Tief in uns selbst wissen wir, dass wir eigentlich auf der Suche nach etwas ganz anderem sind, auf der *Suche nach einem inneren Schatz*, nach uns selbst! Uns selbst zu finden (Er-finde dich!) und uns selbst zu leben, ist der einzig wahre Lebenserfolg. Alles andere sind mehr oder weniger Scheinerfolge, die wie Seifenblasen wieder platzen können.

Stärken Sie Ihr Erfolgsbewusstsein!

Prüfen Sie jetzt einmal in allen Bereichen Ihres Lebens, wo Dinge nicht so gelaufen sind, wie Sie es gern gehabt hätten: im Beruf, in der Partnerschaft, mit der Gesundheit, bei der persönlichen Entfaltung usw. Schauen Sie einmal zurück und halten Sie fest, *wo eine wichtige Handlung nicht das erwünschte Ergebnis gebracht hat*. Prüfen Sie danach aber auch die kleinen »Pannen«, die scheinbar unbedeutenden Ereignisse, und schreiben Sie alles auf, was Ihnen dazu einfällt.
Es wäre gut, wenn Sie *mindestens 50 Punkte* finden könnten. Das sollte auch in einem erfolgreichen Leben keine Schwierigkeiten bereiten.

Nun ordnen Sie die einzelnen Punkte den verschiedenen Bereichen Ihres Lebens zu:
1. Partnerschaft, Familie, Freunde, Freizeit
2. Beruf, Karriere
3. Gesundheit, Leistungsfähigkeit, Wohlgefühl
4. Wirtschaftliche Situation, Besitz, Vermögen
5. Ausbildung, persönliche Entwicklung, Erkenntnis, gelebte Weisheit

Sie werden dabei sehr schnell *Schwerpunkte* erkennen, Bereiche, in denen Ihnen scheinbar alles, vielleicht sogar mühelos gelingt und andere Bereiche, in denen Sie sich schwerer tun, wo trotz aller Bemühungen öfter etwas einfach nicht gelingen will. Es wird nämlich selten erkannt, dass auch ein erfolgreicher Mensch durchaus auf einem anderen Gebiet ein Versager sein kann. Das bedeutet, dass er sich dort die Lebenserfüllung noch »versagt«.

Nun brauchen Sie nur noch das »Warum« dahinter zu finden, denn alles hat seinen tieferen Grund. Fragen Sie einfach bei jedem einzelnen Punkt so lange »Warum«, bis Sie die Ursache erkannt haben. *Sollte diese Ursache scheinbar außerhalb von Ihnen liegen, sind Sie noch nicht bei der letzten Ursache angelangt.* Also fragen Sie weiter, denn die wahre Ursache liegt immer bei Ihnen selbst. Sobald Sie sie gefunden haben, werden Sie erkennen, dass es *keinen Grund gibt, sich im Leben irgendetwas zu versagen*, um so letztlich in allen Bereichen des Lebens wirklich erfolgreich zu sein, das heißt mit zielgerechtem Handeln erwünschte Ergebnisse zu erreichen.

Machen Sie Ihren Alltag erfolgstauglich!

In unserem Alltag gibt es unzählige Dinge, die Sand in unser Erfolgsgetriebe streuen oder Erfolgschancen bedrohen. Je mehr Power wir haben, desto mehr können wir bewegen. Es ist eine Aufgabe für sich, unsere Lebensenergie in allen Lebensbereichen zu erhöhen.

Oft sind es nur kleine Dinge, denen wir wenig Beachtung schenken, die aber im Verband mit vielen anderen kleinen Dingen fatale Ausmaße erreichen können.

Erfolgstauglicher Alltag

Machen Sie auch hier einen »energetischen Kassensturz« Ihres Alltags und fragen Sie sich:
- Stärkt mich dieses Nahrungsmittel, die Art meiner Ernährung, oder werde ich dadurch eher geschwächt?
- Ist dieses Medikament hilfreich für mich? Brauche ich dieses Medikament überhaupt noch?
- Ist dieses Kleidungsstück und seine Farbe stärkend?
- Ist diese Musik gut für mich? Welche Musik fördert meinen persönlichen Erfolg mehr?
- Wie wirkt eine bestimmte Situation auf mich? Was möchte ich mir nicht mehr zumuten?
- Wie reagiere ich auf dieses Bild, diese Ausstattung meines Lebensraums? Wie wirkt diese Uhr, Brille, Schmuck, Tapete, Farbe?
- Liegt mir dieses Auto? Was sagt es über mich? Ist es noch angemessen? Ist es noch mein Traumauto?
- Was sagt mein Körper zu dieser Person? Achte ich auf mein Körperbewusstsein?
- Wie wirkt diese Nachricht, Information auf mich? Wo stärkt mich Fernsehen, wo schwächt es mich?
- Wie wirkt dieses Parfüm, Duschmittel, Spray, Reinigungsmittel, Rasierwasser?
- Wie reagiere ich auf meinen Namen?
- Wann bekommt mir die Sonne am besten, wann nicht?
- Soll ich dieses Jahr wieder Urlaub am alten Ort machen oder einmal einen ganz anderen Ort aussuchen?
- Bekommt mir Alkohol: das Bier, der Wein, Schnaps, Cognac?
- Hat mich dieses Bad gestärkt?
- Wie gut ist meine Schlafstelle, Schlafdecke?
- Stärkt oder schwächt mich mein Hund, Katze, Vogel?
- Ist diese Tätigkeit, dieser Beruf gut für mich?

- Welche Menschen stärken mich, welche Menschen schwächen mich?

Gehen Sie einmal Ihren ganzen Alltag durch und prüfen Sie, *was stimmig ist und was nicht mehr.*

Sogar die Stimme eines Menschen hat einen sofortigen Einfluss auf uns. Auch die Stimme lässt sich trainieren und ändern! Testen Sie einmal die Stimmen von Politikern, Nachrichtensprechern, Schauspielern und Freunden. Auch, *was* Sie sagen, ist wichtig. Sagen Sie doch einmal zu jemandem, dass Sie ihn hassen, oder dass er hässlich sei, sich unmöglich benehme usw. Obwohl der andere weiß, dass es nur ein Experiment ist, wird er sich augenblicklich schwach fühlen. Aufbauende Worte dagegen werden ihn sofort wieder stärken.

Schaffen Sie sich so systematisch einen Erfolgsalltag, sodass alles um Sie herum Ihr Energiesystem stärkt.

Erfolg macht andere erfolgreich

Ein Grund, warum einige Menschen miteinander Probleme haben, ist, dass sie sich gegenseitig nicht leiden mögen. Sie fühlen sich unsicher und müssen sich gegenseitig Beweise erbringen, dass sie halt überlegen sind. Das ist ein großer Trugschluss. *Kein Mensch ist dem anderen überlegen, denn in der Schöpfung gibt es nur Aufgaben, die wir zu lösen haben.* Es gibt vermutlich, je nach gesetzten Ursachen, leichtere und schwierigere Aufgaben, auf keinen Fall aber bessere oder geringere.

Wir können uns leicht ins eigene Fleisch schneiden, wenn wir uns dazu hinreißen lassen, einen Menschen als »minderwertigen Bettler«, »drogensüchtigen Gammler« oder »ausländisches Gesindel« zu qualifizieren. Wer weiß denn schon etwas über deren Aufgabe? Vielleicht handelt es sich um ganz hoch entwickelte Seelen, die noch diese eine Erfahrung in diesem Körper und in diesem sozialen Umfeld machen müssen. Vielleicht sind sie auch genau da, damit *ich* die Chance habe, durch sie einen großen Entwicklungssprung zu machen, indem ich ihr Anderssein nicht bewerte und erst recht nicht verurteile.

Wenn wir unsere Mitmenschen übervorteilen oder missbrauchen, schaffen wir uns selber eine Situation, in welcher wir irregeführt und missbraucht werden. *Deshalb sollten wir immer darüber nachdenken, wie wir anderen dienen können.* Nach dem Gesetz der Resonanz empfangen wir immer nur das, was wir aussenden: Was ich einem Mitmenschen antue, Gutes oder Schlechtes, wird bald auch mir angetan. In meinem eigenen Interesse lohnt es sich wirklich, nur Gutes zu tun, so wird auch mir nur Gutes getan. Sollten wir einmal auf einen gegenteiligen Anschein stoßen, dann haben wir eben noch nicht den tieferen Einblick und glauben nur, dass dieser Mensch noch für seine Schlechtigkeit belohnt wurde. In Wirklichkeit unterliegen wir alle den »geistigen Gesetzen« und da gibt es keine Ausnahme – niemals.

Die Fähigkeit, Umstände zu sehen, die noch nicht in Erscheinung getreten sind, stellt den Menschen über alle anderen Lebewesen. Wir haben die wunderbare Fähigkeit, das noch Unbekannte zu sehen und es in unsere mentale Erlebniswelt zu projizieren.

Der Mensch ist nur durch seine Weigerung begrenzt, sich Zustände und Bedingungen vorzustellen, die im Moment noch anders erscheinen, als er mit seinem normalen Denken erfassen kann.

Zur Erinnerung

- Erfolg zu haben bedeutet, *in jedem einzelnen Fall* Erfolg zu haben und keine Ausnahme mehr zuzulassen.
- Misserfolg ist nur ein Zwischenstadium. Er zeigt, wie es *nicht* geht, und spornt zu einer Kurskorrektur an. Mit Beharrlichkeit ist jedes Ziel zu erreichen.
- Da Erfolg ist, was erfolgt, habe ich immer 100 Prozent Erfolg. Das Resultat entspricht oft nur nicht der Absicht. Um beabsichtigten Erfolg zu erzielen, muss ich die gesetzten Ursachen so lange verändern und korrigieren, bis das Ziel erreicht ist.
- Erfolg kann ich lernen wie eine Muttersprache. Denn ich bin zum Erfolg geboren.
- Erfolg ist mehr als nur ein kurzfristiges Erreichen von Zielen. Erfolg hat nur Bestand, wenn er auch Erfüllung bringt. Dann ist jeder Erfolg auch eine Stufe im Lebenserfolg.
- Lebenserfolg heißt, in allen Lebensbereichen erfolgreich zu sein, indem ich »mich selbst« neu erfunden habe und mit ganzem Herzen lebe.
- Erfolge erziele ich vor allem dadurch, dass ich *andere* erfolgreich mache.

9. KAPITEL

Dieses Kapitel gibt Antwort auf die Fragen:

- Woran erkenne ich, dass ich jetzt wirklich bei mir »angekommen bin«?

- Wie optimiere ich mein Leben in allen Lebensbereichen?

- Was ist mein aktuelles Entwicklungspotenzial, das darauf wartet, mein Leben jetzt zu erfüllen, mich ganz der Fülle zu öffnen?

- Und was ist, wenn nicht das eintritt, was ich auf den Weg gegeben habe, wenn nicht das ankommt, was ich bestellt habe?

- Wie kann ich auch meine Vergangenheit in einem anderen Licht sehen, sodass mein ganzes Leben zu einer echten Wunschbiografie wird?

Lebe deine Wunschbiografie!

Von allem immer nur das Beste!
Man muss das Unmögliche versuchen,
um das Mögliche zu erreichen.

Die Wunschbiografie zu leben heißt, sein Leben zu leben, so wie es als »Schöpfungsplan« gedacht ist, mit anderen Worten: sich selbst zu verwirklichen.

Im Mittelpunkt dieses Kapitels steht die Frage: Was muss noch getan werden, damit Sie ganz »ich selbst« sein können, damit Sie Ihren Weg gehen und Ihr Leben leben können.

Das Leben ist überaus vielfältig. Kein Mensch hat die gleiche Lebensaufgabe wie ein anderer. Wir alle sind einzigartig. Und erst dann, wenn wir unsere Originalität leben, leben wir nach dem eigenen Programm. Und je mehr wir unser eigenes Programm leben, desto mehr füllen wir den Platz aus, den die Schöpfung für uns vorgesehen hat. Unsere Wunschbiografie ist kein Fantasiegebilde unseres Ego. In unserer Wunschbiografie erkennen und leben wir unsere innere Bestimmung. So wird unser Leben stimmig. Stellen Sie sich vor, Sie sind mit einem bestimmten Lebensplan in diese Welt gekommen. Sie tragen in sich eine »Wunschbiografie«, die Sie inzwischen nur vergessen haben. Es geht jetzt darum, sich dessen zu erinnern und nach dieser »Wunschbiografie« auch stimmig zu leben.

Ich habe für Sie wieder eine kleine Geschichte, die rührend erzählt, wie eine Kerze ihre Bestimmung erkennt und Erfüllung findet, indem sie dem Sinn ihres Lebens gemäß lebt:

Das Zündholz und die Kerze

»Es kam der Tag, da sagte das Zündholz zur Kerze:
›Ich habe den Auftrag, dich anzuzünden.‹
›Oh, nein‹, erschrak die Kerze, ›nur das nicht. Wenn ich brenne, sind meine Tage gezählt. Niemand wird mehr meine Schönheit bewundern.‹

Das Zündholz fragte: ›Aber willst du denn ein Leben lang kalt und hart bleiben, ohne vorher gelebt zu haben?‹

›Aber brennen tut doch weh und zehrt an meinen Kräften‹, flüsterte die Kerze unsicher und voller Angst.

›Es ist wahr‹, entgegnete das Zündholz, ›aber das ist doch das Geheimnis unserer Berufung. Wir sind berufen, Licht zu sein. Was ich tun kann, ist wenig, zünde ich dich aber nicht an, so verpasse ich den Sinn meines Lebens. Ich bin dafür da, Feuer zu entfachen. Du bist eine Kerze. Du sollst für andere leuchten und Wärme schenken. Alles, was du an Schmerz, Leid und Kraft hingibst, wird verwandelt in Licht. Du gehst nicht verloren, wenn du dich verzehrst. Andere werden dein Feuer weitertragen. Nur wenn du dich versagst, wirst du sterben.‹

Da spitzte die Kerze ihren Docht und sprach voller Erwartung: ›Ich bitte dich, zünde mich an!‹

Denn sie erkannte, auch mit einer kleinen Flamme kann man ein großes Feuer entfachen.«

Die Geburt zu »sich selbst« vollenden

Überprüfen Sie bitte anhand der nachfolgend aufgeführten Kriterien, ob Sie schon ganz »bei sich selbst« angekommen sind:
- vollständige und dankbare Abnabelung von den Eltern

- die eigenen Kinder in die angemessene Selbstständigkeit entlassen (nicht klammern)
- den »Rucksack der Vergangenheit« ausgezogen, der Vergangenheit nichts mehr schulden, das Leben im Hier und Jetzt genießen
- die Auflösung von Ärger, Ängsten, unstimmigen Verhaltensmustern, Schuldgefühlen usw.
- Wunschdenken in schöpferisches Denken mit unbeirrbarer Willensenergie verwandeln
- die volle, uneingeschränkte Verantwortung für das eigene Leben übernehmen, niemandem mehr Schuld geben oder für etwas verantwortlich machen
- grenzenloses Vertrauen ins Leben und zu sich selbst: Alles ist in Ordnung, so wie es ist – und es folgt immer Besseres nach
- Urheber sein für das, was sein/werden will: Das Leben lebt aus mir in seiner ganzen Lebendigkeit und Vielfalt
- bewusster Autor des eigenen Lebensbuches, der eigenen Wunschbiografie: Autor, Regisseur, Darsteller der Hauptrolle, Zuschauer und Beobachter – alle Rollen des eigenen Lebensspiels übernehmen
- in der »Leichtigkeit des Seins« leben, sich von allen Abhängigkeiten und Belastungen befreien
- das Paradies in sich entdecken, das Leben als Königreich erkennen und es mit Herzenspower und liebevoller Strenge führen
- echt, ehrlich, wahrhaftig, authentisch sein
- sowohl erdverbunden wie auch himmlisch leben, Himmel und Erde miteinander verbinden, Weiblichkeit und Männlichkeit
- sich selbst eine Chance geben, der zu sein, der »ich bin«– keine Rolle mehr, in die ich unpassend hineingezwängt werde
- in und aus der Intuition, der Seele, der inneren Führung leben
- die Wirklichkeit meines »wahren Wesens« sichtbar machen,

Geburt zu »sich selbst«

zum Ausdruck bringen, ausstrahlen – für andere ein Licht und ein Weg sein
- Erzeuger sein und Empfänger der Lebensumstände, Zufälle, Situationen
- Leben als mein eigener Schutzengel
- »stimmig« leben, denken, fühlen, reden, handeln, sein
- den Tod als wichtigen Teil der Geburt zu sich selbst erkennen
- alte Kleider ablegen – raus aus den Pampers
- eine Inkarnation (Fleischwerdung, Verkörperung) von Liebe, Freude, Friede und Glück sein
- mit neuen Kleidern/Form wiederkommen, bis es geschafft ist: mich neu erfinden
- *meinen* Platz finden und ausfüllen, ihn und mich erfüllen
- eine ideale Partnerschaft führen, auch mit mir selbst
- den idealen Beruf ausüben
- Wohlstand, Glück, Erfüllung in allen Lebensbereichen schaffen
- auch die Geburt des Meisters, der »ich bin«, vollenden

Wie nahe sind Sie sich schon selbst gekommen? Wo fühlen Sie sich noch nicht ganz bei sich angekommen? Haben Sie schon Ihren Weg gefunden? Gehen Sie ihn schon? Sind Sie »ich selbst« und spielen keine fremden Rollen mehr?
Welche Aufgaben können Sie noch erkennen, um ganz bei sich selbst anzukommen?

Werden Sie sich bewusst: Meine Seele hat die gesamte Evolution mindestens dieses Planeten von Anfang an erlebt, nun sollte ich diese Evolution vollenden: bei »mir selbst« ankommen und »angekommen« leben, im Ein-Klang mit mir und dem Leben sein. Ich habe (wie alle anderen auch) einen Schöpfungsauftrag und es gilt, ihn wahrzunehmen und zu vollenden.

Mein ganzes Leben war eine Vorbereitung auf diese Erkenntnis und hat ihr gedient. Alles hat seinen Sinn gehabt und war in der Rückschau vollkommen.

So wird mein Leben auch in Zukunft vollkommen sein. Ich vertraue mich ihm voll und ganz an, gebe mich dem Leben hin. Ich brauche immer nur den nächsten Schritt zu erkennen und zu tun. Tun, was ich als richtig erkenne – tun, was zu tun ist. Indem ich einen Schritt vollziehe, zeigt sich der nächste. Mein Vertrauen in das Leben ist grenzenlos.

Die Bereiche der Wunschbiografie

Wenn wir uns für ein neues Leben entscheiden, es durch schöpferisches Denken, schöpferische Imagination und erfolgreiche Manifestation neu gestalten, dann machen wir uns *Gedanken über alle Lebensbereiche, denn die Gestaltung der Wunschbiografie ist ganzheitlich, betrifft das ganze Leben.*

Viele Menschen sind in dem einen Lebensbereich Profi (Männer z.B. im Beruf) in einem anderen Bereich jedoch Dilettanten (z.B. in der Pflege persönlicher Beziehungen). Wenn wir unser Leben bewusst und schöpferisch gestalten, dann ist es wichtig, nicht nur einzelne Lebensbereiche zu optimieren, sondern *alle* Bereiche in Harmonie zu bringen.

Aus diesem Grund ist es wichtig, sofort *eine »vollständige Wunschbiografie«* zu erstellen, die alle Bereiche umfasst, um immer das Ganze vor Augen haben zu können.

Im nächsten Schritt empfiehlt es sich, nicht alle Bereiche auf einmal umzuwandeln. Wählen Sie einen oder zwei Bereiche aus, die für Sie gegenwärtig von großer Bedeutung sind, wo ein »Durchbruch« ansteht. Konzentrieren Sie sich für eine Weile

Bereiche der Wunschbiografie

auf diese. Später können Sie sich dann weitere Bereiche vornehmen. Gehen Sie bitte folgende Liste als Hilfe durch, und fragen Sie sich, wie es für Sie idealerweise aussieht (hinterfragen Sie die Liste auch; welche Punkte fehlen für Sie):

Meine Beziehung zu mir selbst:
- meine persönliche und spirituelle Entwicklung
- mein Selbstbild, meine Zufriedenheit mit mir selbst (mag und liebe ich mich selbst?)
- meine Gefühle mir selbst gegenüber: liebevoll, kritisch ...
- Eigenschaften, die ich entwickeln kann, meine Talente, Potenziale, Gaben
- die Vision meiner selbst (wie bin ich gedacht, welche Lebensaufgabe gilt es zu erfüllen?)
- mein Verhältnis zur höheren Kraft (Gott)

Meine Beziehungen zu anderen Menschen:
Hierbei kann eine bestimmte Beziehung zu einem einzelnen Menschen gemeint sein, oder Sie können sich mit Ihrem Verhältnis zu anderen Menschen insgesamt befassen:
- die Beziehung zu meinem Lebenspartner, meiner Lebenspartnerin (eine zweckdienliche Lebensgemeinschaft oder eine lebende Vision als Paar?)
- die Beziehung zu meinen Kindern, Eltern, Geschwistern (alles in Liebe, wo sind noch Aufgaben?)
- die Beziehung zur Verwandtschaft, Freunden, Bekannten (lebe ich in einem Netz, das mich auffangen kann, was immer passieren mag?)
- Geschäftsbeziehungen und kollegiale Beziehungen (kooperative Beziehung oder fühle ich mich in missbrauchenden Ausbeuter- und Mobbing-Beziehungen?)

- die Beziehung zum anderen Geschlecht (latente Männer- oder Frauenfeindlichkeit?), Menschen anderer Nation, anderer Hautfarbe (fühle ich mich als Teil einer großen Menschheitsfamilie?)
- Beziehung zu Tieren, Pflanzen, Edelsteinen (habe ich dazu überhaupt eine Beziehung?)

Arbeit, Kreativität, finanzieller Wohlstand:
Hier geht es um Ihren Beruf und Ihren kreativen Selbstausdruck. Es könnte etwas sein, womit Sie sich gerade beschäftigen und wobei Sie erfolgreicher sein möchten. Oder aber um das Finden einer neuen Ausdrucksform. Und es geht um die Verbesserung Ihrer finanziellen Situation.
- Macht mir meine berufliche Tätigkeit wirklich Spaß? Lebe ich meinen Traumberuf?
- Wozu fühle ich mich berufen?
- Lebe ich schon in Fülle, indem ich mein Bestes gebe und für mich das Beste bekomme?
- Worin kommt meine Kreativität zum Ausdruck?

Mein Zuhause und mein persönlicher Besitz:
Wenn Sie Ihr persönliches Lebensumfeld verbessern oder sich ein neues schaffen möchten, sollten Sie sich vorrangig mit diesem Bereich beschäftigen. Oder wenn Sie gerne bestimmte materielle Besitztümer in Ihr Leben ziehen wollen (ein neues Auto, Möbel, Kleidung, was auch immer).
- Was spiegelt mein Äußeres von meinem inneren Selbstbild?
- Wo habe ich mich innerlich gewandelt, was sich aber im Äußeren noch nicht zeigt?
- Was bedeutet für mich »Reichtum«, »Wohlstand«, »Fülle«, »Erfüllung«?
Welche Lebensverhältnisse zu leben fühle ich mich wert?

Bereiche der Wunschbiografie

Gesundheit und äußere Erscheinung:
Wenn Sie sich jetzt vorrangig selbst heilen, Ihre körperliche Fitness steigern, ab- oder zunehmen möchten, sollten Sie in diesem Bereich arbeiten. Gesundheit und Vitalität ist letztlich die Basis von allem. Es ist auch Ausdruck dafür, wie sehr ich mich selbst liebe, denn dann liebe ich auch meinen Körper und tue nur das, was ihm richtig gut tut.

- Wo sind die Schwachstellen meiner Gesundheit?
- In welcher Hinsicht bin ich abhängig, brauche ich »Drogen«, um »über die Runden« zu kommen (Nikotin, Koffein, Alkohol, Sex, Fernsehkonsum...). Uns selbst zu lieben heißt auch, absolut ehrlich mit uns selbst umzugehen.
- Wie alt möchte ich werden? Habe ich eine gesunde und vitale Vision von »Alter«? Kann ich jeden Tag meines Lebens erleben als: »Ich bin in meinem besten Alter!«

Erholung und Urlaub:
Hier geht es darum, eine Urlaubsreise oder etwas anderes, das der Freude und Erholung dient, zu verwirklichen, Träume zu verwirklichen.

- Wie regeneriere ich mich im Alltag durch Schlaf, Wochenende, Hobbys?
- Welche Träume habe ich überhaupt noch? Was will ich in meinem Leben noch gesehen und erlebt haben?
- Habe ich mein »Mekka«, meine heilige Stätte, die ich besuchen will?
- Welche Vision habe ich davon, dass Beruf und Freizeit in meinem Leben »eins« werden?
- Wie würde mein Leben aussehen, wenn alles »bezahlter Urlaub für immer« wäre, mein Leben wirklich traumhaft und märchenhaft wäre?

Die Welt um mich herum:
Es macht Spaß und ist sehr kreativ, sich etwas Zeit dafür zu nehmen, eine vollkommenere, erleuchtetere Welt zu visualisieren. Benutzen Sie Ihre Imagination, um Dinge zum Besseren hin zu verändern.

Was die Einstellung zur Welt angeht, gibt es heute in dieser offensichtlichen Zeit des Umbruchs zwei große, konträr zueinander stehende Weltbilder:

- Böse, im Geheimen tätige Mächte streben die Weltherrschaft an. So ist das Internet ein Instrument, die Menschen voll und ganz unter Kontrolle zu bringen und zu beherrschen. Wir stehen vor einer Diktatur einer Oligarchie gegen den Rest der Welt.

Die andere Sichtweise ließe sich so zusammenfassen:

- Wir erleben die Geburtswehen eines ganz neuen Zeitalters in der menschlichen und auch terrestrischen Evolution: Die eigentliche Geschichte der Menschheit beginnt erst jetzt. Wir vollziehen die Vereinigung freier Menschen, freier Nationen und Völker zu einer Menschheitsfamilie.
In diesem Prozess gibt es Mächte, die sich als Privilegierte dem widersetzen. Doch das sind nur Zuckungen des Alten, dessen Zeit zu Ende ist. Am Ende erwacht die Menschheit und wir schaffen unser Paradies auf Erden!
- Was ist Ihr Bild von dem, was sich aktuell auf unserem Planeten abspielt? Haben Sie Ängste vor »bösen, finsteren Mächten« oder verstehen Sie sich selbst als Lichtbringer für die neue Zukunft der Menschheit?
- Haben Sie überhaupt ein Verhältnis zu dem, was sich da in der Welt ereignet?

Realisierung der Wunschbiografie

Natürlich ist es gut möglich, dass manche Ihrer Lebensziele sich nicht in diese Kategorien einordnen lassen. In diesem Fall können Sie selbstverständlich gerne weitere Kategorien dazuerfinden! Die Liste ist nur eine Anregung.

Was ist Ihr aktuelles »Entwicklungspotenzial«? Was ist jetzt zu entfalten, um Ihr Leben in der ganzen Fülle zu erfahren? Können Sie sich jetzt der ganzen Fülle des Lebens öffnen?

Schritte zur Realisierung der Wunschbiografie

Alles, was Sie denken und glauben können, das können Sie auch erreichen. *»Bittet um was ihr wollt, glaubt nur, dass ihr es erhalten habt, und es wird euch werden.«*

Was möchten Sie jetzt zu Ihrer Wunschbiografie hinzufügen?
1. Erkennen Sie den nicht mehr stimmigen Umstand, übernehmen Sie die Verantwortung dafür und damit *die »Macht der Veränderung«*. Formen Sie diesen Zustand sofort imaginativ um in das »erwünschte Ergebnis«: Wie hätten Sie es denn gern? Was ist Ihr Traum, Ihr Wunsch, Ihre Vision?
2. Nach dem *Gesetz der Resonanz* müssen dann die Eigenschwingung und die Zielschwingung in Einklang gebracht werden. So vermeiden Sie, dass das »erwünschte Ergebnis« aus einem Mangelbewusstsein heraus gesehen wird.
Bringen Sie sich also in die Schwingung des Ziels, indem Sie *von diesem Ziel Besitz ergreifen*. »Schön, dass ich es hab, schön, dass ich es hab.« Bevor Sie ein »idealer Partner« werden können, müssen Sie es (mental) bereits sein.

3. Mit anderen Worten: Das erwünschte Ergebnis wird so *in die Gegenwart versetzt*. Es ist kein Traum mehr, sondern innere Wirklichkeit, Wirklichkeit auf der energetischen Ebene. Sie haben davon »Besitz ergriffen«: »Ich *habe* das Gewünschte. Es ist bereits gelöst, geschehen, vollbracht.« Denn *nur in der Gegenwart* kann Wirkung verursacht werden, funktioniert Schöpfung.
4. Versetzen Sie sich dann imaginativ in die Erfüllung und erleben Sie sie dort. *So verbinden Sie sich mit dem erwünschten Ergebnis,* fühlen sich in diesem Zustand wohl, können sich damit mit allen Sinnen identifizieren. Das passt zu Ihnen, gehört zu Ihnen, ist zweifelsfrei stimmig.
5. Stellen Sie wirklich sicher, dass es sich natürlich und zu Ihnen gehörig anfühlt. Spüren Sie, dass es so »stimmt«. *Vor allem: Fühlen Sie sich wert, die Erfüllung jetzt erhalten zu haben.* Führen Sie sich immer vor Augen: »Das Leben kann mir nichts geben, das ich mir selbst versage.«
6. Durch Identifikation mit dem erwünschten Ergebnis nehmen Sie dieses geistig in Besitz. Probieren Sie dabei die verschiedenen Situationen in der Erfüllung wie ein neues Kleidungsstück an und machen Sie so das erwünschte Ergebnis *zu Ihrer geistigen Realität.* Bis Sie ehrlich zu sich sagen können: Es ist vollbracht!
7. Fügen Sie das erwünschte Ergebnis imaginativ *in die individuelle Zeitlinie* ein und machen Sie es dort fest.
Vom Ziel aus schauen Sie auf der individuellen Zeitlinie entlang zum *Jetzt* und »erinnern« sich so, wie Sie alle zur Erfüllung erforderlichen Ereignisse hervorgerufen und erzeugt haben. Sehen Sie vor Ihrem geistigen Auge, was Sie getan haben, um Ihren Traum zu verwirklichen!
8. In der *Gewissheit des Glaubens,* dass es geschehen ist, erzeu-

gen und halten Sie die Energie des erfüllten Wunsches, bis die Erfüllung »in Erscheinung getreten« ist.

Jedes Mal, wenn Sie an die Erfüllung noch denken (»Wann kommt es denn?«), vertiefen Sie die Gewissheit des Glaubens und erfüllen sich mit Freude und Dankbarkeit, dass es geschehen ist – und das denken Sie nicht nur, sondern spüren und fühlen es.

9. Die *Bestellung ist aufgegeben, es ist nichts mehr zu tun.* Es ist nur noch eine Frage der Zeit, wann »das Bestellte« vom Leben gebracht wird. Also die Bestellung vollkommen loslassen, einfach vergessen und geschehen lassen.

Das Geheimnis, sich seine Wunschbiografie zu erschaffen, ist die *»vollständige Stimmigkeit« zwischen dem, was »ich will« und dem, »was das Leben mit mir vorhat«.*

Es gibt in *jeder* Situation einen stimmigen Weg und Hunderte unstimmige. Je mehr ich meine Wunschbiografie verwirkliche, desto sicherer finde ich in jeder Situation den stimmigen Weg, desto seltener werden unstimmige Entscheidungen.

Manchmal ist es zu unserem Besten, wenn (noch egozentrisch gefärbte) Wünsche nicht in Erfüllung gehen. Bitte erinnern Sie sich einmal daran, dass Sie in Ihrem Leben auch schon einmal Wünsche gehabt haben, bei denen Sie im Nachhinein sagen konnten: Gut, dass der Wunsch nicht in Erfüllung gegangen ist!

Es ist eine Wahrheit: »Einige der größten Geschenke Gottes sind nicht erhörte Gebete.« Oder wie Oscar Wilde es ironisch ausgedrückt hat: »In der Welt gibt es nur zwei Tragödien: Die eine ist, dass man nicht bekommt, was man will – und die andere, dass man es bekommt.«

Es ist IHRE Entscheidung!

Die Anwendung der Bejahung ist jedem selbstbewussten und zielorientierten Menschen eine Selbstverständlichkeit. *Eine Bejahung besteht aus einem sinnvollen Einklang von Gedanken, Worten und Gefühlen.* Wenn wir Gedanken, Worte und Gefühle in Einklang bringen, werden wir magnetisch, und die Macht der Gedanken konzentriert sich nur noch auf das eine Ziel, den einen Traum, die eine Vision.

Werden wir einmal für die aufgewendeten Energien mit Erfolg belohnt, neigen wir dazu, begeistert zu sein, was uns wiederum anspornt, sofort ein neues Ziel ins Auge zu fassen. Daraus ergibt sich eben, dass erfolgreiche Menschen ständig in einem *Erfolgsrausch* leben. Es ist ein (wohl verstandenes) Gefühl der Macht, seiner Schöpfungskraft bewusst zu sein und sie anwenden zu können.

Ein Mensch jedoch, der es nur einmal halbherzig probiert, wird logischerweise nicht zum Erfolg kommen und sofort aufgeben. Er gehört dann zu denjenigen, die in der Öffentlichkeit die Meinung vertreten, dass das alles Humbug sei und sowieso nicht funktionieren kann. Er merkt selber nicht, dass er gerade wieder den perfekten Gegenbeweis erbracht hat. *Er ist davon überzeugt, dass es nicht funktioniert, und das Leben hat ihm vollkommen Recht gegeben.* Er ist auch ein perfekter Schöpfer von »funktioniert nicht!«, nur richten sich seine Wirkungen gegen sich selbst.

Daraus ergibt sich aber auch die Lehre, dass das Leben uns keine »Geschenke« macht. Wir bekommen das, was wir verursachen, nichts anderes. Wenn einer arm ist und *bittet* reich zu werden – wenn einer krank ist und bittet gesund zu werden – wenn einer einsam ist und um eine erfüllende Parnerschaft bittet, *wird nichts passieren.*

Das Leben lässt sich nicht bitten und interessiert sich überhaupt nicht dafür, wie gut oder schlecht es einem Menschen geht. Es ist nicht barmherzig, drückt kein Auge zu, hat keine Vorlieben. Es ist einfach gerecht.

Wir haben einen freien Willen und das Leben sagt: »Schöpfe, was immer du willst. Aber stehe auch dazu! Und lerne, wenn es nicht funktioniert und du es besser machen willst. Du hast so viele Versuche, wie du willst und brauchst. Niemand setzt dich unter Druck oder beurteilt dich. Was immer du machst, es ist okay. Es ist einfach nur deine Entscheidung, was du machst. Dein freier Wille!«

Wenn etwas im Leben verändert werden soll, dann gibt es nur die »schöpferische Manifestation«: Wir ballen Wunsch, Gedanken, Visionen, Träume, Worte und einen felsenfesten Glauben zu einem machtvollen »Energiebündel« und erreichen damit alles, was wir wollen.

Die Qualität, die Quantität und die Geschwindigkeit der Wunscherfüllung sind immer abhängig von der Größe des »Energiebündels«. Daraus erkennen wir, dass das Leben uns sogar noch die Möglichkeit bietet, zu Fuß, mit dem Fahrrad oder mit dem Auto ans Ziel zu gelangen. Auch das ist unsere Entscheidung.

Ihre Vergangenheit neu interpretieren

Ihre Wunschbiografie beginnt nicht erst heute. Eine Biografie betrifft das ganze Leben.

Sobald Sie im Einklang mit sich selbst sind, wissen, was Sie wollen, dann gilt es auch, *Ihre ganze Vergangenheit neu zu interpretieren und »mental umzuerleben«:* Alles war ideal und vollkommen!

Machen Sie sich bewusst: Geschichte ist *immer* eine Interpretation. Und man versteht Geschichte *immer* erst im Nachhinein, wenn eine Epoche zu Ende ist. Dann kann sie neu interpretiert werden, dann ist sie genau genommen erst *reif* für eine Interpretation. Dann erst hat man den Abstand, sie aus der Sicht der gewordenen Ergebnisse zu interpretieren.

So sollten Sie es auch mit der Geschichte Ihres Lebens machen! Sie können jetzt – aus einem anderen höheren Standpunkt heraus – Ihr Leben neu interpretieren, im Sinne Ihrer Wunschbiografie!

Ich lade Sie zu folgendem Gedankenexperiment ein: Wie könnten Sie Ihr Leben neu interpretieren, wenn Sie sich vorstellen, Sie hätten sich Ihre Eltern *ausgesucht* als *ideale Eltern und Lehrer, um Sie für Ihre Lebensaufgaben vollkommen vorzubereiten?*
Stellen Sie sich vor, es gäbe »ein Leben vor dem Leben«. Ihre Seele stellt sich für dieses Leben eine Lebensaufgabe und sucht sich dafür die idealen Eltern aus! Stellen Sie es sich einfach vor! Sie hatten für Ihre Wunschbiografie die idealen Eltern. Wie würden Sie Ihre bisherige Biografie umschreiben müssen? Würde Ihr ganzes Leben – dieses Gedankenspiel konsequent zu Ende gespielt – nicht plötzlich eine ganz andere Bedeutung, eine andere Würde, einen anderen Sinn, eine andere Harmonie bekommen?
Tipp: Machen Sie es einfach! Sie werden Ihr Leben in einem ganz neuen Licht sehen können!

Zur Erinnerung

- Unsere Mütter haben uns geboren. Doch es liegt an uns, diese Geburt auch zu vollenden. Am Ende sind wir unser eigener Geburtshelfer, um »ich bin ich selbst« zu sein.

- Es geht darum, *alle Lebensbereiche* bewusst zu erfüllen, mit Bewusstsein zu füllen und Erfüllung zu erfahren. So werden wir zu einer *ganzheitlichen Persönlichkeit*.
- Alles ist da, was wir brauchen. Wir müssen uns nur dem öffnen, was in unser Leben drängt. Unser Potenzial wartet darauf, von uns ausgelebt, zum Ausdruck gebracht zu werden.
- Es gibt klare Regeln, wie wir alles erreichen können, was immer wir uns wünschen, glauben können und unbeirrbar wollen. Doch letztlich gilt: »Nicht mein Wille, sondern dein Wille geschehe!« Am Ende ereignet sich nur das, was schöpfungsgerecht ist.
- Das Geheimnis ist, ein »stimmiges Leben« zu führen, indem ich das als meinen Willen, als meine Aufgabe, als meinen Traum erkenne, was das Leben von mir will.
- Ich kann und sollte meine ganze Vergangenheit neu interpretieren. Alles passt vollkommen und harmonisch in den Sinn meines Lebens.
- Mit Hilfe des »mentalen Umerlebens« wird meine neu interpretierte Vergangenheit auch Teil meines Unterbewusstseins, nimmt mein Unterbewusstsein es so an, wie ich es interpretiert habe. Ich lebe vollkommen meine Wunschbiografie.

10. KAPITEL

Dieses Kapitel gibt Antwort auf die Fragen:

- Warum bestimmt vor allem das (unbewusste) Selbstbild, das ich von mir habe, mein Leben?

- Wie kann ich das Selbstbild erkennen, das ich von mir habe?

- Wie bringe ich meine Wunschbiografie und mein Selbstbild in Einklang?

- Was macht ein ideales, positives Selbstbild aus?

- Wie mache ich mir mein optimales Selbstbild zum Vorbild für ein erfülltes Leben?

Mache dein neues Selbstbild zum Vorbild!

*Fühlst du zum Großen dich berufen,
dann fange mit Kleinem an!*

Es gilt in diesem Kapitel, Ihre Wunschbiografie als Selbstbild zu verankern: *Sie sind genau das, was Sie sich wünschen.*

Machen Sie sich noch einmal bewusst: Ihre inneren Bilder bestimmen Ihre Wirklichkeit. Nun verfügen Sie über eine riesige innere Bildergalerie. Diese inneren Bilder sind mehr als verstreut liegende Puzzleteile, sie verdichten sich vielmehr zu einem Gesamtbild: Ihrem Selbstbild.

Ihr Selbstbild ist es, das Ihr Leben bestimmt. Deshalb ist es ein unumgänglicher Schritt, *Ihre Wunschbiografie mit Ihrem Selbstbild in Einklang zu bringen und dadurch zu festigen und zu verankern.* Sobald Sie Ihr ideales Selbstbild in sich aufgebaut haben, wird Ihr Leben diesem Bild immer mehr entsprechen.

Wenn wir unsere Wunschbiografie zu einem inneren Selbstbild zusammenfügen, dann machen wir es uns für unsere Zukunft wieder einfach: Wir brauchen nicht mehr einzelne Wünsche zu bestellen, einzelne Ursachen zu setzen. Unser inneres Selbstbild wirkt unaufhörlich, ohne dass wir uns dessen jederzeit bewusst sein müssen. Wir abonnieren sozusagen unser märchenhaftes Traumleben, ohne uns mehr um die Einzelheiten kümmern zu müssen. Wir können dem Leben vertrauen, dass alles, was unser Selbstbild verursacht, auch in Erscheinung treten wird.

Unsere Aufmerksamkeit muss nur noch dem dienen, unser Selbstbild zu optimieren.

Dazu auch in diesem Kapitel wieder ein kleines Märchen, in dem ein Bauer sein ideales Selbstbild erkennt:

Der Bauer und der liebe Gott

»Es war einmal ein armer Bauer, der lebte fleißig und rechtschaffen in seiner kleinen Hütte und war zufrieden. Als er eines Tages sich wieder mühte, seine kargen Felder zu bestellen, sah er plötzlich ein helles Licht vor sich und darin ein kleines Männlein, das zu ihm sprach: ›Du bist allezeit rechtschaffen gewesen und glücklich trotz deiner Armut. So will ich dir drei Wünsche erfüllen. Wenn du einmal einen Wunsch hast, so rufe mich, und ich werde ihn dir erfüllen.‹

Der Bauer ging nach Hause und erzählte seiner Frau von dem wunderbaren Erlebnis. Er meinte, eigentlich habe er keine Wünsche, da er von Herzen glücklich sei, aber seine Frau wollte gern Königin sein, und so bedrängte sie ihren Mann sich zu wünschen, dass er König würde. Seiner Frau zuliebe ließ sich der Bauer überreden, rief das Männlein und sagte seinen Wunsch. Da erhob sich ein Brausen in der Luft, alles drehte sich um ihn und als er wieder richtig zu sich kam, war er König in einem prächtigen Palast und seine Frau saß neben ihm als Königin.

Er erfreute sich an all den schönen Dingen, aber seine Frau hatte sich bald daran gewöhnt und wollte noch mehr. So bedrängte sie ihn, Kaiser zu werden. Er wollte eigentlich nicht, weil er glücklich war, aber seiner Frau zuliebe rief er noch einmal das Männlein und bat darum, Kaiser zu werden. Da erhob sich wieder ein starkes Brausen in der Luft, alles drehte sich um ihn und als er wieder zu sich kam, war er Kaiser und seine Frau saß neben ihm als Kaiserin.

Er war zufrieden, aber seine Frau hatte sich bald an den Glanz gewöhnt. Doch als sie eines Tages eine Audienz beim Papst hatten und die Knie vor dem Höheren beugen mussten, da wurmte es sie, dass noch jemand auf der Welt höher stand als sie. Da bedrängte sie ihren Mann, das Männlein zu bitten, Papst zu werden. Der Bauer wollte es nicht, weil er sehr zufrieden war. Aber sie drängte so lange, bis er nachgab. Er rief das Männlein, äußerte seinen Wunsch und wieder erhob sich ein gewaltiges Brausen in der Luft, alles drehte sich um ihn und als er wieder zu sich kam, war er Papst.

Er war sehr zufrieden, aber als seine Frau sah, dass er täglich zu Gott betete, da erkannte sie, dass noch immer einer höher stand, und sie drängte ihn, Gott zu werden. Er wollte nicht und außerdem waren die Wünsche verbraucht, aber sie drängte so lange, bis er nachgab. Wieder rief er das Männlein, sagte seinen Wunsch und das Männlein sprach: ›Noch einmal will ich dir deinen Wunsch erfüllen, aber diesmal ist es das letzte Mal.‹ Da erhob sich ein so gewaltiges Brausen wie nie zuvor, alles drehte sich um ihn und als er zu sich kam, saß er wieder als armer Bauer in seiner Kate – und alles war wie früher.

Da erkannte er, dass man Gott nicht außen in den Dingen finden kann, sondern nur in sich, denn Gott wohnt in einem fröhlichen und rechtschaffenen Herzen, und das hatte er ja schon immer gehabt. So war er eins mit Gott, arbeitete fleißig und war glücklich bis an sein Ende.«

Zugegeben: Die Rolle der Frau als die Ehrgeizige ist in diesem Märchen etwas unglücklich überzeichnet.

Doch wenn wir diesen Aspekt außer Acht lassen oder nicht überbewerten, dann führt das Märchen schon an den Kern unseres Kapitels. Wir können unser Selbstbild an noch so hohen weltlichen Berufen ausrichten, unser wahres Selbstbild liegt in unserem Inneren. Und wenn wir aus ganzem Herzen leben und den Weg der Freude gehen (»Gott wohnt in einem fröhlichen und rechtschaffenen Herzen«), dann können wir unser wahres Selbst so zum Ausdruck bringen, wie wir wirklich sind. Wir brauchen keinen äußeren Vorbildern nachzueifern.

Das Selbstbild bestimmt das Leben

Wie können wir überprüfen, wo Ihr Selbstbild noch nicht ganz Ihrer Wunschbiografie entspricht, wo es »nachgebessert« werden muss?

Nach dem geistigen Gesetz »Wie innen, so außen« (es ist das Gesetz der Analogie oder Entsprechung), spiegelt unser Äußeres unser Inneres. Mit anderen Worten: *Das komplette Bild unserer äußeren Lebensumstände ist ein recht »getreues Abbild« unseres inneren Selbstbildes:* Beruf, Einkommen, Wohnsituation, Partnerschaft, Bekanntenkreis, was immer Sie wollen. Wir leben das, was unser inneres Selbstbild glaubt wert zu sein.

Dabei müssen wir selbstverständlich berücksichtigen, dass sich die Veränderung unseres inneren Selbstbildes nicht unmittelbar und direkt im Äußeren zeigt. Es dauert eine gewisse Zeit, bis sich das Äußere auch dem Inneren angepasst hat (oder umgekehrt).

Es ist leicht nachzuvollziehen, wie eng Inneres und Äußeres miteinander zusammenhängen und wir können dies sofort erleben! Erinnern Sie sich daran, wie Sie sich das letzte Mal in einem inneren Chaos befunden haben. Dann haben Sie den Drang gespürt, die Wohnung von unten bis oben aufzuräumen. Und während Sie in Ihrem äußeren Leben Ordnung geschaffen haben, hat sich auch Ihr inneres Leben auf wunderbare Weise geordnet.

Neues Selbstbild als Vorbild

Vielleicht ist gerade jetzt für Sie ein idealer Zeitpunkt, Ordnung in Ihrem Leben zu schaffen. Schaffen sie sich das äußere Bild eines Zimmers, einer Wohnung, die zu Ihnen gemäß Ihrer Wunschbiografie passt. Das ist die beste Vorbereitung, jetzt auch Ihr Selbstbild in Ordnung zu bringen.

Das aktuelle Selbstbild

Wir machen es uns leicht und gehen einfach davon aus, dass die äußeren Lebensumstände ein »getreues Abbild« des inneren Selbstbildes sind. Für eine »erste Annäherung« ist das auch völlig angemessen.

Nehmen Sie bitte folgende Lebensumstände in Ihr Bewusstsein und fragen sich: *Welches Bild geben diese Lebensumstände ab und was sagen sie einem Fremden über mein Selbstbild aus, wie stelle ich mich nach außen unbewusst dar?*

- *Mein Körper:* Haltung, Vitalität, Gesundheit, Gepflegtheit, Sexualität...
- *Meine Partnerschaft:* ein Paar oder eine aneinander vorbeilebende Wohngemeinschaft...
- *Meine Kleidung:* Material, Farbe, Freizeit-, Geschäftskleidung...
- *Mein Arbeitsplatz:* Spielplatz, Ordnung, aufgeräumt, überfüllt...
- *Ihr Bankkonto:* über die Verhältnisse lebend, Vermögen aufbauend...
- *Meine Wohnung, mein Haus:* gemietet, Eigentum
- *Mein Garten:* gepflegter Park, Wildwuchs, Urwald
- *Mein Haustier:* Charakter
- *Mein Auto:* gepflegt, makellos, Unfallschäden, Funktionsstörungen

Aktuelles Selbstbild

- *Mein Urlaubsort:* Berge, Meer, Ausland
- *Meine Freizeitgestaltung:* geplant, spontan, allein, mit anderen zusammen

Sehen Sie also immer *das Bild,* das Sie für andere abgeben, und erschließen Sie sich so Ihr wahres Selbstbild, das diese Lebensverhältnisse so in Erscheinung gerufen hat.

Nehmen wir *Ihr Auto als Beispiel:*
Können Sie sich mit Ihrem Auto identifizieren oder ist es nur ein Gebrauchsgegenstand, den Sie jederzeit gegen einen anderen Wagen austauschen könnten? Das könnte ein Hinweis darauf sein, ob Sie sich selbst treu sind.

- Bevorzugen Sie eine bestimmte Marke oder ist die Marke gleichgültig? Wie können Sie sich mit einer Automarke identifizieren? Was sagt die Marke über Ihre eigene Identität aus?
- Sieht es in Ihrem Wagen wie in »der guten Stube« aus oder »wie bei Hempels unterm Sofa«? Könnte das auch den Zustand Ihres Körpers zum Ausdruck bringen: liebevoll gepflegt oder lieblos vernachlässigt?
- Ist das Auto in Ihrem eigenen Besitz oder ist es im »Bankbesitz« (Leasing, Kredit)? Gehört der Wagen einem anderen Familienmitglied und Sie können über ihn verfügen? Was sagt das über Sie aus? Besitzen Sie sich selbst oder sind Sie abhängig?
- Pflegen Sie den Wagen selbst oder lassen Sie pflegen? Kommt er regelmäßig zur Inspektion oder erst dann, wenn er Funktionsstörungen zeigt? Gehen Sie selbst regelmäßig zum Arzt oder erst dann, wenn der Notarzt kommt?
- Fahren Sie unfallfrei oder haben Sie in letzter Zeit einen Unfall gemacht? Was kann der Unfall als Botschaft bedeuten? Wo kollidieren Sie mit Ihrem Leben, Ihren Lebensplänen?

- Wo hat das Auto immer eine Macke? Springt es im Winter schlecht an? Kommen Sie selbst bei Kälte schlecht ins Leben?
- Tanken Sie Ihren Wagen immer voll, oder tanken Sie immer nur gerade so viel, um zur nächsten Tankstelle zu kommen? Was sagt das darüber aus, wie Sie mit Ihrer eigenen Energie umgehen?
- Und als letzte Frage immer: Würde ein anderes Auto besser zu Ihrem idealen Selbstbild passen?

Gehen Sie nach diesem Muster einmal alle anderen Lebensbereiche durch. Sie werden sich wundern, wie viel an Selbsterkenntnis Ihnen es ermöglicht, wenn Sie aus dem äußeren Bild Ihrer Lebensverhältnisse auf Ihr inneres Selbstbild schließen.

Das Selbstbild als Vorbild der Wunschbiografie anpassen

Wenn die Wunschbiografie sozusagen *ein »Dauerauftrag an das Leben«* sein soll, dann muss das Selbstbild dem entsprechen. Denn nur 5 Prozent unserer Lebensumstände erschaffen wir bewusst durch unser Denken. Die restlichen 95 Prozent entstehen durch unsere inneren Bilder, insbesondere durch das Selbstbild.

Wo entsprechen (die letzte Übung zusammenfassend) die äußeren Lebensverhältnisse noch nicht Ihrer Wunschbiografie? Was für ein noch unstimmiges inneres Selbstbild kommt damit zum Ausdruck? Wie möchte ich dieses Selbstbild jetzt korrigieren, damit es meiner Wunschbiografie entspricht und sich so auch meine äußeren Lebensverhältnisse wandeln können?
Malen Sie Ihr Selbstbild aus, wie es Ihnen wirklich entspricht und lassen Sie dann alles los, was nicht mehr stimmig ist.

Vorbild der Wunschbiografie

Wenn jemand eine ausgeprägte Persönlichkeit ist, dann sprechen wir von einer *guten Bildung*. Sicher hatte er schon eine gute Vor-Bildung und danach eine gute Aus-Bildung. Diese Bildung hat nicht nur seine Persönlichkeit gebildet, sondern befähigt ihn auch, die Lebensumstände zu bilden, zu gestalten, zu bestimmen. Unsere *Selbstbildung* ist jedoch vor allem unsere Fähigkeit, *unser inneres Selbstbild nach unserem Ideal zu gestalten!*

Welches Bild ich also von mir habe, mein Selbstbild gestaltet mein Leben. Oft ist aber dieses Bild entscheidend von anderen geprägt und entspricht mir gar nicht. Dann kann aber auch mein Leben mir nicht entsprechen. Ich brauche mich also gar nicht zu wundern, wenn ich mit dieser Lebenshaltung nicht erfolgreich werden kann.

Leider leben viele Menschen ständig in einer »geistigen Abmagerungsdiät« von Unterhaltungsmagazinen, Fernsehen, schockierenden Filmen und banaler Lektüre. Diese »geistige Abfallnahrung« führt zwangsläufig zu einer geistigen Unterernährung und zu schlechter Gesundheit. Machen Sie sich auch Gedanken darüber, welche *Bilder* Sie damit aufnehmen, wie diese Bilder Sie prägen. »Füttern« Sie Ihr Unterbewusstsein nicht mehr mit solchen Bildern.

Sehen Sie das bewusst und neu gestaltete Selbstbild geistig vor Ihrem Auge als »Vor-Bild« im wahrsten Sinne des Wortes: So bin ich! So stimmt es jetzt! Dieses Leben verwirkliche ich ab heute!

Machen Sie sich Ihr neues Selbstbild als Vorbild auch *sichtbar:* Erstellen Sie sich eine Bilder-Collage aus Illustrierten, schneiden Sie Bilder aus, die zu Ihnen passen. Stellen Sie sich so eine Collage zusammen, die Ihr ideales Selbstbild zum Ausdruck bringt: Das lasse ich jetzt in meinem Leben in Erscheinung treten. So fühle ich mich rundherum stimmig.

Sieben Dimensionen des idealen, positiven Selbstbildes

Prüfen Sie zum Abschluss, ob Sie alle wesentlichen Dimensionen eines idealen, positiven Selbstbildes berücksichtigt haben:

1. Positives Denken
Werden Sie sich bewusst: *Alles ist gut, so wie es ist.*

Dieser Satz ist eine wirkliche Prüfung für stimmiges Denken. Jedes »Wenn und Aber« deutet Unstimmigkeiten im Denken an.

Es geht keinesfalls darum, alles »schönzudenken«, Probleme unter den Teppich zu kehren, sondern darum, *die Wirklichkeit hinter dem Schein zu erkennen.* Der Schein eines anderen Menschen mag unerfreulich, hässlich, aggressiv und bösartig sein. Doch positives Denken gibt sich mit diesem Schein nicht ab. Es geht tiefer und erkennt das »Gute« hinter dem noch so Verzerrten: Denn alles will mir nur dienen und helfen.

Dazu gehört auch, achtsam und beharrlich durchs Leben zu gehen, voller Vertrauen und Humor, gelassen tun, was zu tun ist, dankbar die Wirklichkeit hinter dem Schein erkennen und geborgen in der Fülle des Seins leben.

Das »Gute« als Wirklichkeit hinter dem Schein ist dabei nicht als »moralische Kategorie« misszuverstehen: Wenn ich das »Gute« (Nützliche, Sinnvolle, Herausfordernde, Vorantreibende) erkannt habe, habe ich sein Wesen hinter dem Schein erkannt.

Positives Denken ist also in Wirklichkeit den Schein durchbrechendes, tief gehendes Denken. Es entbindet uns von dem Zwang, alles beurteilen und negativ verurteilen zu müssen.

Dieses Denken hat immer auch etwas mit Liebe zu tun. Denn alles ist Liebe, eine Liebeserklärung des Lebens an uns Menschen. Wahrhaftiges positives Denken »ent-deckt« die Liebe in allem.

2. Positives Fühlen

Positives Denken und mentale Hygiene führen auch zum positiven Fühlen: Offen und ausgeglichen die Menschen so annehmen, wie sie nun einmal sind. Alle sind Geschöpfe des Einen. Keiner ist besser, keiner schlechter. Jeder hat eine andere Aufgabe, steht an einem anderen Platz.

Positivität gilt den *Gefühlen selbst gegenüber:* Vertrauensvoll und zuversichtlich zu seinen Gefühlen stehen und sich wert fühlen, in der Fülle zu leben. Das Leben nur beobachten, nicht bewerten und liebevoll das Richtige geschehen lassen.

Zum positiven Fühlen gehören *positive Bilder,* denn sie sind geformte Gefühle. Unsere inneren Bilder und Gefühle bestimmen 95 Prozent unseres Seins. Deshalb ist es so überaus wichtig, durch die Kraft der Imagination unsere Gefühls- und innere Bilderwelt positiv zu gestalten. Achten Sie immer darauf, welche Gefühle mit welchen Bildern verknüpft sind, und welche inneren Bilder mit welchen Gefühlen. Wenn Sie in sich zum Beispiel das Gefühl des Vergebens spüren, welches Bild verbinden Sie damit?

3. Positives Wollen

Der Wille ist ein machtvolles Schöfungswerkzeug, auf einen Punkt konzentrierte Energie: *die Vereinigung von klarer Absicht, unerschütterlichem Glauben und gebündelter Handlungsenergie.*

Positives Wollen achtet darauf, den egozentrischen Eigenwillen zurückzunehmen, der nur sich selbst in den Vordergrund schieben will. Positives Wollen als Schöpfungswerkzeug handelt schöpfungsgerecht und ist in hohem Maße ethisch: *Es geht nicht darum, seinen eigenen Willen durchzusetzen, sondern das zu wollen, was auch für andere gut ist.*

Positives Wollen heißt in wohlverstandenen Sinne: »Nicht mein Wille, sondern dein Wille geschehe.« Das ist aber keine Aufforderung zur Passivität, sondern: Mein Wollen ist *dein* Wollen. In meinem Willen bringe ich *dein* Wollen zur Schöpfung.

4. Positives Reden

Viele Menschen reden ständig, ohne etwas zu sagen. Dann reden Sie über andere Menschen oder nutzen den Zuhörer als »seelischen Mülleimer«.

Positives Reden bedeutet, sich klar ausdrücken zu lernen und die Wortinflation zu stoppen. Keinen ungebetenen Rat geben und auch schweigen lernen. Ehrlich sein in Wort und Tat und Wortgeschenke machen. Mut machen, Trost spenden und Worte nur zum Helfen, Danken und Segnen gebrauchen.

Zum positiven Reden gehört aber auch *das positive Zuhören, das Hinhören,* was der andere sagt und darauf auch eingehen.

Viele hören im wahrsten Sinne nur »zu«: Sie machen Mund und Ohren *zu*, um eine Pause vom eigenen Reden zu haben und ihren nächsten Redeschwall vorzubereiten. So verschlossen, gehen sie gar nicht darauf ein, was der andere sagt.

Wir haben auch ein inneres Reden, dieses ständige Geplappere. Es ist sehr wichtig, dieses innere Reden als »nicht gefragter Ratgeber« nicht nur positiv zu stimmen, sondern es so oft wie möglich zum Schweigen zu bringen. Leben findet auch da statt, wo nicht mehr gesprochen wird. Schweigen und Stille sind der Klang der Seele. Im Schweigen kommunizieren Herzen miteinander.

5. Positives Handeln

Positives Handeln setzt alles Gesagte auch in Handeln um. Positives Handeln ist ein erster Prüfstein, ob Positivität wirklich gelebt wird.

Zum positiven Handeln gehören: Überlegt, feinfühlig und nachsichtig handeln. Liebevoll, konstruktiv und hilfreich sein. Halten, was man verspricht. Zuverlässig, rücksichtsvoll und beharrlich bleiben, unabhängig von den Erwartungen der anderen. Verantwortungs- und selbstbewusst sein bei allem, was ich tue.

Lernen zu geben und zu nehmen und aus der »Inneren Führung« im richtigen Augenblick das Richtige tun. Auch bewusst und mäßig das Richtige essen. Fröhlich und frei die Freiheit des anderen respektieren.

Positives Handeln ist Bewegung: sich selbst in Bewegung setzen, andere und anderes bewegen.

6. Positives Bewusstsein

Die Quelle für positives Bewusstsein sind sicher nicht die täglichen Nachrichtensendungen. Die Quelle ist im Innen. Um nicht nur positiv zu denken, sondern (im ganzheitlichen Sinne) ein positives Bewusstsein zu haben, müssen wir regelmäßig in die Stille gehen und uns Zeit für Meditation und Gebet nehmen.

Das führt dazu, in der Erkenntnis der Wahrheit und Wirklichkeit harmonisch, selbstlos und geborgen sein. Alles ist darauf ausgerichtet, das Bewusstsein zu erweitern, höchstes Bewusstsein zu erreichen.

Positives Bewusstsein heißt letztlich, *sich selbst als Bewusstsein zu erkennen*. Wer das erkannt hat, kommt aus seinem inneren Lächeln nicht mehr heraus. Diese tiefste Selbsterkenntnis steht ihm ins Gesicht geschrieben.

7. Positives Leben

Positiv leben heißt wirklich zu leben und nicht nur seine Existenz zu fristen. Sein Leben führen und gestalten. Schöpfer des eigenen Lebens, der eigenen Lebensverhältnisse zu sein. Dazu gehört vor allen Dingen: Die geistigen Gesetze beachten, sorglos und gelassen durchs Leben gehen, in der Erkenntnis, alles ist »gleich-gültig«. Harmonische Beziehungen pflegen und sich auch an den kleinen Dingen erfreuen. Gern leben, aber auch jederzeit bereit sein zu gehen. Solange ich aber lebe, vernünftig und vorbildlich und gesund leben. Das ganze Sein auf das Höchste ausrichten und Gott in allem und jedem erkennen und achten. Dankbar und bewusst jeden Augenblick erfüllen. Geistesgegenwärtig und sinnvoll leben.

Zur Erinnerung

- Das Leben in seiner Ganzheit wird nicht von einzelnen Bildern bestimmt, sondern vom ganzheitlichen Selbstbild.
- Um die Wunschbiografie als »Dauerauftrag an das Leben« zu verwirklichen, gilt es, sie als ideales Selbstbild fest zu verankern.
- Unser weitgehend unbewusstes inneres Selbstbild äußert sich am deutlichsten in dem Bild unserer Lebensumstände: Wenn unser Selbstbild das innere Diapositiv ist, dann ist unser verwirklichtes Leben eine Projektion auf die Leinwand der Lebensumstände. Das so projizierte Bild ist ein »getreues Abbild« des inneren Diapositivs.
- Das ideale Selbstbild ist in seinen *sieben positiven Dimensionen* zu betrachten: positives Denken, positives Fühlen, positives Wollen, positives Reden, positives Handeln, positives Bewusstsein und positives Leben.

11. KAPITEL

Dieses Kapitel gibt Antwort auf die Fragen:

- Woran erkenne ich, dass etwas wirklich stimmt, »stimmig« ist?

- Warum braucht Freude keinen Anlass?

- Was kann mir Freude bereiten?

- Wie lerne ich, Freude nicht nur zu denken, sondern auch zu fühlen?

- Wie kann ich in ständiger Freude und Dankbarkeit leben?

- Wie gestalte ich mein Leben zu einem Spiel und befreie mich endgültig vom »Kampf ums Überleben«?

- Wie kann mir meine Freude den Weg im Leben weisen?

- Wie wird mein Leben zu einem Leben voller Freude?

Gehe den Weg der Freude!

*So wird die Freude,
von der ich mich führen lasse,
zu einem Weg zu mir selbst.*

Ich habe in diesem Buch immer wieder betont, wie wichtig es ist, »stimmig« zu sein. Ein glückliches und erfülltes Leben ist einfach »stimmig«. Wir können uns heute glücklich fühlen und morgen traurig. Doch beides ist stimmig! Wir können uns auch in einer tiefen Trauer bei dem Verlust eines Menschen »stimmig« fühlen. Die Trauer ist »stimmig«!

Woran erkennen wir diese »Stimmigkeit« in unserem Leben? Und wann ist unser Leben nicht stimmig, bedarf der Veränderung? *Diese Stimmigkeit ist am ehesten als innere Gewissheit über den eigenen Weg und die innere Freude der Lebendigkeit zu beschreiben.* Das Herz kann dabei trauern und die Seele sich gleichzeitig über die Echtheit der Trauer freuen.

Wenn wir uns fragen: »Stimmt es, was ich jetzt tun will?«, dann fragen wir am besten unsere innere, stille Freude, ob sie diesem Vorhaben zustimmen kann. Wenn unsere innere Freude zustimmt, dann gehen wir bestimmt *den Weg des Herzens.*

Wir haben am Anfang des Buches über den »königlichen Weg« als den leichten Weg gesprochen. Wir können dieses Wissen jetzt ergänzen. Der »königliche Weg« ist gleichzeitig »mein Weg«, der Weg »zu mir selbst und aus mir heraus«. Er ist »der Weg der Freude« und »der Weg des Herzens«.

Unsere innere Freude ist der beste Kompass, um zu erkennen, ob wir auf unserem Weg sind, ob wir stimmig leben.

Mit einer solchen Einstellung kann sich das ganze Leben ändern, können wir eine ganz andere Sicht des Lebens bekommen. Das möchte ich wieder mit einer kleinen Geschichte erläutern:

Im Spiegelsaal

»Im Shaolin-Tempel gibt es einen Saal mit tausend Spiegeln. Eines Tages kam ein Hund in diesen Saal und sah sich plötzlich umgeben von tausend Hunden. Er knurrte und bellte seine vermeintlichen Gegner an. Und auch die zeigten ihm natürlich tausendfach die Zähne. Daraufhin wurde der Hund fast rasend vor Wut. Und diese Wut schlug ihm tausendfach zurück, sodass er vor Überanstrengung starb.

Jahre später kam wieder ein Hund in den Spiegelsaal und auch der sah sich von tausend anderen Hunden umgeben. Er freute sich und wedelte mit dem Schwanz und hatte plötzlich tausend Freunde.«

Leben in innerer Freude

Jeder Mensch trägt in sich das Potenzial zu einer ständigen stillen, inneren Freude, und er besitzt auch die Fähigkeit, diese Freude zum Ausdruck zu bringen. Denn das ist Herzenspower. Diese innere Freude ist *die Quelle der Lebensfreude*.

Diese innere Freude ist *da*. Es geht darum, sie ins Leben treten zu lassen. Wer das Hier und Jetzt genießen kann, der erlebt diese Freude, ohne etwas dafür tun zu müssen.

Weg der Freude

Erinnern Sie sich an mehrere Erlebnisse dieser »inneren Freude«. Gehen Sie in Ihr Herz und spüren Sie, dass es die Freude Ihres Herzens war, das Ihnen den Wink gibt: »Es stimmt so. Alles ist gut.«

Diese ständige innere Freude kann gelegentlich auch einen lauten Ausdruck finden.

Doch ständige laute Freude lässt uns flach werden, während stille innere Freude unserem Sein Tiefe gibt. Dabei ist es wichtig, dass wir diese Freude auch wirklich *fühlen*. Viele Menschen haben es sich angewöhnt, ihre Freude nur noch zu denken: »Jetzt bin ich aber froh!« Doch erst das Erleben der Freude als uns bewegendes Gefühl erfüllt uns wirklich mit Freude.

Ich kann jederzeit mein Bewusstsein darauf richten, was ich in diesem Augenblick gerade fühle. Ich kann dabei die ständige Veränderung meiner Gefühle achtsam wahrnehmen. Dabei werde ich feststellen, dass meine Gefühle nicht unbedingt einen Anlass haben oder brauchen.

Wir haben uns angewöhnt, uns nur dann zu freuen, wenn ein entsprechender Anlass vorliegt: Wenn das Wetter besonders schön ist oder eine angenehme Situation vor uns liegt.

Wir haben verlernt, *uns einfach ohne jeden Anlass zu freuen*, denn Grund genug zur Freude haben wir ständig. Allein schon die »Ästhetik des Handelns«, die die Japaner mit der Teezeremonie vollkommen zum Ausdruck gebracht haben, kann alles, was wir tun – ja zelebrieren – zu einer Quelle der Freude werden lassen. Indem ich mich einmal ganz auf das einlasse, was ich gerade tue, bekommt dieses Tun eine Tiefe, eine Bedeutung und erzeugt diese stille innere Freude.

Viele Menschen lesen beim Frühstück die Zeitung. Statt mit al-

Leben in innerer Freude

len Sinnen zu frühstücken und das Frühstücken zu genießen, ist der Geist mit ganz anderen Dingen beschäftigt, und meist mit wenig erfreulichen. Tun Sie also alles, was zu tun ist, mit vollkommener Präsenz und zelebrieren Sie so Ihr Leben.

Aber nicht nur das Handeln, sondern allein schon *das Sein* ist Anlass genug für eine ständige tiefe Freude. Werden Sie sich bewusst, mit Ihrer Seele in Einklang zu sein. Welten können kommen und gehen, sich wandeln, ich aber *bin*, ganz gleich, was geschieht. Ich brauche keinen besonderen Anlass, denn Grund für eine ständig innere Freude ist »mein Sein«.

Natürlich kann ich mir auch absichtlich eine Freude bereiten, indem ich einem anderen eine Freude oder ein Geschenk mache.

Das muss nichts sein, was Geld kostet, und kann doch etwas ganz Wertvolles sein, ein Kompliment, eine Anerkennung. Ich kann dem anderen Menschen Zeit schenken, Aufmerksamkeit oder einfach meine Liebe. Ich kann mich selbst ganz bewusst ständig bereichern, indem ich andere beschenke und mir selbst damit eine Freude mache.

Ich kann mich aber auch *einmal verwöhnen,* indem ich mir Zeit nehme für ein gutes Buch, um Musik zu hören, ein Bad nehme oder gemütlich essen gehe, vielleicht mit Freunden. Indem ich gute Gedanken denke oder meine Aufmerksamkeit auf diese innere Freude richte und mich an meiner eigenen Freude erfreue.

Ich kann aber meine Aufmerksamkeit auch darauf richten, *welche Freude mir das Leben gerade macht,* und ich erkenne, dass das Leben mir im Laufe eines jeden Tages unzählige Freuden bereitet, die ich sonst nicht beachtet hätte. Stellen Sie sich vor, die Sonne scheint nur gerade *Ihnen* zur Freude, die Blumen um Sie herum zeigen ihre Farbenpracht, um *Sie* zu erfreuen. Alles ist da, um *Ihnen* Freude zu bereiten.

Weg der Freude

Wie möchten Sie sich tagtäglich selbst eine Freude bereiten? Wem möchten Sie gerade jetzt eine Freude bereiten? Macht es Ihnen Freude, andere zu erfreuen? Lässt es sich auch noch steigern? Wie? Wann?

Genau genommen ist das Leben in *jedem* Augenblick eine Freude, ich muss sie nur wahrnehmen. Ich nehme sie wahr, indem ich mir bewusst werde: »Welche Freude macht mir das Leben in *diesem* Augenblick?« Oft sind es sogar mehrere Freuden gleichzeitig. So könnte Freude ein Teil meiner Persönlichkeit werden und ein ständiger Begleiter in meinem Leben, der mich *alles,* was da geschieht, intensiver und mit mehr Freude erleben lässt.

Mit der Zeit lerne ich vielleicht sogar, mich an Unangenehmem zu erfreuen, einfach an allem, was gerade geschieht. So lerne ich, mich an allem bedingungslos zu erfreuen und so in dieser ständigen stillen, inneren Freude zu leben, die mich durch mein Leben begleitet.

Ich erkenne, dass die Möglichkeiten, mein Leben und meine Zukunft zu gestalten, in jedem Augenblick grenzenlos sind. Ich kann mir voller Freude bewusst werden, *womit* ich diesen Augenblick am liebsten erfüllen möchte, um ihn voller Freude zu genießen. Dabei erlebe ich, dass gerade diese ständige stille, innere Freude Anlass gibt zur Freude, mein Leben froher und reicher macht. Und so entsteht immer mehr Lebensfreude aus dieser inneren Freude, unabhängig von irgendwelchen Umständen. Indem ich Zugang zu meiner inneren Freude gefunden habe, kann ich alles, was ich um mich herum wahrnehme, mit Freude wahrnehmen. Ich bin nicht mehr abhängig von Äußerem, das mich erfreut, sondern kann alles Äußere mit Freude wahrnehmen.

Freude und Dankbarkeit

Es ist wichtig, darauf zu achten, diese Freude nicht nur zu denken, sondern wirklich zu fühlen, mich wirklich zu freuen, indem ich diese Freude immer tiefer und intensiver fühle.

Ich kann das praktisch *üben, indem ich mein Bewusstsein auf etwas Unangenehmes richte und gleichzeitig in dieser tiefen, inneren Freude bleibe.* So kann ich mir bewusst machen, wie unbedeutend dieses Unangenehme eigentlich ist, dass es nicht darauf ankommt, ob mir Dinge angenehm oder unangenehm sind, sondern darauf, alles bedingungslos und intensiv zu erleben, sich ganz darauf einzulassen.

Angenehm oder unangenehm ist nur ein Urteil meines Verstandes, das ich jederzeit ändern kann. Der Sinn ist, Leben in seiner ganzen Tiefe aus dem Herzen zu erfahren, ganz gleich, was gerade im Außen geschieht. Außerdem habe ich als Schöpfer ja ohnehin jederzeit die Möglichkeit, einzugreifen und die Dinge nach meinen Wünschen zu gestalten. Aber ich kann das Leben auch einfach nehmen, wie es kommt, und voller Freude genießen.

Dann werde ich überrascht erleben, dass diese Änderung meiner Grundhaltung mein ganzes Leben verändert, indem ganz andere Dinge in meinem Leben geschehen.

Ein sicheres Zeichen, Freude auch zu fühlen, ist das gleichzeitige Gefühl tiefer Dankbarkeit. Auch das ist ein Zeichen von »Stimmigkeit«. *Wenn wir Dankbarkeit empfinden, dann sind wir im Einklang mit der Schöpfung.* Ich kann mich in der Natur dankbar an allem erfreuen. Ich kann mich an meiner Gesundheit und Vitalität dankbar erfreuen. Ich kann mich dankbar an den Menschen erfreuen, die mein Leben begleiten. Ich kann morgens beim Aufstehen schon dankbar für den schönen Tag sein.

Weg der Freude

Wofür empfinden Sie jetzt eine tiefe Dankbarkeit und Freude? Wofür können Sie Ihrem Leben dankbar sein? Wie hat das Leben Sie beschenkt?

Das Leben ist ein Spiel

Wenn wir das Leben in einer inneren Freude und tiefen Dankbarkeit genießen dürfen, dann kommt es uns nicht mehr als ein Kampf vor, sondern als ein unendliches Spiel. Der indische Weise Sri Aurobindo hat dazu folgende schöne Worte gefunden: »Was, letzten Endes, ist Gott? Ein ewiges Kind, das in einem ewigen Garten ein ewiges Spiel spielt.«

Fühlen Sie auch die Unbeschwertheit eines Kindes, das »in einem ewigen Garten ein ewiges Spiel spielt«. So ist das Leben gemeint.

Machen Sie sich bewusst und identifizieren Sie sich mit den folgenden Sätzen, indem Sie diese laut vorlesen und vielleicht auch mehrmals wiederholen:

- Das »Spiel des Lebens« wird mir zur Freude gespielt. Ich bin ab jetzt der Spieler – nicht mehr Spielfigur. Schwierigkeiten machen das »Spiel des Lebens« erst interessant. Jedes gelöste Problem bringt mir eine Erkenntnis. Mein Platz ist dort, wo ich gerade stehe.
- Ich selbst bestimme mein Schicksal, ich muss es annehmen und nur ich kann es ändern, nur ich bestimme alle Umstände.
- Meine Lebensumstände sind ein »Spiegelbild meines Bewusstseins«. Ich lasse jetzt los, was nicht mehr wirklich zu mir gehört.

Leben ist Spiel

- Ich erkenne, ich bin ein Schöpfer. Ich kann alles erreichen, was ich *denken* und *glauben* kann. Wenn mir mein Leben nicht gefällt, kann ich es ganz einfach ändern, indem ich mein Bewusstsein ändere.
- Das Leben ist ein Spiel, und solange ich lebe, spiele ich es mit. Ich entscheide selbst, ob ich als Spielfigur oder als Spieler teilnehme. Es ist der Sinn des Lebens, auf Entdeckungsreise zu gehen, das Abenteuer Leben bewusst zu erleben und wirklich zu genießen, denn das »Spiel des Lebens« findet mir zur Freude statt.
- Meine Aufgabe ist es, das Gelernte in Leben umzuwandeln. Nicht totes Wissen anzusammeln, sondern mein Bewusstsein zu erweitern und sinnvoll in der Welt zu handeln.
- Das Schicksal ist nur ein Spiegelbild meines »So-Seins«. Jeder bekommt vom Schicksal das, was er verursacht.
- Leben heißt zu lernen, die unwiderstehliche Macht des Denkens verantwortungsbewusst zu nutzen, zu lernen, das Richtige zu tun, das Notwendige nicht zu unterlassen und das Falsche nicht zuzulassen.
- Meine Vergangenheit ist vorbei und kommt nie mehr wieder. Also lerne ich daraus und lasse sie los – und bin endlich frei. Es folgt in meinem Leben immer Besseres nach.
- Mein Glück ist nicht von den Umständen abhängig, sondern von meiner Einstellung. Jeder Augenblick ist einmalig und kehrt in dieser Form nie wieder zurück.
- Leben heißt, voller Energie und Freude gesund in der Fülle zu leben, in einer erfüllenden Partnerschaft, in der man sich jeden Tag miteinander und aneinander freut, und zu arbeiten aus Freude, in einem Beruf, der wirklich Berufung ist.
Eine normale Karriereleiter führt nirgendwohin, nur ans Ende der Leiter. Deshalb ist der Beruf nicht etwas *wofür*, sondern *wovon* man lebt.

- Es gibt nichts, wovor ich Angst haben müsste, denn es gibt nichts außer der »Einen Kraft«, die viele Gott nennen. In der Einheit mit dem höchsten Bewusstsein bin ich unbesiegbar.
- Mein »wahres Selbst« wartet darauf, mir die richtigen Entscheidungen bewusst zu machen. Es spricht ständig zu mir, und ich kann diese Botschaften auf vielfältige Weise sichtbar machen: indem ich Sätze vollende, mich mit Tarot und ähnlichen Karten beschäftige, die Botschaften meines Körpers und meines Lebens verstehen lerne, die Lebensumstände begreife, ein Buch aufschlage und bestimmte Zeilen als Wegweiser nehme.
- Alle Weisheit und die Antwort auf alle Fragen liegen in mir. In jedem Augenblick kann ich mein ganzes Leben ändern. Ich besitze nichts, alles ist vom Leben geliehen. Alles sind nur »Spielsachen«, die ich ohnehin hier zurücklasse. Ich besitze nichts, nicht einmal mein Leben, meine Zeit, meine Kraft.
- Was wirklich zu mir gehört, das kann ich nicht verlieren, und was nicht zu mir gehört, kann ich ohnehin nicht halten. Das Einzige, was ich nach meinem Tod mitnehme, sind meine Erkenntnisse, meine Weisheit. Es ist mein »inneres Erbe«. Dafür habe ich gelebt. Doch nicht das Wissen, nur das Tun ändert die Welt.
- So lerne ich »tätig zu danken« durch die Art, wie ich lebe. Jemanden zu »erkennen« als der, der er wirklich ist, ist der größte Liebesdienst, den ich ihm erweisen kann. So erhebe ich ihn zu sich selbst. So sehe ich alles als »Gottesdienst«, und so gibt es auch keinen Stress.
- Der Tod ist dann die »Krönung des Lebens« und nicht das Ende. Ich war immer und werde immer sein, denn »ich bin«. Ich bin reine Seele, vollkommenes, unsterbliches Bewusstsein, bin ein Teil des höchsten Bewusstseins.
- Der Weg ist das Ziel, das Ziel ist nur das Ende des Weges und

der Beginn eines neuen Weges. Also genieße ich es, auf dem Weg zu sein.

Vielleicht sind Sie noch nicht mit jedem dieser Sätze im Einklang, können sich damit identifizieren. Prüfen Sie bitte, wenn Sie das ganze Buch gelesen haben, wie der Text dann auf Sie wirkt, was sich verändert hat, wie Sie harmonischer mit sich selbst sind. Wenn Sie jetzt ins Leben hinaustreten, dann scheint alles wie vorher. Sie leben mit dem selben Partner, üben den selben Beruf aus und fahren das selbe Auto. Nur eins ist anders: Sie wissen von nun an, wer Sie wirklich sind, und dass alles nur ein Spiel ist.

Zur Erinnerung

- Die Stimmigkeit im Leben äußert sich in innerer Freude und tief empfundener Dankbarkeit.
- Freude bedarf keines Anlasses, sonst ist es gedachte Freude.
- Das ganze Leben kann zur Freude werden.
- Meditation ist innere Freude, der reine Zustand des Herzens.
- Das Leben ist ein Spiel, das uns zur Freude gereichen soll.
- Gott, Liebe, Freude, Friede sind Synonyme.
- Den Weg der Freude gehen heißt, den Weg des Herzens gehen, das Leben so leben, wie es gemeint ist.
- Sich anstrengen, Mühe aufbringen, ist eher ein Zeichen, auf dem falschen Weg zu sein.

12. KAPITEL

Dieses Kapitel gibt Antwort auf die Fragen:

- Wie kann ich mich »neu erfinden« und trotzdem »ich selbst« bleiben?

- Was ist das Wesentliche im Leben?

- Was gehört zur Erfüllung meines Lebens?

- Was ist Charisma?

- Wie werde ich eine charismatische Persönlichkeit?

Lebe im Einklang mit dir selbst!

> *»Wenn du hervorbringst, was in dir ist, wird das, was du hervorbringst, dich retten. Wenn du nicht hervorbringst, was in dir ist, wird das, was in dir ist, dich zerstören.«*
> *(Evangelium nach Thomas)*

Sie können sich jederzeit neu erfinden, wenn Sie dabei der bleiben, der Sie sind. Dieses Paradox als Spannung leben zu können, ist das ganze Geheimnis. Energie fließt da, wo eine Spannung über zwei Pole aufgebaut ist. Das Spannende im Leben ist mit anderen Worten: Sich ständig wandeln und doch »ich selbst« bleiben.

Der Fluss ist das Fließen. Ein Fluss, der nicht mehr fließt, ist kein Fluss mehr, sondern totes Gewässer, das wahrscheinlich bald ausgetrocknet ist. Im ständigen Wandel des Fließens bleibt der Fluss das, was er ist.

Dabei fordert die heutige schnelllebige Zeit uns ständig heraus, uns zu wandeln. Besser ist es, wir reagieren dabei nicht auf einen äußeren »Wandlungsdruck«, sondern vollziehen den Wandel aus uns selbst, leben diesen Wandel als Teil unseres Wesens. Wir sind dann schneller als der äußere Wandel, erfinden uns neu, noch bevor das Leben uns neue Rollen aufzwingt.

Diesen Wandel, diesen ständigen Neubeginn selbst in die Hände zu nehmen, ist unsere Rettung. Werden wir in diesen Wandel gezwungen, ist es unser Verderben. Wir »erleiden« dann Schicksal, statt unser Leben selbst zu bestimmen.

Es gibt Augenblicke im Leben, in denen man *vollkommen glücklich ist: eins mit sich und der Welt und in Harmonie mit dem Leben.* Diese Augenblicke sind so überwältigend schön, dass man

Einklang mit sich selbst!

am liebsten die Zeit anhalten möchte, um in diesem Glück zu bleiben. Und doch können wir diesen kostbaren Augenblick nicht halten, und ehe wir uns versehen, ist er vorbei, und was uns bleibt ist die Erinnerung.

Wenn wir uns genau erinnern, erkennen wir, dass jeder dieser Augenblicke einen anderen Aspekt hatte. Einmal war es die Stille, ein anderes Mal absolute Harmonie oder gar allumfassende Liebe.

Gemeinsam haben diese glücklichen Augenblicke nur, dass wir von einer bestimmten Energie ganz erfüllt waren. Wir waren eins mit dieser Energie und dieses Eins-Sein, dieses Heil-Sein war es, das uns so glücklich machte.

Wenn wir »im Glück«, »in der Liebe« sind, dann sind wir in keinem statischen Zustand, den man festhalten kann, sondern ganz und gar im Fluss des Lebens. Glück fließt, Liebe fließt.

Wir können diese Augenblicke des Glücks nicht besitzen, sondern müssen es *sein.* Das ist der Unterschied zwischen Haben und Sein. Ich kann Glück haben oder Glück sein. Ich kann Liebe haben oder Liebe sein. Mein »falsches Selbst« identifiziert sich mit dem, was es hat, mein »wahres Selbst« identifiziert sich mit dem, was es ist.

Je mehr wir im Einklang mit diesem »wahren Selbst« leben, desto mehr leben wir als Glück, als Friede, als Harmonie, als Liebe.

Ein Fisch ist ohne Wasser nicht denkbar. Das Wasser als das Lebenselement formt das ganze Wesen und die Gestalt eines Fisches. Wasser als Lebenswelt ist so prägend, dass auch Säugetiere (Wale und Delfine) sich dieser Welt angepasst haben und so aussehen, als wären sie Fische.

So wie Wasser für diese Tiere ihr Lebenselement ist, so ist unser »Sein«, unser »wahres Selbst«, unsere Seele für uns Menschen unser Lebenselement. Es ist das, was uns rettet, was uns Gesundheit, Energie, Lebenssinn gibt. Wir leben in diesem Element, ohne uns dessen bewusst zu sein. Vielen geht es dabei so wie den Fischen in meiner nächsten kleinen Geschichte:

Das Wasser

»Es war einmal ein Fisch, der wollte so gerne wissen, wo das Wasser ist. Er hatte so viel davon gehört, aber keiner konnte ihm sagen, wo das Wasser eigentlich sei. Wenn er einen anderen Fisch fragte, dann sagte der: ›Ich kann dir sagen, wo es etwas Gutes zu fressen gibt, ich kann dir auch sagen, wo es etwas Interessantes zu sehen gibt. Aber Wasser, wer will schon Wasser?‹

Eines Tages traf er einen anderen Fisch, der auch auf der Suche nach dem Wasser war. Und so beschlossen sie gemeinsam, zu dem alten, weisen Fisch zu schwimmen und ihn zu fragen.

Als sie bei dem alten, weisen Fisch waren, sagten sie: ›Alter, weiser Fisch, du weißt alles, sage uns, wo das Wasser ist!‹ Und der alte weise Fisch antwortete: ›Überall, wo du bist, ist Wasser. Wasser ist dein Element. Wasser ist dein Leben. Ohne Wasser wärest du kein Fisch. Wenn du atmest, dann atmest du das Wasser. Du kannst nur schwimmen, weil überall Wasser ist. Wasser ist in dir und um dich herum.‹

Die beiden Fische bedankten sich und schwammen heim. Da sagte der eine Fisch unterwegs: ›Findest du nicht auch, das war sehr schön, wie er das gesagt hat?‹

›Ja‹, sagte der andere, ›mir hat das auch sehr gut gefallen. Aber weißt du jetzt eigentlich, wo das Wasser ist?‹«

Eins-Sein

Eins-Sein mit sich selbst

Wir haben in der *Meditation, in der Stille, im Gewahrsein* einen Weg gefunden, jederzeit in dieses »Eins-Sein« zurückkehren zu können, wenn wir glauben, uns selbst verloren zu haben. Einen Weg, der so einfach ist, dass wir ihn kaum Weg zu nennen getrauen und doch kann ihn jeder jederzeit gehen und das Ziel erreichen – und die Zeit steht still.

Es wurde uns bewusst, dass uns alle Energien, die wir zum vollkommenen Ausdruck unseres Lebens brauchen, jetzt und hier zur freien Verfügung stehen, zum Beispiel als Gesundheit, Freiheit, Kraft, Bewusstsein, Gelassenheit, Liebe, Glück. *Eins-Sein mit sich selbst* ist eine Integration einer glücklichen Vergangenheit und einer glücklichen Zukunft, auch der Einklang des »Selbst« mit dem »Ego«. Das »Ego« ist ein miserabler Herr, wenn ihm die Lebensführung überlassen wird, doch ein vorzüglicher Diener, wenn es sich in den Dienst am »Selbst« stellt!

Wann haben Sie das Gefühl, so rundherum im Einklang mit sich selbst zu sein? Holen Sie diese Bilder hervor, gehen Sie in diese Bilder hinein und in ihnen auf, sodass Sie richtig mit ihnen verschmelzen. Atmen Sie tief in Ihr Herz, füllen Sie diese Bilder ganz mit Ihrer Liebe.
Bewahren Sie sich diese Bilder, um immer wieder auf sie zurückgreifen zu können. Wenn Sie das Gefühl haben, nicht mehr »ich selbst« zu sein, dann halten Sie einen Moment inne, atmen in Ihr Herz und rufen sich ein solches Bild hervor.
So finden Sie jederzeit mit wenigen Atemzügen wieder zu sich selbst, beseitigen Misstöne und kommen in den Einklang mit sich selbst. Das ist praktische und alltäglich gelebte Meditation.

Einklang mit sich selbst

Die Erfüllung meines Lebens

Lassen Sie uns Gedanken darüber machen, was der Sinn des Lebens ist, wie er zu erfüllen ist. Es ist nur eine andere Sicht dafür, im Einklang mit sich selbst zu sein! Wenn ich jeden Tag, jeden Augenblick erfülle, dann wird auch das ganze Leben erfüllt sein, dann bin ich selbst der Steuermann meines Lebens. Was ist also das wirklich *Wesentliche* im Leben?

1. Zu Bewusstsein kommen
Geld, Besitz, Macht, Anerkennung, unsere Familie und unsere Freunde, alles werden wir hier auf der Erde zurücklassen. Das Einzige, was wir mitnehmen, ist unsere geistige Reife, die Summe aller von uns gelösten Aufgaben. Wir sind nackt gekommen und werden nackt gehen. Unsere geistige Entwicklung ist das Einzige, was uns von einem langen Leben bleibt. Und es wird das Erbe sein für ein neues Leben.

Indem wir »zu Bewusstsein kommen«, werden wir uns bewusst, dass wir »Fische im Wasser« sind, um die einleitende Geschichte als Vergleich heranzuziehen. Wir sind uns unseres Lebenselementes, der grenzenlosen Energie, des absoluten Geistes bewusst. Zu diesem Bewusstsein gehört das Wissen: Wir sind alle eins. Nur das Ego sieht Grenzen, getrennte Wesen. Unsere Seele hat keine Grenze mehr, ist eins mit der Energie, dem Geist, der Liebe.

Können Sie aus diesem Bewusstsein heraus die Antwort auf die wichtigsten Lebensfragen erkennen?
Was ist die Hauptaufgabe in meinem jetzigen Leben? Warum habe ich mich zu diesem Leben entschlossen? Welches Spiel will ich spielen, welche Aufgabe lösen?

Erfüllung des Lebens

2. Den Augenblick und die Sehnsüchte erfüllen
Wir nutzen die Chance, die uns das Leben bietet, nur dann optimal, wenn wir wirklich *jeden Augenblick* erfüllen.

Das heißt, *ganz bewusst* sein, wahrnehmen, was *jetzt* ist. Die Aufgabe erkennen, die uns das Leben jetzt stellt, die Chance, die es uns gerade in diesem Augenblick bietet, aber auch das Geschenk, das es uns jetzt machen möchte. Das Lächeln eines Kindes, das Vertrauen eines Freundes oder eine Erkenntnis. Auch in einer Schwierigkeit, in einem Problem das Geschenk erkennen, denn das Leben will uns jederzeit nur dienen und helfen. Dieser Augenblick ist aber gleich endgültig vorbei und kommt nie mehr wieder, also nutze ich ihn ganz bewusst.

Wir können unser Leben gar nicht anders erfüllen als *in diesem Moment!* Fühlen Sie sich jetzt erfüllt?

Das Gegenteil von Erfüllung ist Leere. Alle Sehnsüchte und Süchte wachsen aus der inneren Leere und der Leidenschaft nach Fülle.

Wer den Augenblick erfüllen kann, der wird immun gegen Süchte und emotionale Abhängigkeiten, der lebt leidenschaftlich seine Sehnsucht.

Erfüllen Sie in diesem Moment den Augenblick? Leben Sie jetzt Ihre Sehnsüchte, Träume, Wünsche? Haben Sie sich von allen Ihren falschen Süchten schon befreien können?

---

3. Meine Aufgabe erkennen
Ich bin mit einer *bestimmten Absicht* in dieses Leben gekommen. Das ist meine *Bestimmung*.

Dafür bin ich optimal vorbereitet und habe alle Voraussetzungen mitgebracht, die ich dazu brauche. Also nehme ich wahr, was das Leben von mir will, anstatt nur immer zu fragen, was ich vom Leben will. Ich erkenne meine Aufgabe, meinen Weg und mein Ziel, nehme sie an und erfülle sie.

Es gibt keinen »richtigen Weg« für alle Menschen (und alle anderen seien falsch), sondern jeder hat seinen ganz persönlichen Weg, den nur er erkennen und gehen kann. Der Kompass, auf meinem Weg zu sein, ist die Freude und das Glück. Auf dem eigenen Weg zu sein, macht Freude und schafft Glückseligkeit. Dabei verwirkliche ich Einzigartigkeit und Originalität. Ich bin keine Kopie irgendeines anderen, sondern mein eigenes Original.

Sind Sie jetzt auf Ihrem Weg? Wann machen Sie sich auf diesen Weg? Sehen Sie in diesem Buch den Wegweiser, der Sie auf Ihren Weg bringt? Sind Sie bereit, ihn auch zu gehen?

---

4. Selbstverwirklichung

Ich erkenne mein »wahres Selbst« und lasse seine Vollkommenheit durch mich *wirken*. Ich erkenne, dass Selbstverwirklichung nicht ist zu tun, wozu ich gerade Lust habe. Denn dann wäre ich nur der Sklave meiner Lust. Selbstverwirklichung vollzieht sich auch nicht auf Kosten anderer, denn Selbstverwirklichung hat nichts mit Egozentrik zu tun. Ich verwirkliche mein Selbst nur, indem ich das Selbst und die Seele anderer wahrnehme, respektiere und fördere.

Ich übergebe meinem wahren Selbst das Steuer über mein ganzes Tun und Sein und verwirkliche so wahre Selbstbeherrschung. Ich entwickle mich, damit sich mein wahres Selbst entfalten kann, und mein Leben spiegelt mein Sein wider.

Der Weg, mich von meinem wahren Selbst führen zu lassen, ist die Intuition.

Sie ist mein Gewissen, meine innere Stimme, meine Seele, mein »wahres Wesen«, meine Inspiration, meine Einfälle und Geistesblitze, alle Zu-Fälle, die mich umgeben.

Doch diese Kommunikation mit meinem »wahren Selbst« ist keine Einbahnstraße, in der ich nur empfange, nur hören und zu gehorchen habe, denn ich lasse mich ja führen.

Ich kann um Hilfe bitten, Fragen stellen – und werde immer eine Antwort erhalten. Und es liegt an mir, ob ich die Antworten verstehen und mich führen lassen will. Mein wahres Selbst respektiert doch immer meinen freien Willen.

Haben Sie Zugang zu Ihrer Intuition und Ihrer Seele. Lassen Sie Ihr Herz sprechen? Leben Sie nicht nur nach der Intelligenz Ihres Verstandes, sondern auch der Ihres Herzens?

---

5. Der Tod als Krönung des Lebens

Ich prüfe immer wieder einmal, ob ich auf die letzte Prüfung des Lebens wirklich vorbereitet bin, tue, was noch zu tun ist, und lasse los, woran ich noch gebunden bin: meine Familie, meinen Besitz usw.

Loslassen heißt nur die Bindung auflösen und mich daran erfreuen, solange es da ist – und ich werde frei sein. Ich gehe gelassen durchs Leben und bin bereit, in jeder Minute zu gehen.

Tief im Inneren weiß ich, dass nichts außerhalb meines Selbst bestimmt, wann und wie ich sterbe. Es ist meine Seele, die entscheidet, wann sie aus meinem Körper austritt, wann sie das Leben als erfüllt sieht.

Je mehr ich mit meiner Seele in Kontakt bin, desto mehr verliere ich die Angst vor dem Tod. Umgekehrt gilt auch: den Tod zu verdrängen bedeutet auch von meiner Seele entfremdet zu sein.

Meine Seele und meinen Tod als Krönung des Lebens zu erkennen, lehrt mich das Leben.

Haben Sie sich mit Ihrem Tod versöhnt? Vertrauen Sie Ihrer Seele, dass sie den richtigen Zeitpunkt weiß, sich von Ihrem Körper zu lösen und in ein neues Reich einzutreten?

Charisma ist Eins-Sein mit sich selbst

Charisma ist die Ausstrahlung eines Menschen. Sie wird deutlich, wenn sie sich in einer bestimmten Aufgabe, seiner Mission ausdrückt.

Wir sprechen von Charisma, wenn ein Mensch eine starke Ausstrahlung hat und damit auf die anderen anziehend wirkt. Charisma ist nicht an Alter, Geschlecht, Position oder Leistung gebunden. Es ist auch keine besondere Gabe, die ein freundliches Schicksal an wenige Auserwählte verschenkt, sondern kann von jedermann entwickelt werden und tritt ganz natürlich in Erscheinung, je mehr ich echt, ehrlich und authentisch bin – mit einem Wort –, je mehr ich der bin, der ich in Wirklichkeit bin: »Ich selbst!«

Ich habe viel Charisma, wenn ich ganz im Einklang mit mir selbst und dem Leben bin, das heißt auch »im Augenblick« bin, wenn ich »synchron« mit dem Zeitstrom lebe. Wenn ich voll im Lebensfluss stehe, ganz in meiner Mitte bin. Wenn mein Bewusstsein ganz weit ist und damit viele erreicht.

Sobald ich mich wieder mit mir selbst identifiziere und im Einklang mit mir lebe, wirkt mein ganzes Tun charismatisch. Ich sollte ganz im Hier und Jetzt leben und offen sein für die Qualität des

Augenblicks und das, was jetzt zu tun ist. Dann fallen mir auch die günstigen Zufälle zu, Türen öffnen sich, die anderen verschlossen bleiben, weil das Leben sich selbst hilft, sich voll zum Ausdruck zu bringen. So habe ich auch in jedem Augenblick die Kraft, die erforderlich ist, das »Not-wendige« zu tun.

Das Leben kann mir diese Dinge aber nicht zufallen lassen, wenn ich nicht präsent bin. Was nützt mir die ganze Fülle der Schöpfung, wenn ich nur ein Bewusstsein wie einen Fingerhut habe, um einzutauchen in einen Ozean an Erfüllung. Also weite ich mein Bewusstsein aus, sodass es den ganzen Ozean erfassen kann.

Zur Erinnerung

Ich er-innere mich wieder daran, *wer ich wirklich bin.* Ich heile hier und jetzt mein Werkzeug Körper und auch meine Lebensumstände, damit ich bereit für meine Aufgabe bin.

Ich beende die »Sünde der Trennung« von mir selbst, die »Selbst-Vergessenheit« und werde dadurch immer echter und ehrlicher. So werde ich von der Person zur Persönlichkeit, vom »Ich« zum »Selbst«.

Ich erkenne, dass das Leben ein Spiel ist, in dem ich lebenslänglich mitspiele. Aber ich entscheide selbst, ob ich als Spielfigur oder als Spieler auftrete, als Opfer oder als bewusster Schöpfer meiner Lebensumstände.

Das Leben ist zu wichtig, um es dem Zufall zu überlassen, und deshalb werde ich immer mehr zum Neu-Erfinder meines Lebens, indem ich ein Kunstwerk daraus mache.

Es ist das größte Abenteuer, wirklich zu leben. Doch das »Spiel des Lebens« hat den einen Sinn, mir dabei zu helfen, das »Geheimnis meines wahren Seins« zu ent-decken.

Einklang mit sich selbst

Ich weiß, dass in mir ein Schatz darauf wartet, ent-deckt und gefördert zu werden. Mein innerer Reichtum wartet darauf, als Wohlstand, Erfolg und Erfüllung in Erscheinung treten zu dürfen.

Als ersten Schritt auf meinem Weg löse ich mein Mangelbewusstsein auf und schaffe mir dafür ein Wohlstandsbewusstsein. Dadurch öffne ich der Fülle meines wahren Wesens die Türe zur Wirklichkeit.

Ich lasse mein »Ego« los, meine Persönlichkeit, Rollen, Muster, Programme und sogar meine Ideale, denn dies alles setzt mir Grenzen. Ich ziehe den »Rucksack der Vergangenheit« aus, denn ich erkenne, dass all das wirklich vergangen ist.

Das Schöne der Zukunft liegt vor mir und wartet darauf, dass ich das Beste daraus mache. Die Zukunft kann ich nicht vermeiden, doch ich kann jetzt dafür sorgen, dass ich mich in ihr wohl fühle. Die Zukunft beginnt in diesem Augenblick.

Als bewusster Schöpfer verursache ich jetzt, dass ich dem richtigen Partner begegne, wir uns gegenseitig Chance sind und zusammen glücklich werden. Ich erkenne meinen Partner als meinen »Meister-Lehrer« und nutze unser Beisammensein zu meinem und unserem Wachstum.

Doch ich erlerne auch die Kunst des All-ein-Seins und erkenne in allem und jedem eine Chance. Ich bin bereit, meine vielen Chancen zu nutzen. Aber ich erkenne auch in jedem anderen Menschen »das Eine Selbst«, das Gott genannt wird.

Durch meinen Ein-klang mit dem Schöpfungswillen kommen mir die richtigen Ein-fälle zur rechten Zeit, und ich begegne den Menschen, die ich für meine Ent-wicklung brauche. Es ergeben sich für mich günstige Zu-fälle und das Leben bietet mir Chancen, von denen andere nicht einmal zu träumen wagen.

Ich wecke den Meister in mir und lebe aus der »Inneren Weisheit«. Dadurch gelange ich immer mehr in die »Leichtigkeit des Seins« und erlerne die »Kunst des Genießens«.

Ich esse und trinke nur noch Gesegnetes, entdecke immer mehr den »inneren Jungbrunnen«. Immer mehr lasse ich mich von der Freude führen und entwickle meinen Humor.

Im Einklang mit der Schöpfung gehe ich regelmäßig in die Stille jenseits von Zeit und Raum und bin im ewigen Sein. Auch in der größten Aktivität ruhe ich in mir selbst.

Sobald ich erwacht bin, liegt es in meiner Hand, wie gesund und vital ich bin und wie alt ich werde, vor allem aber, *wie* ich alt werde.

Ich suche nicht mehr den Sinn des Lebens, sondern gebe ihm einen. Ich weiß, »ich selbst« zu sein, ist Sinn genug. So werde ich der Welt zum Segen und allen zum Weg. Der Weg ist das Ziel, das Ziel ist nur das Ende eines Weges und der Anfang eines neuen. Deshalb genieße ich es, auf dem Weg zu sein. Ich gestatte der Welt, zu sein, wie sie ist und erlaube mir, zu leben, wie ich es will.

Wenn ich jetzt ins Leben hinaustrete, ist scheinbar alles wie vorher. Ich lebe mit demselben Partner am selben Ort, übe denselben Beruf aus und fahre dasselbe Auto. Doch etwas ist anders: Von nun an weiß ich, wer ich bin, und lebe im ewigen Sein. Ich trete als erwachter Schöpfer hervor.

Hier ist die Suche zu Ende. Ich bin am Ziel – ich bin das Ziel. Ich habe mich gefunden. Ich bin ins ewige Leben zurückgekehrt. Das »Abenteuer des eigentlichen Lebens« beginnt in diesem Augenblick! Und so kann ich mich jederzeit neu erfinden – und doch der bleiben, der ich bin.

SCHLUSS
Abheben und fliegen

Ein Wegweiser zeigt zwar verlässlich den richtigen Weg,
aber er kann keinen einzigen Schritt für Sie tun.

Um sich neu zu erfinden, müssen Sie sich zuerst »selbst finden«. Damit beenden Sie in Ihrem Leben jede Suche. Wenn Sie sich selbst gefunden haben, können Sie alles aus Ihrem Leben machen, was für Ihr Leben stimmig ist.

Ich möchte auch die abschließenden Gedanken mit einer Metapher beginnen:

Die Metamorphose der Raupe zum Schmetterling

Wie voller Wunder die Natur ist, enthüllt uns auch die Verwandlung einer scheinbar so hässlichen Raupe, die sich nur mühsam fortbewegen kann, in einen wunderschönen Schmetterling, der leicht beschwingt durch das Leben fliegt.

Viele Menschen haben ein solches negatives Selbstbild: Sie sehen nur die Oberfläche, den Schein, ihr Dasein als Raupe und erkennen in sich nicht das Potenzial des Schmetterlings. Wir alle sind wunderschöne Schmetterlinge, die fliegen können. Doch die meisten Menschen bleiben zeit ihres Lebens im Raupendasein verhaftet, weil sie sich selbst nicht entdeckt, nicht gefunden, nicht neu erfunden haben.

Um ein Schmetterling werden zu können, muss die Raupe »in

Schluss – Abheben und fliegen

sich gehen«, sich mit einem Kokon, einem Schutzpanzer umhüllen. Das Leben im Kokon ist scheinbar schwerer: Die Raupe konnte sich wenigsten noch bewegen, doch im Kokon ist sie zur Bewegungslosigkeit erstarrt. Von der »Vision des Schmetterlings« ist dieses Wesen im Kokon anscheinend weiter entfernt denn je. Die Raupen-Strukturen lösen sich auf, im Kokon wird alles zu einem diffusen Brei, bevor sich die filigranen Strukturen des Schmetterlings herausbilden können. Nicht eine einzige Zellstruktur der Raupe überlebt, Zelle für Zelle verwandelt sich.

Ähnliches vollzieht sich geistig auch bei uns auf dem Weg zu sich selbst. Ich muss mich für eine Zeit von äußeren Einflüssen abschotten, mich zurückziehen, um mich auf mich selbst besinnen zu können. Das hat nichts mit Egoismus zu tun, sondern ist ein notwendiges Zwischenstadium, um »ich selbst« werden zu können, mir Flügel wachsen zu lassen. Sobald ich mich mit einem Kokon geschützt habe, können sich meine alten Strukturen, Ego-Strukturen, im Inneren auflösen.

Um die Metamorphose zum Schmetterling ganz verstehen zu können, müssen wir wissen, dass der Schmetterling den Kokon *von innen heraus selbst sprengen* muss. Käme jetzt ein »mitleidender Retter« und würde den noch nicht ganz herausgebildeten Schmetterling von außen aus seinem Kokon befreien wollen, so wäre diese »Hilfe« in Wahrheit der Tod des Schmetterlings. Wenn er die Kraft noch nicht aufbringen kann, den Kokon selbst zu sprengen, hat er noch nicht die Reife, um fliegen zu können.

Viele Menschen leben in diesem Kokon-Dasein und warten auf den Erlöser, ihren Retter (einen Partner zum Beispiel). *Doch jeder muss die Kraft in sich selbst finden und sie aufbringen, um über sich hinauswachsen zu können.*

Drei goldene Regeln, das Leben wieder zu verzaubern

Das Wunder, das die Raupe vollbringt, ist ganz natürlich. Das ganze Leben, aufmerksam betrachtet, ist ein Wunder – ja ein Märchen. Wir sehen dieses Wunder des Lebens nur dann, wenn wir nicht vergessen, dass das Leben ein Wunder ist. Und wenn wir es nicht vergessen, uns immer mehr daran »erinnern«, dann sind für uns selbst die größten Wunder möglich. Dann können wir nicht nur die Wunder des Lebens bestaunen, sondern gestalten unser Leben selbst auf wundervolle Weise.

Wir können drei goldene Regeln formulieren, wie wir unser Leben wieder richtig verzaubern können:

Regel 1: Spielen Sie in Ihrem Leben die Hauptrolle
Wenn Sie in Ihrem eigenen Leben nur eine Nebenrolle spielen oder gar Staffage sind, dann können Sie nicht glücklich sein, denn dann leben Sie nach dem Drehbuch anderer. Hauptrolle spielen bedeutet, der Autor und Starschauspieler des eigenen Lebens zu sein: Sie definieren die Rolle, Sie füllen die Rolle aus. Seien Sie – während Sie diese Hauptrolle spielen – von sich selbst begeistert. Leben Sie so, dass Sie sich Ihren uneingeschränkten Applaus verdienen können!

Sie können in jedem Lebensabschnitt Ihre Lieblingsrolle neu erfinden. Welche Rolle würden Sie gerne *jetzt* spielen? Was würde *jetzt* passen?

Denken Sie daran: Wer gewinnen will, muss sich wenigstens ein Los kaufen. Erwarten Sie nicht, dass Ihr Schutzengel für Sie das Leben führt, sondern übernehmen Sie die ganze und alleinige Verantwortung. Seien Sie »eine sich selbst verwirklichende Ursache«. Hören Sie auf zu suchen und seien Sie selbst Ihr Ziel. Sie sind am Ziel. Und wenn Sie auf dem Weg sind, der Sie zu nichts anderem hinführt als zu sich selbst, dann genießen Sie jeden einzelnen Schritt.

Regel 2: Lernen Sie »die Kunst des Genießens«
Machen Sie aus jedem normalen Alltag etwas ganz Besonderes. Jeder Tag hat es verdient, ein Tag der Freude und der Einzigartigkeit zu sein. Erkennen Sie, dass in jedem Menschen und jeder Gelegenheit ein Geschenk auf Sie wartet.

Die Liebe ist ein gemeinsamer Weg, um das Leben in vollen Zügen zu genießen und letztlich – für beide – bei sich selbst anzukommen. Ein Tag ohne Lieben und Lachen ist ein verlorener Tag.

Nehmen Sie das Leben so leicht wie möglich, sodass alles ein wenig einfacher wird. Lernen Sie, sooft wie möglich auf Ihr Herz zu hören und Ihre Seele häufig baumeln zu lassen. Zu einem erfüllten Leben gehört eine große Portion von herzlichem und liebenswertem Humor.

Regel 3: Leben Sie Ihr Leben
Leben Sie nicht nur *Ihr* Leben, wie es nur für Sie stimmen kann, sondern *leben* Sie es auch so, dass Sie jederzeit sagen können: Ich habe wirklich gelebt, in jedem Augenblick, mit jedem Atemzug.

Das Leben ist kein Kampf, sondern ein Spiel, bei dem Sie nur gewinnen können: an Erfahrungen, an Weisheit, an Freundschaften, an Liebe.

Gestatten Sie dem Leben, Sie reichlich dafür zu bezahlen, dass Sie freudvoll Ihrer wahren Berufung nachgehen und das tun, was Ihnen am meisten Freude bereitet.

Ziehen Sie den »Rucksack der Vergangenheit« aus, denn *Leben* ist nur *jetzt*.

ANHANG
Die Spielanleitung

Was ist das beste Buch, ein Leben nach den eigenen Wünschen und Träumen zu führen?

Meine Antwort auf die Frage lautet: *Es ist das Buch, das Sie am besten in die Praxis Ihres Lebens umsetzen können.* Dazu habe ich Ihnen viele Hilfen an die Hand gegeben, wie Sie dieses Buch optimal als Anleitung für das Spiel Ihres Lebens nutzen können.

In einem so komplexen Spiel kann man von vielen Seiten neu einsteigen.

Vielleicht haben Sie das Buch von der ersten Seite bis zum Anhang gelesen, um es erst einmal kennen zu lernen. Dann lassen Sie uns jetzt spielen, das Buch als Zauberbuch optimal nutzen, damit Sie sich neu erfinden können, damit Sie im privaten und beruflichen Leben einen Durchbruch und Neuanfang wagen können, damit Sie Ihr Leben wieder verzaubern können!

Tipps zum Spielen

Das Buch gibt Ihnen viele Hilfen, die richtigen Stellen zu finden, die Lehren, *die Sie gerade jetzt brauchen,* optimal in Ihr Leben zu integrieren:
- *das Inhaltsverzeichnis* mit den 12 Chancen des Durchbruchs und Neubeginns im Leben (= 12 Kapitelüberschriften)
- die *Fragen am Anfang jedes Kapitels,* mit denen Sie testen können, ob Sie diese Fragen beantworten können
- die *Märchen, Geschichten, Metaphern* in der Einleitung jedes Kapitels, die auch Ihr Unterbewusstsein mit einbeziehen

- *die Zusammenfassung* (»Zur Erinnerung«) am Ende jedes Kapitels

Ich gebe Ihnen jetzt zwei weitere Hilfen, mit dem Buch zu spielen, indem ich Ihnen die Methoden und Übungen des Buches als »Checkliste« zusammenstelle. Gehen Sie diese beiden Listen durch und seien Sie dafür offen, welche Methode, welche Übung Sie jetzt ganz besonders anspricht. Und dann lernen Sie die Methode, machen Sie die Übung!

Das Buch kann Sie – wenn Sie möchten – bis zum Rest Ihres Lebensspiels als Spielanleitung begleiten!

Das Verzeichnis der 36 Methoden

Dieses Verzeichnis hilft Ihnen, noch einmal schnell Zugang zu den Methoden und Werkzeugen zu finden, die in diesem Buch für einen privaten und beruflichen Neubeginn angeboten werden.

- Wie Sie Wünsche durch ein Zauberritual verwirklichen (14)
- Wie Sie sich von belastenden Gedanken befreien (36)
- Wie Sie Lebensaufgaben in Fragen verwandeln (43)
- Wie Sie erkennen, dass alles gut ist, so wie es ist (45)
- Wie Sie um Ihren Lebensbereich feste Grenzen setzen (47)
- Wie Sie in Ihr Herz kommen und aus Ihrem Herzen leben (53)
- Wie Sie Ihr »falsches Selbst« vom »wahren Selbst« immer sicherer unterscheiden lernen (68)
- Wie Sie immer sicherer in Ihr »wahres Selbst« finden (71)
- Wie Sie einem anderen Menschen die ungeteilte Aufmerksamkeit schenken können (72)
- Wie Sie durch Selbsterkenntnisse zum unerschütterlichen Selbstvertrauen finden (77)
- Wie Sie Ihre Wünsche aus einer Energie der Fülle in die Welt senden (92)

Verzeichnis der 36 Methoden

- Wie Sie aus finanziellem Notstand in finanziellen Wohlstand kommen (108)
- Wie Sie durch Imagination ihre inneren Bilder optimieren (117)
- Wie Sie Träume »herbeirufen« und »herbeiglauben« (123)
- Wie Sie eine einfache, aber wirkungsvolle Lebensbilanz erstellen (130)
- Wie Sie alles loslassen, was nicht mehr zu Ihnen gehört (133)
- Wie Sie die Macht Ihrer Gedanken nutzen (137)
- Wie Sie es lernen, sich nie mehr zu ärgern (141)
- Wie Sie Unerfreuliches zu Erfreulichem mental umerleben (145)
- Wie Sie durch die Tagesrückschau jeden Tag optimieren können (147)
- Wie Sie durch die Morgenvorschau optimal in den Tag starten (148)
- Wie Sie alle Bereiche Ihres Lebens durch »mentales Voraus- und Umerleben« optimieren können (149)
- Wie Sie sich Ihrer Schöpferkraft erinnern (160)
- Wie Sie negative Energie in sich auflösen können (164)
- Wie Sie lernen, Energie umzuwandeln, um Wünsche zu manifestieren (168)
- Wie Sie sich einen Traum bereits als Wirklichkeit vorstellen (172)
- Wie Sie Erfolgsbewusstsein entwickeln (183)
- Wie Sie Ihr Erfolgsbewusstsein stärken (189)
- Wie Sie ganz bei sich selbst ankommen können (197)
- Wie Sie Ihre Wunschbiografie für alle Bereiche erkennen (200)
- Wie Sie Ihre Wunschbiografie realisieren (205)
- Wie Sie Ihre Vergangenheit neu interpretieren können (209)
- Wie Sie Ihr aktuelles Selbstbild erkennen (217)
- Wie Sie Ihr Selbstbild in sieben Dimensionen optimieren (222)
- Wie Sie zur inneren Freude finden (229)
- Wie Sie das Leben als Spiel genießen können (234)

Anhang – Spielanleitung

Das Verzeichnis der 62 Übungen

Dieses Verzeichnis hilft Ihnen zu erkennen, wie sehr Sie sich auf das Spiel eingelassen haben.

1 Einen Wunsch schriftlich fixieren (17)
2 Bedenken gegen: Wir meistern das Leben spielerisch oder gar nicht (33)
3 Eine schwirige Lebenssituation aus zwei Einstellungen heraus betrachten (36)
4 Was macht es mir in meinem Leben immer noch schwer? (39)
5 Liste aller Probleme, die noch der Lösung harren (41)
6 Liste von im Leben wiederkehrenden Mustern (42)
7 Liste, was im Leben noch nicht akzeptiert werden kann (45)
8 Liste der Menschen, die das Leben beeinflussen (48)
9 Was bietet mir Sicherheit im Leben? (65)
10 Liste der Versicherungen (67)
11 Liste der Ängste (67)
12 Bin ich im »Raum des falschen Selbst«? (70)
13 Wie ich den »Raum des wahren Selbst« aufsuche (71)
14 Das nicht wertende Hinhören (73)
15 Was heißt es, das Leben in die eigenen Hände zu nehmen? (76)
16 Liste aller großen Lebensträume (86)
17 Liste abstoßender Situationen (87)
18 Liste, was im Leben fehlt (88)
19 Liste, wo Fülle geschaffen ist (92)
20 Den Schalter von Mangel auf Fülle umlegen (95)
21 Führen eines Wunscherfüllungs-Tagebuches (96)
22 Grenzen für märchenhafte Träume (102)
23 Den inneren Schatz bergen (103)
24 Kassensturz und Inventur (105)
25 Was bedeutet es für mich, im Wohlstand zu leben? (107)
26 Den idealen Tag tagträumen (112)

Verzeichnis der 62 Übungen

27 Realität und Wirklichkeit (114)
28 Träume aus dem Herzen (115)
29 Liste von kurzfristigen Träumen, die noch zu glauben sind (122)
30 Wovon bin ich abhängig? (134)
31 Was macht das Leben schwer? (135)
32 Was möchte ich loslassen? (136)
33 Liste unerledigter Aufgaben (138)
34 Liste täglicher Ärgernisse (142)
35 Eine unangenehme Situation angenehm »vorauserleben« (147)
36 Welche Bedenken habe ich, märchenhaft zu leben? (159)
37 Mir das »goldene Zeitalter« vorstellen (159)
38 Gähnen: Der Körper reagiert auf Bilder (162)
39 Negativen Bildern ihre Energie nehmen (164)
40 Der Bau eines Hauses als Umwandlung von Energie (168)
41 Das Bild vollkommener Gesundheit (170)
42 Das Bild der inneren Baupläne (170)
43 Einen Traum sofort verwirklichen (172)
44 Den Problemkreis mit der größten Energie wahrnehmen (176)
45 Einen Misserfolg in Erfolg umwandeln (182)
46 Was bedeutet mir Erfolg? (188)
47 Liste von 50 Pannen im Leben (189)
48 Aufgaben, um ganz »bei mir anzukommen« (199)
49 Mein aktuelles Entwicklungspotenzial (205)
50 Was wäre, wenn ich mir meine Eltern ausgesucht hätte? (210)
51 Ordnung schaffen (217)
52 Wo entsprechen meine Lebensumstände noch nicht meiner Wunschbiografie? (220)
53 Erstellen einer Bilder-Collage (221)
54 Erlebnisse innerer Freude (230)
55 Menschen eine Freude bereiten (232)
56 Wofür bin ich dankbar in meinem Leben? (234)
57 Wann bin ich im Einklang mit mir selbst? (243)

58 Habe ich Antwort auf wichtigste Fragen des Lebens? (244)
59 Erfülle ich den Augenblick? (245)
60 Bin ich auf meinem Weg? (246)
61 Habe ich Zugang zu meiner Intuition? (247)
62 Habe ich mich schon mit dem Tod versöhnt? (248)

REGISTER

Abenteuer 12
Abhängigkeit 39
- emotionale 245
Albträume 89, 91, 112
Allmachtsfantasien 160
Alltagsbewusstsein 185
Anerkennung, berufliche 188
Angst 67, 236
Arbeitsfähigkeit, verlorene, 65
Arbeitslosigkeit 65
Arbeitsplatzsicherung 62
Ärger 140–145, 152, 198
Atemrhythmus 54
Auseinandersetzungen,
  unversöhnliche 41
Außenorientierung 62, 84, 100, 156

Befürchtungen 39
Beharrlichkeit 185
Belastungsempfindung 40
Besitzsucht 15
Bewusstsein der Fülle 23
Bewusstsein, ganzheitliches 25f.
Bewusstseinsänderung 187
Bewusstseinserweiterung 225, 235

Charisma 248

Dankbarkeit 233f., 237
Denken, erweitertes 24
- schöpferisches
  140, 198, 200
Denkweise, eingefahrene 74

Ehrlichkeit 38
Eigenerfahrung 40
Eigenwille 223
Einstellung, belastende 38, 40
- innere 38
- rationelle 11
- sinnvolle 45
Einstellungsänderung 35, 47, 59, 62
Energie 20, 240ff.
Energieaufwand 208
Energieerhaltungsgesetz 137
Energieumwandlung 19
Entscheidungen 35, 56
Entwicklung, geistige 244
Entwicklungsbeeinflussung 37
Erfolgsbewusstsein 183, 185
Erfolgserlebnis, imaginäres 148
Erfolgshindernisse 186
Erkenntnisgewinn 49

Fantasie 11ff., 143, 145, 147, 153,
  159f., 162
Fantasiewelt 46
Fremdbestimmung 53, 69, 74
Freude bereiten 231f.
- empfinden 20, 230

Register

Gedanken, belastende 36
Gedankenenergie 140f.
Gedankenkonzentration 208
Gefühlsveränderung 230
Glaube an das Leben 23
Glaubensgewissheit 206

Handeln, intuitives 72
– zielgerechtes 184
Herbeiträumen 23, 124
Herzatmen 55
Herzkommunikation 55
Hygiene, mentale 136, 139 146, 152, 223

Imagination, schöpferische 51, 97f., 107, 110f., 115, 118, 120–125, 128, 137, 145, 156, 162, 165ff., 180, 200
Innenorientierung 62, 84, 100, 156
Intrigen 38
Intuition 72

Kinderträume 13
Kindheit 11

Leben, erfülltes 96
– reales 11
Lebensabschnitt 256
Lebensaufgabe 86, 95, 115, 196, 210
Lebensbewältigung 46
Lebenselement 244
Lebensenergie 190, 243
Lebenserfolg 180, 189, 194
Lebenserfüllung 190
Lebensfreude 229

Lebensgenuss 59, 256
Lebensgesetze 51
Lebensgestaltung 51
Lebensorientierung 62
Lebensraum 120
Lebenssinn 77
Lebensthema, aktuelles 43
Lebensträume 13, 86, 96ff., 100, 110f.
Lebensumstände
35, 116, 137, 150, 217f., 234, 236, 249
Lebensvertrauen 37
Lebensziel 79
Leichtigkeit des Seins 33
Lernen, lebenslanges 40

Macht der Gedanken 136, 139
Magie 12
Mangelbewusstsein 23, 88–93, 98, 105, 108, 205, 250
Manifestation, schöpferische 156, 165f., 169, 171, 173–177, 180, 209
Manipulation 38
Misstrauen 38
Missverständnisse 41
Morgenvorschau 148, 152, 158

Neubeginn, beruflicher 30, 58

Orientierungslosigkeit 64

Partnerschaftsbeziehung 65
Partnerverlust 65
Persönlichkeitsentwicklung 106

Register

Problemlösung 41 f.
Psychohygiene 136, 146

Reichtum, äußerer 103, 107
– innerer 103, 107
Reife, geistige 244
Schuldgefühle 39, 198

Schuldzuweisungen 39
Sehnsüchte 11, 15, 96, 132, 245
Selbst, falsches 68–71, 73, 80, 95, 128, 134 f., 241
– wahres 68, 70–73, 75, 80, 134 f., 156, 170, 180, 187, 236, 241, 246 f.
Selbstakzeptanz 46 f.
Selbstbeherrschung 246
Selbstbestimmung 47, 50, 53, 76
Selbstbetrug 186
Selbstbewusstsein 53, 66, 74, 78, 80, 94 f., 163, 180
Selbstbild 214, 216–222, 226
Selbsterfahrung 75, 162
Selbsterkenntnis 75, 77, 220, 225
Selbsterziehung 150
Selbstkritik 37
Selbstsicherheit 63, 66, 68–70, 72 f., 78, 80
Selbstständigkeit 198
Selbstvertrauen 63 f., 66, 72 ff., 76–80
Selbstverwirklichung 246
Sicherheit, äußere 62 f., 65–67, 76
Sicherheitsdenken 77
Sinn des Lebens 15

Tagesrückschau 147, 152
Tagträume 112, 115, 122, 124, 172
Traumverwirklichung 206
Träume 11, 13, 96, 101, 115, 128, 180, 206, 211
– unerfüllte 89
– visionäre 164
Traumleben 159
Traumpartner, 92, 112
Traumverarbeitung 114

Umerleben, mentales 140 f., 145, 147, 149 f., 152 f., 211
Umstände, äußere 49
Unabhängigkeit, wirtschaftliche 188
Unaufrichtigkeit 38
Unbewusstsein 114
Unsicherheit 65, 69, 75 ff.
Unterbewusstsein 40, 68, 111, 118, 124, 145, 147, 152 f., 162 ff., 171 f., 176, 211, 221
Unzufriedenheit, berufliche 45
Urkraft, schöpferische 116

Verantwortung 48 f.
Vergangenheitsbewältigung 37, 39
Verlustangst 67
Verstand 12, 20 f.
– logischer 25 f.
Vorstellung, bildhafte 117–120

Wahlfreiheit 49
Wahrheit 38
Wahrnehmung, energetische 57
Wandlungsdruck 240
Weg der Freude 30 f., 44

Register

Weg des Herzens 30
Wegträumen 23, 124
Widerstand 46, 159
Willensfreiheit 25
Willenskraft 140f., 152, 198
Wirklichkeitsveränderung 111
Wohlstand 15, 51, 105f., 108
Wohlstandsbewusstsein 100, 108, 250
Wunder 12, 46
Wunschäußerung 18, 22f.
Wunschbild 146
Wunschbiografie
  128, 130, 153, 174, 180, 196, 198, 200, 205, 207, 209ff., 214, 217, 220, 226
Wunschdenken 140, 198
Wünsche 11f., 15–19, 23–26, 158
– ideelle 18f.
Wunscherfüllung
  11, 13, 16, 18, 20, 22–27, 111, 151, 207, 209
Wunschträume 89, 91

Zauberformel 14, 93
Zauberritual 14, 16, 18–21, 169
Zukunft 47
Zukunftssorgen 36, 38, 65

LESERSERVICE

Kurt Tepperwein persönlich oder in einem Heimseminar erleben!

Wünschen Sie tiefer in das Thema dieses Buches einzusteigen, dann empfehlen wir Ihnen, die folgende Chance zu nutzen:

Gewünschtes bitte ankreuzen!

Seminare/Ausbildung:
- ☐ Motivationsseminare mit verschiedenen Themen (Tagesseminare)
- ☐ Ausbildung zum Dipl. Lebensberater/in

Ausbildungen mit Felix Aeschbacher (Lehrbeauftragter v. K. Tepperwein):
- ☐ Dipl. Mental-Trainer/in
- ☐ Dipl. Bewusstseins-Trainer/in
- ☐ Dipl. Intuitions-Trainer/in
- ☐ Dipl. Seminarleiter/in
- ☐ Meditations-Trainer/in (Zertifikat)

Heimstudienlehrgänge:
- ☐ Einführungslehrgang »Die 7 Schritte zur Erfolgspersönlichkeit«
- ☐ Dipl. Lebensberater/in
- ☐ Dipl. Mental-Trainer/in
- ☐ Dipl. Intuitions-Trainer/in
- ☐ Dipl. Seminar-Leiter/in
- ☐ Dipl. Erfolgs-Coach/in
- ☐ Dipl. Gesundheits- + Ernährungs-Berater/in
- ☐ Dipl. Partnerschafts-Mentor/in

Gesamtprogramme:
- ☐ Gesamtseminar- und Ausbildungsprogramm IAW
- ☐ Neuheiten der Bücher-, CD- und DVD-Programme von Kurt Tepperwein
- ☐ Gesundheitsprodukte-Programm

Dazu ein persönliches Geschenk:
- ☐ Die 20-seitige Broschüre »Praktisches Wissen kurz gefasst« von Kurt Tepperwein

Sie erhalten Ihre gewünschten Informationen selbstverständlich kostenlos und unverbindlich

Internationale Akademie der Wissenschaften (IAW)
St. Markusgasse 11, FL-9490 Vaduz
Tel. 0 04 23 2 33 12 12   Fax 0 04 23 2 33 12 14
Deutschland Tel. + Fax 09 11 69 92 47 (Beratungssekretariat)
E-Mail: go@iadw.com   Internet: www.iadw.com

Martin Oberbauer
Power-Walking fürs Gehirn

So steigern Sie Gedächtnis, Konzentration, logisches Denken und Kreativität

Steigende Anforderungen im Beruf und im Privatleben erfordern eine optimale Leistungsfähigkeit des Gehirns. Dieses mit fundiertem psychologischem Know-how gestaltete Programm trainiert die zentralen geistigen Grundkompetenzen: Sprach- und Lesegewandtheit, Alltagsmathematik, Problemlösungsfähigkeit.

»Power-Walking fürs Gehirn« ist für alle Altersgruppen ab 14 Jahren geeignet und wurde mit Trainingsgruppen in der Praxis erprobt – ein kompaktes, unterhaltsames Übungsprogramm in 24 Trainingseinheiten mit 328 abwechslungsreichen Aufgaben für alle geistigen Basisfunktionen, angereichert mit Profi-Tipps zur effektiven Steigerung der Gehirnleistung.

208 Seiten, ISBN 3-7766-2447-7
Herbig

Lesetipp

BUCHVERLAGE
LANGENMÜLLER HERBIG NYMPHENBURGER
WWW.HERBIG.NET

ARKANA
GOLDMANN

Kurt Tepperwein – Neue Wege zum Selbst

Kurt Tepperwein,
Kraftquelle Mentaltraining   12141

Kurt Tepperwein,
Geistheilung durch sich selbst 11738

Kurt Tepperwein,
Die geistigen Gesetze   21610

Kurt Tepperwein,
Der Weg zum Millionär   21551

Goldmann • Der Taschenbuch-Verlag

ARKANA
GOLDMANN

Familien-Stellen nach Bert Hellinger

Bert Hellinger
Zweierlei Glück   21630

Bertold Ulsamer, Das Handwerk des
Familien-Stellens   14197

Bertold Ulsamer,
Ohne Wurzeln keine Flügel   14166

Bertold & Gabriele Ulsamer
Spielregeln für Paare   21636
(Erscheint im April 2003)

Goldmann • Der Taschenbuch-Verlag

Eckhart Tolle

ist möglicherweise der bedeutendste
Weisheitslehrer der Gegenwart. In seinem Arbeitsbuch
»Leben im Jetzt« präsentiert er
seine fundamentalen Erkenntnisse und konkrete
Anleitungen, wie wir durch
Achtsamkeit zu einem befreiten Leben finden können.

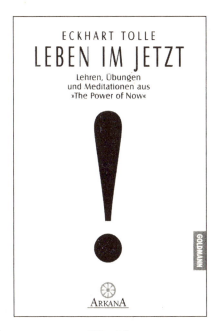

Eckhart Tolle
Leben im Jetzt
Lehren, Übungen und Meditationen aus »The Power of Now«
ISBN 3-442-33680-5

GOLDMANN

*Das Gesamtverzeichnis aller lieferbaren Titel erhalten Sie
im Buchhandel oder direkt beim Verlag.
Nähere Informationen über unser Programm erhalten Sie auch im Internet unter:
www.goldmann-verlag.de*

★

Taschenbuch-Bestseller zu Taschenbuchpreisen
– Monat für Monat interessante und fesselnde Titel –

★

Literatur deutschsprachiger und internationaler Autoren

★

Unterhaltung, Kriminalromane, Thriller
und Historische Romane

★

Aktuelle Sachbücher, Ratgeber, Handbücher und
Nachschlagewerke

★

Bücher zu Politik, Gesellschaft, Naturwissenschaft und Umwelt

★

Das Neueste aus den Bereichen
Esoterik, Persönliches Wachstum und Ganzheitliches Heilen

★

Klassiker mit Anmerkungen, Anthologien und Lesebücher

★

Kalender und Popbiographien

★

Die ganze Welt des Taschenbuchs

★

Goldmann Verlag • Neumarkter Str. 28 • 81673 München

Bitte senden Sie mir das neue kostenlose Gesamtverzeichnis

Name: _____

Straße: _____

PLZ / Ort: _____